HEBRÄISCH

W O R T S C H A T Z

FÜR DAS SELBSTSTUDIUM

DEUTSCH
HEBRÄISCH

Die nützlichsten Wörter
Zur Erweiterung Ihres Wortschatzes und
Verbesserung der Sprachfertigkeit

7000 Wörter

Wortschatz Deutsch-Hebräisch für das Selbststudium - 7000 Wörter
Von Andrey Taranov

T&P Books Vokabelbücher sind dafür vorgesehen, beim Lernen einer Fremdsprache zu helfen, Wörter zu memorieren und zu wiederholen. Das Wörterbuch ist nach Themen aufgeteilt und deckt alle wichtigen Bereiche des täglichen Lebens, Berufs, Wissenschaft, Kultur etc. ab.

Durch das Benutzen der themenbezogenen T&P Books ergeben sich folgende Vorteile für den Lernprozess:

- Sachgemäß geordnete Informationen bestimmen den späteren Erfolg auf den darauffolgenden Stufen der Memorisierung
- Die Verfügbarkeit von Wörtern, die sich aus der gleichen Wurzel ableiten lassen, erlaubt die Memorisierung von Worteinheiten (mehr als bei einzeln stehenden Wörtern)
- Kleine Worteinheiten unterstützen den Aufbauprozess von assoziativen Verbindungen für die Festigung des Wortschatzes
- Die Kenntnis der Sprache kann aufgrund der Anzahl der gelernten Wörter eingeschätzt werden

T&P Books Publishing
www.tpbooks.com

ISBN: 978-1-78716-417-8

Dieses Buch ist auch im E-Book Format erhältlich.
Besuchen Sie uns auch auf www.tpbooks.com oder auf einer der bedeutenden Buchhandlungen online.

WORTSCHATZ DEUTSCH-HEBRÄISCH
für das Selbststudium

Die Vokabelbücher von T&P Books sind dafür vorgesehen, Ihnen beim Lernen einer Fremdsprache zu helfen, Wörter zu memorieren und zu wiederholen. Der Wortschatz enthält über 7000 häufig gebrauchte, thematisch geordnete Wörter.

- Der Wortschatz enthält die am häufigsten benutzten Wörter
- Eignet sich als Ergänzung zu jedem Sprachkurs
- Erfüllt die Bedürfnisse von Anfängern und fortgeschrittenen Lernenden von Fremdsprachen
- Praktisch für den täglichen Gebrauch, zur Wiederholung und um sich selbst zu testen
- Ermöglicht es, Ihren Wortschatz einzuschätzen

Besondere Merkmale des Wortschatzes:

- Wörter sind entsprechend ihrer Bedeutung und nicht alphabetisch organisiert
- Wörter werden in drei Spalten präsentiert, um das Wiederholen und den Selbstüberprüfungsprozess zu erleichtern
- Wortgruppen werden in kleinere Einheiten aufgespalten, um den Lernprozess zu fördern
- Der Wortschatz bietet eine praktische und einfache Lautschrift jedes Wortes der Fremdsprache

Der Wortschatz hat 198 Themen, einschließlich:

Grundbegriffe, Zahlen, Farben, Monate, Jahreszeiten, Maßeinheiten, Kleidung und Accessoires, Essen und Ernährung, Restaurant, Familienangehörige, Verwandte, Charaktereigenschaften, Empfindungen, Gefühle, Krankheiten, Großstadt, Kleinstadt, Sehenswürdigkeiten, Einkaufen, Geld, Haus, Zuhause, Büro, Import & Export, Marketing, Arbeitssuche, Sport, Ausbildung, Computer, Internet, Werkzeug, Natur, Länder, Nationalitäten und vieles mehr...

INHALT

LEITFADEN FÜR DIE AUSSPRACHE

Name des Buchstaben	Buchstabe	Hebräisch Beispiel	T&P phonetisches Alphabet	Deutsch Beispiel
Aleph	א	אריה	[a], [ɑ:]	da, das
	א	אחד	[ɛ], [ɛ:]	essen
	א	מָאָה	['] (hamza)	Glottisschlag
Beth	ב	בית	[b]	Brille
Gimel	ג	גמל	[g]	gelb
Gimel+Geresch	ג׳	ג׳וּנְגָּל	[dʒ]	Kambodscha
Daleth	ד	דג	[d]	Detektiv
He	ה	הר	[h]	brauchbar
Waw	ו	וסת	[v]	November
Zajin	ז	זאב	[z]	sein
Zajin+Geresch	ז׳	זׄירנָל	[ʒ]	Regisseur
Chet	ח	חוט	[x]	billig
Tet	ט	טוב	[t]	still
Jod	י	יום	[j]	Jacke
Kaph	ך כ	בריש	[k]	Kalender
Lamed	ל	לחם	[l]	Juli
Mem	ם מ	מלך	[m]	Mitte
Nun	ן נ	נר	[n]	nicht
Samech	ס	סוס	[s]	sein
Ajin	ע	עין	[a], [ɑ:]	da, das
	ע	תָשְעִים	['] (ayn)	stimmhafte pharyngale Frikativ
Pe	ף פ	פיל	[p]	Polizei
Tzade	צ ץ	צעצוע	[ts]	Gesetz
Tzade+Geresch	צ׳ץ׳	צְׄק	[tʃ]	Matsch
Qoph	ק	קוף	[k]	Kalender
Resch	ר	רבכת	[r]	uvulare Vibrant [R]
Sin, Schin	ש	שלחן, עָשׂרִים	[s], [ʃ]	sein, Chance
Taw	ת	תפוז	[t]	still

ABKÜRZUNGEN
die im Vokabular verwendet werden

Deutsch. Abkürzungen

Adj	-	Adjektiv
Adv	-	Adverb
Amtsspr.	-	Amtssprache
f	-	Femininum
f, n	-	Femininum, Neutrum
Fem.	-	Femininum
m	-	Maskulinum
m, f	-	Maskulinum, Femininum
m, n	-	Maskulinum, Neutrum
Mask.	-	Maskulinum
n	-	Neutrum
pl	-	Plural
Sg.	-	Singular
ugs.	-	umgangssprachlich
unzähl.	-	unzählbar
usw.	-	und so weiter
v mod	-	Modalverb
vi	-	intransitives Verb
vi, vt	-	intransitives, transitives Verb
vt	-	transitives Verb
zähl.	-	zählbar
z.B.	-	zum Beispiel

Hebräisch. Abkürzungen

ז	-	Maskulinum
ז"ר	-	Maskulinum plural
ז, נ	-	Maskulinum, Femininum
נ	-	Femininum
נ"ר	-	Femininum plural

GRUNDBEGRIFFE

Grundbegriffe. Teil 1

1. Pronomen

ich	ani	אֲנִי (ז, נ)
du (Mask.)	ata	אַתָּה (ז)
du (Fem.)	at	אַתְּ (נ)

| er | hu | הוּא (ז) |
| sie | hi | הִיא (נ) |

wir	a'naxnu	אֲנַחְנוּ (ז, נ)
ihr (Mask.)	atem	אַתֶּם (ז"ר)
ihr (Fem.)	aten	אַתֶּן (נ"ר)
Sie (Sg.)	ata, at	אַתָּה (ז), אַתְּ (נ)
Sie (pl)	atem, aten	אַתֶּם (ז"ר), אַתֶּן (נ"ר)
sie (Mask.)	hem	הֵם (ז"ר)
sie (Fem.)	hen	הֵן (נ"ר)

2. Grüße. Begrüßungen. Verabschiedungen

Hallo! (ugs.)	ʃalom!	שָׁלוֹם!
Hallo! (Amtsspr.)	ʃalom!	שָׁלוֹם!
Guten Morgen!	'boker tov!	בּוֹקֶר טוֹב!
Guten Tag!	tsaha'rayim tovim!	צָהֳרַיִים טוֹבִים!
Guten Abend!	'erev tov!	עֶרֶב טוֹב!

grüßen (vi, vt)	lomar ʃalom	לוֹמַר שָׁלוֹם
Hallo! (ugs.)	hai!	הַיי!
Gruß (m)	ahlan	אַהְלָן
begrüßen (vt)	lomar ʃalom	לוֹמַר שָׁלוֹם
Wie geht's?	ma ʃlomxa?	מַה שְׁלוֹמְךָ? (ז)
Wie geht's dir?	ma niʃma?	מַה נִשְׁמָע?
Was gibt es Neues?	ma xadaʃ?	מַה חָדָשׁ?

Auf Wiedersehen!	lehitra'ot!	לְהִתְרָאוֹת!
Wiedersehen! Tschüs!	bai!	בָּיי!
Bis bald!	lehitra'ot bekarov!	לְהִתְרָאוֹת בְּקָרוֹב!
Lebe wohl! Leben Sie wohl!	lehitra'ot!	לְהִתְרָאוֹת!
sich verabschieden	lomar lehitra'ot	לוֹמַר לְהִתְרָאוֹת
Tschüs!	bai!	בָּיי!

Danke!	toda!	תּוֹדָה!
Dankeschön!	toda raba!	תּוֹדָה רַבָּה!
Bitte (Antwort)	bevakaʃa	בְּבַקָּשָׁה

| Keine Ursache. | al lo davar | עַל לֹא דָבָר |
| Nichts zu danken. | ein be'ad ma | אֵין בְּעַד מָה |

Entschuldige!	sliχa!	סְלִיחָה!
Entschuldigung!	sliχa!	סְלִיחָה!
entschuldigen (vt)	lis'loaχ	לִסְלוֹחַ

sich entschuldigen	lehitnatsel	לְהִתְנַצֵּל
Verzeihung!	ani mitnatsel, ani mitna'tselet	אֲנִי מִתְנַצֵּל (ז), אֲנִי מִתְנַצֶּלֶת (נ)
Es tut mir leid!	ani mitsta'er, ani mitsta"eret	אֲנִי מִצְטַעֵר (ז), אֲנִי מִצְטַעֶרֶת (נ)
verzeihen (vt)	lis'loaχ	לִסְלוֹחַ
Das macht nichts!	lo nora	לֹא נוֹרָא
bitte (Die Rechnung, ~!)	bevakaʃa	בְּבַקָשָׁה

Nicht vergessen!	al tiʃkaχ!	אַל תִּשְׁכַּח! (ז)
Natürlich!	'betaχ!	בֶּטַח!
Natürlich nicht!	'betaχ ʃelo!	בֶּטַח שֶׁלֹא!
Gut! Okay!	okei!	אוֹקֵיי!
Es ist genug!	maspik!	מַסְפִּיק!

3. Grundzahlen. Teil 1

null	'efes	אֶפֶס (ז)
eins	eχad	אֶחָד (ז)
eine	aχat	אַחַת (נ)
zwei	'ʃtayim	שְׁתַּיִם (נ)
drei	ʃaloʃ	שָׁלוֹשׁ (נ)
vier	arba	אַרְבַּע (נ)

fünf	χameʃ	חָמֵשׁ (נ)
sechs	ʃeʃ	שֵׁשׁ (נ)
sieben	'ʃeva	שֶׁבַע (נ)
acht	'ʃmone	שְׁמוֹנֶה (נ)
neun	'teʃa	תֵּשַׁע (נ)

zehn	'eser	עֶשֶׂר (נ)
elf	aχat esre	אַחַת-עֶשְׂרֵה (נ)
zwölf	ʃteim esre	שְׁתֵּים-עֶשְׂרֵה (נ)
dreizehn	ʃloʃ esre	שְׁלוֹשׁ-עֶשְׂרֵה (נ)
vierzehn	arba esre	אַרְבַּע-עֶשְׂרֵה (נ)

fünfzehn	χameʃ esre	חֲמֵשׁ-עֶשְׂרֵה (נ)
sechzehn	ʃeʃ esre	שֵׁשׁ-עֶשְׂרֵה (נ)
siebzehn	ʃva esre	שְׁבַע-עֶשְׂרֵה (נ)
achtzehn	ʃmone esre	שְׁמוֹנֶה-עֶשְׂרֵה (נ)
neunzehn	tʃa esre	תְּשַׁע-עֶשְׂרֵה (נ)

zwanzig	esrim	עֶשְׂרִים
einundzwanzig	esrim ve'eχad	עֶשְׂרִים וְאֶחָד
zweiundzwanzig	esrim u'ʃnayim	עֶשְׂרִים וּשְׁנַיִם
dreiundzwanzig	esrim uʃloʃa	עֶשְׂרִים וּשְׁלוֹשָׁה

| dreißig | ʃloʃim | שְׁלוֹשִׁים |
| einunddreißig | ʃloʃim ve'eχad | שְׁלוֹשִׁים וְאֶחָד |

| zweiunddreißig | ʃloʃim u'ʃnayim | שְׁלוֹשִׁים וּשְׁנַיִם |
| dreiunddreißig | ʃloʃim uʃloʃa | שְׁלוֹשִׁים וּשְׁלוֹשָׁה |

vierzig	arba'im	אַרְבָּעִים
einundvierzig	arba'im ve'eχad	אַרְבָּעִים וְאֶחָד
zweiundvierzig	arba'im u'ʃnayim	אַרְבָּעִים וּשְׁנַיִם
dreiundvierzig	arba'im uʃloʃa	אַרְבָּעִים וּשְׁלוֹשָׁה

fünfzig	χamiʃim	חֲמִישִׁים
einundfünfzig	χamiʃim ve'eχad	חֲמִישִׁים וְאֶחָד
zweiundfünfzig	χamiʃim u'ʃnayim	חֲמִישִׁים וּשְׁנַיִם
dreiundfünfzig	χamiʃim uʃloʃa	חֲמִישִׁים וּשְׁלוֹשָׁה

sechzig	ʃiʃim	שִׁישִׁים
einundsechzig	ʃiʃim ve'eχad	שִׁישִׁים וְאֶחָד
zweiundsechzig	ʃiʃim u'ʃnayim	שִׁישִׁים וּשְׁנַיִם
dreiundsechzig	ʃiʃim uʃloʃa	שִׁישִׁים וּשְׁלוֹשָׁה

siebzig	ʃiv'im	שִׁבְעִים
einundsiebzig	ʃiv'im ve'eχad	שִׁבְעִים וְאֶחָד
zweiundsiebzig	ʃiv'im u'ʃnayim	שִׁבְעִים וּשְׁנַיִם
dreiundsiebzig	ʃiv'im uʃloʃa	שִׁבְעִים וּשְׁלוֹשָׁה

achtzig	ʃmonim	שְׁמוֹנִים
einundachtzig	ʃmonim ve'eχad	שְׁמוֹנִים וְאֶחָד
zweiundachtzig	ʃmonim u'ʃnayim	שְׁמוֹנִים וּשְׁנַיִם
dreiundachtzig	ʃmonim uʃloʃa	שְׁמוֹנִים וּשְׁלוֹשָׁה

neunzig	tiʃ'im	תִּשְׁעִים
einundneunzig	tiʃ'im ve'eχad	תִּשְׁעִים וְאֶחָד
zweiundneunzig	tiʃ'im u'ʃayim	תִּשְׁעִים וּשְׁנַיִם
dreiundneunzig	tiʃ'im uʃloʃa	תִּשְׁעִים וּשְׁלוֹשָׁה

4. Grundzahlen. Teil 2

einhundert	'me'a	מֵאָה (נ)
zweihundert	ma'tayim	מָאתַיִם
dreihundert	ʃloʃ me'ot	שְׁלוֹשׁ מֵאוֹת (נ)
vierhundert	arba me'ot	אַרְבַּע מֵאוֹת (נ)
fünfhundert	χameʃ me'ot	חֲמֵשׁ מֵאוֹת (נ)

| sechshundert | ʃeʃ me'ot | שֵׁשׁ מֵאוֹת (נ) |
| siebenhundert | ʃva me'ot | שְׁבַע מֵאוֹת (נ) |

| achthundert | ʃmone me'ot | שְׁמוֹנֶה מֵאוֹת (נ) |
| neunhundert | tʃa me'ot | תֵּשַׁע מֵאוֹת (נ) |

eintausend	'elef	אֶלֶף (ז)
zweitausend	al'payim	אַלְפַּיִם (ז)
dreitausend	'ʃloʃet alafim	שְׁלוֹשֶׁת אֲלָפִים (ז)
zehntausend	a'seret alafim	עֲשֶׂרֶת אֲלָפִים (ז)
hunderttausend	'me'a 'elef	מֵאָה אֶלֶף (ז)
Million (f)	milyon	מִילְיוֹן (ז)
Milliarde (f)	milyard	מִילְיַארְד (ז)

5. Zahlen. Brüche

Bruch (m)	'ʃever	שֶׁבֶר (ז)
Hälfte (f)	'χetsi	חֲצִי (ז)
Drittel (n)	ʃliʃ	שְׁלִישׁ (ז)
Viertel (n)	'reva	רֶבַע (ז)

Achtel (m, n)	ʃminit	שְׁמִינִית (נ)
Zehntel (n)	asirit	עֲשִׂירִית (נ)
zwei Drittel	ʃnei ʃliʃim	שְׁנֵי שְׁלִישִׁים (ז)
drei Viertel	'ʃloʃet riv'ei	שְׁלוֹשֶׁת רְבָעֵי

6. Zahlen. Grundrechenarten

Subtraktion (f)	χisur	חִיסוּר (ז)
subtrahieren (vt)	leχaser	לְחַסֵר
Division (f)	χiluk	חִילוּק (ז)
dividieren (vt)	leχalek	לְחַלֵק

Addition (f)	χibur	חִיבּוּר (ז)
addieren (vt)	leχaber	לְחַבֵּר
hinzufügen (vt)	leχaber	לְחַבֵּר
Multiplikation (f)	'kefel	כֶּפֶל (ז)
multiplizieren (vt)	lehaχpil	לְהַכְפִּיל

7. Zahlen. Verschiedenes

Ziffer (f)	sifra	סִפְרָה (נ)
Zahl (f)	mispar	מִסְפָּר (ז)
Zahlwort (n)	ʃem mispar	שֵׁם מִסְפָּר (ז)
Minus (n)	'minus	מִינוּס (ז)
Plus (n)	plus	פְּלוּס (ז)
Formel (f)	nusχa	נוּסְחָה (נ)

Berechnung (f)	χiʃuv	חִישׁוּב (ז)
zählen (vt)	lispor	לִסְפּוֹר
berechnen (vt)	leχaʃev	לְחַשֵׁב
vergleichen (vt)	lehaʃvot	לְהַשְׁווֹת

Wie viel?	'kama?	כַּמָה?
Wie viele?	'kama?	כַּמָה?
Summe (f)	sχum	סְכוּם (ז)
Ergebnis (n)	totsa'a	תוֹצָאָה (נ)
Rest (m)	ʃe'erit	שְׁאֵרִית (נ)

einige (~ Tage)	'kama	כַּמָה
wenig (Adv)	ktsat	קְצָת
einige, ein paar	me'at	מְעַט
wenig (es kostet ~)	me'at	מְעַט
Übrige (n)	ʃe'ar	שְׁאָר (ז)
anderthalb	eχad va'χetsi	אֶחָד וָחֵצִי (ז)

Dutzend (n)	tresar	תְּרֵיסָר (ז)
entzwei (Adv)	'xetsi 'xetsi	חֲצִי חֲצִי
zu gleichen Teilen	ʃave beʃave	שָׁוֶה בְּשָׁוֶה
Hälfte (f)	'xetsi	חֲצִי (ז)
Mal (n)	'paʿam	פַּעַם (נ)

8. Die wichtigsten Verben. Teil 1

abbiegen (nach links ~)	lifnot	לִפְנוֹת
abschicken (vt)	liʃ'loax	לִשְׁלוֹחַ
ändern (vt)	leʃanot	לְשַׁנוֹת
andeuten (vt)	lirmoz	לִרְמוֹז
Angst haben	lefaxed	לְפַחֵד

ankommen (vi)	leha'giʿa	לְהַגִּיעַ
antworten (vi)	laʿanot	לַעֲנוֹת
arbeiten (vi)	laʿavod	לַעֲבוֹד
auf … zählen	lismox al	לִסְמוֹךְ עַל
aufbewahren (vt)	liʃmor	לִשְׁמוֹר

aufschreiben (vt)	lirʃom	לִרְשׁוֹם
ausgehen (vi)	latset	לָצֵאת
aussprechen (vt)	levate	לְבַטֵּא
bedauern (vt)	lehitsta'er	לְהִצְטַעֵר
bedeuten (vt)	lomar	לוֹמַר
beenden (vt)	lesayem	לְסַיֵּם

befehlen (Milit.)	lifkod	לִפְקוֹד
befreien (Stadt usw.)	leʃaxrer	לְשַׁחְרֵר
beginnen (vt)	lehatxil	לְהַתְחִיל
bemerken (vt)	lasim lev	לָשִׂים לֵב
beobachten (vt)	litspot, lehaʃkif	לִצְפּוֹת, לְהַשְׁקִיף

berühren (vt)	la'gaʿat	לָגַעַת
besitzen (vt)	lihyot 'baʿal ʃel	לִהְיוֹת בַּעַל שֶׁל
besprechen (vt)	ladun	לָדוּן
bestehen auf	lehit'akeʃ	לְהִתְעַקֵּשׁ
bestellen (im Restaurant)	lehazmin	לְהַזְמִין

bestrafen (vt)	leha'aniʃ	לְהַעֲנִישׁ
beten (vi)	lehitpalel	לְהִתְפַּלֵל
bitten (vt)	levakeʃ	לְבַקֵּשׁ
brechen (vt)	liʃbor	לִשְׁבּוֹר
denken (vi, vt)	laxʃov	לַחְשׁוֹב

drohen (vi)	le'ayem	לְאַיֵּם
Durst haben	lihyot tsame	לִהְיוֹת צָמֵא
einladen (vt)	lehazmin	לְהַזְמִין
einstellen (vt)	lehafsik	לְהַפְסִיק
einwenden (vt)	lehitnaged	לְהִתְנַגֵד
empfehlen (vt)	lehamlits	לְהַמְלִיץ

| erklären (vt) | lehasbir | לְהַסְבִּיר |
| erlauben (vt) | leharʃot | לְהַרְשׁוֹת |

ermorden (vt)	laharog	לַהֲרֹג
erwähnen (vt)	lehazkir	לְהַזְכִּיר
existieren (vi)	lehitkayem	לְהִתְקַיֵּם

9. Die wichtigsten Verben. Teil 2

fallen (vi)	lipol	לִיפֹּל
fallen lassen	lehapil	לְהַפִּיל
fangen (vt)	litfos	לִתְפֹּס
finden (vt)	limtso	לִמְצֹא
fliegen (vi)	la'uf	לָעוּף

folgen (Folge mir!)	la'akov axarei	לַעֲקֹב אַחֲרֵי
fortsetzen (vt)	lehamʃix	לְהַמְשִׁיךְ
fragen (vt)	liʃol	לִשְׁאֹל
frühstücken (vi)	le'exol aruxat 'boker	לֶאֱכֹל אֲרוּחַת בּוֹקֶר
geben (vt)	latet	לָתֵת

gefallen (vi)	limtso xen be'ei'nayim	לִמְצֹא חֵן בְּעֵינַיִים
gehen (zu Fuß gehen)	la'lexet	לָלֶכֶת
gehören (vi)	lehiʃtayex	לְהִשְׁתַּיֵּךְ
graben (vt)	laxpor	לַחְפֹּר

haben (vt)	lehaxzik	לְהַחְזִיק
helfen (vi)	la'azor	לַעֲזֹר
herabsteigen (vi)	la'redet	לָרֶדֶת
hereinkommen (vi)	lehikanes	לְהִיכָּנֵס

hoffen (vi)	lekavot	לְקַוּוֹת
hören (vt)	liʃmo'a	לִשְׁמוֹעַ
hungrig sein	lihyot ra'ev	לִהְיוֹת רָעֵב
informieren (vt)	leho'dia	לְהוֹדִיעַ
jagen (vi)	latsud	לָצוּד

kennen (vt)	lehakir et	לְהַכִּיר אֶת
klagen (vi)	lehitlonen	לְהִתְלוֹנֵן
können (v mod)	yaxol	יָכוֹל
kontrollieren (vt)	liʃlot	לִשְׁלוֹט
kosten (vt)	la'alot	לַעֲלוֹת

kränken (vt)	leha'aliv	לְהַעֲלִיב
lächeln (vi)	lexayex	לְחַיֵּךְ
lachen (vi)	litsxok	לִצְחֹק
laufen (vi)	laruts	לָרוּץ
leiten (Betrieb usw.)	lenahel	לְנַהֵל

lernen (vt)	lilmod	לִלְמֹד
lesen (vi, vt)	likro	לִקְרֹא
lieben (vt)	le'ehov	לֶאֱהֹב
machen (vt)	la'asot	לַעֲשׂוֹת

mieten (Haus usw.)	liskor	לִשְׂכֹּר
nehmen (vt)	la'kaxat	לָקַחַת
noch einmal sagen	laxazor al	לַחְזֹר עַל

| nötig sein | lehidareʃ | לְהִידָרֵשׁ |
| öffnen (vt) | lifˈtoaχ | לִפְתּוֹחַ |

10. Die wichtigsten Verben. Teil 3

planen (vt)	letaχnen	לְתַכְנֵן
prahlen (vi)	lehitravrev	לְהִתְרַבְרֵב
raten (vt)	leyaˈets	לְיָעֵץ
rechnen (vt)	lispor	לִסְפּוֹר
reservieren (vt)	lehazmin meroʃ	לְהַזְמִין מֵרֹאשׁ

retten (vt)	lehatsil	לְהַצִּיל
richtig raten (vt)	lenaχeʃ	לְנַחֵשׁ
rufen (um Hilfe ~)	likro	לִקְרוֹא
sagen (vt)	lomar	לוֹמַר
schaffen (Etwas Neues zu ~)	litsor	לִיצוֹר

schelten (vt)	linzof	לִנְזוֹף
schießen (vi)	lirot	לִירוֹת
schmücken (vt)	lekaʃet	לְקַשֵּׁט
schreiben (vi, vt)	liχtov	לִכְתּוֹב
schreien (vi)	litsˈok	לִצְעוֹק

schweigen (vi)	liʃtok	לִשְׁתּוֹק
schwimmen (vi)	lisχot	לִשְׂחוֹת
schwimmen gehen	lehitraχets	לְהִתְרַחֵץ
sehen (vi, vt)	lirˈot	לִרְאוֹת

sein (vi)	lihyot	לִהְיוֹת
sich beeilen	lemaher	לְמַהֵר
sich entschuldigen	lehitnatsel	לְהִתְנַצֵּל

sich interessieren	lehitˈanyen be...	לְהִתְעַנְיֵין בְּ...
sich irren	litˈot	לִטְעוֹת
sich setzen	lehityaʃev	לְהִתְיַישֵּׁב
sich weigern	lesarev	לְסָרֵב
spielen (vi, vt)	lesaχek	לְשַׂחֵק

sprechen (vi)	ledaber	לְדַבֵּר
staunen (vi)	lehitpale	לְהִתְפַּלֵּא
stehlen (vt)	lignov	לִגְנוֹב
stoppen (vt)	laˈatsor	לַעֲצוֹר
suchen (vt)	leχapes	לְחַפֵּשׂ

11. Die wichtigsten Verben. Teil 4

täuschen (vt)	leramot	לְרַמּוֹת
teilnehmen (vi)	lehiʃtatef	לְהִשְׁתַּתֵּף
übersetzen (Buch usw.)	letargem	לְתַרְגֵּם
unterschätzen (vt)	lehamˈit beˈereχ	לְהַמְעִיט בְּעֵרֶךְ
unterschreiben (vt)	laχtom	לַחְתּוֹם
vereinigen (vt)	leˈaχed	לְאַחֵד

vergessen (vt)	liʃ'koaχ	לשכוח
vergleichen (vt)	lehaʃvot	להשוות
verkaufen (vt)	limkor	למכור
verlangen (vt)	lidroʃ	לדרוש

versäumen (vt)	lehaχsir	להחסיר
versprechen (vt)	lehav'tiaχ	להבטיח
verstecken (vt)	lehastir	להסתיר
verstehen (vt)	lehavin	להבין
versuchen (vt)	lenasot	לנסות

verteidigen (vt)	lehagen	להגן
vertrauen (vi)	liv'toaχ	לבטוח
verwechseln (vt)	lehitbalbel	להתבלבל
verzeihen (vi, vt)	lis'loaχ	לסלוח
verzeihen (vt)	lis'loaχ	לסלוח
voraussehen (vt)	laχazot	לחזות

vorschlagen (vt)	leha'tsi'a	להציע
vorziehen (vt)	leha'adif	להעדיף
wählen (vt)	livχor	לבחור
warnen (vt)	lehazhir	להזהיר
warten (vi)	lehamtin	להמתין
weinen (vi)	livkot	לבכות

wissen (vt)	la'da'at	לדעת
Witz machen	lehitba'deaχ	להתבדח
wollen (vt)	lirtsot	לרצות
zahlen (vt)	leʃalem	לשלם
zeigen (jemandem etwas)	lehar'ot	להראות

zu Abend essen	le'eχol aruχat 'erev	לאכול ארוחת ערב
zu Mittag essen	le'eχol aruχat tsaha'rayim	לאכול ארוחת צהריים
zubereiten (vt)	levaʃel	לבשל
zustimmen (vi)	lehaskim	להסכים
zweifeln (vi)	lefakpek	לפקפק

12. Farben

Farbe (f)	'tseva	צֶבַע (ז)
Schattierung (f)	gavan	גָוֶן (ז)
Farbton (m)	gavan	גָוֶן (ז)
Regenbogen (m)	'keʃet	קֶשֶׁת (נ)

weiß	lavan	לָבָן
schwarz	ʃaχor	שָׁחוֹר
grau	afor	אָפוֹר

grün	yarok	יָרוֹק
gelb	tsahov	צָהוֹב
rot	adom	אָדוֹם

| blau | kaχol | כָּחוֹל |
| hellblau | taχol | תָכוֹל |

19

rosa	varod	וָרֹד
orange	katom	כָּתֹם
violett	segol	סָגֹל
braun	χum	חוּם

| golden | zahov | זָהֹב |
| silbrig | kasuf | כָּסוּף |

beige	beʒ	בֵּזְ'
cremefarben	be'tseva krem	בְּצֶבַע קְרֶם
türkis	turkiz	טוּרְקִיז
kirschrot	bordo	בּוֹרְדוֹ
lila	segol	סָגֹל
himbeerrot	patol	פָּטֹל

hell	bahir	בָּהִיר
dunkel	kehe	כֵּהֶה
grell	bohek	בּוֹהֵק

Farb- (z.B. -stifte)	tsiv'oni	צִבְעוֹנִי
Farb- (z.B. -film)	tsiv'oni	צִבְעוֹנִי
schwarz-weiß	ʃaχor lavan	שָׁחֹר-לָבָן
einfarbig	χad tsiv'i	חַד-צִבְעִי
bunt	sasgoni	סַסְגוֹנִי

13. Fragen

Wer?	mi?	מִי?
Was?	ma?	מָה?
Wo?	'eifo?	אֵיפֹה?
Wohin?	le'an?	לְאָן?
Woher?	me''eifo?	מֵאֵיפֹה?
Wann?	matai?	מָתַי?
Wozu?	'lama?	לָמָה?
Warum?	ma'du'a?	מַדּוּעַ?

Wofür?	biʃvil ma?	בִּשְׁבִיל מָה?
Wie?	eiχ, keitsad?	כֵּיצַד? אֵיך?
Welcher?	'eize?	אֵיזֶה?

Wem?	lemi?	לְמִי?
Über wen?	al mi?	עַל מִי?
Wovon? (~ sprichst du?)	al ma?	עַל מָה?
Mit wem?	im mi?	עִם מִי?

| Wie viel? Wie viele? | 'kama? | כַּמָּה? |
| Wessen? | ʃel mi? | שֶׁל מִי? |

14. Funktionswörter. Adverbien. Teil 1

| Wo? | 'eifo? | אֵיפֹה? |
| hier | po, kan | פֹּה, כָּאן |

20

dort	ʃam	שָׁם
irgendwo	'eifo ʃehu	אֵיפֹה שֶׁהוּא
nirgends	beʃum makom	בְּשׁוּם מָקוֹם

an (bei)	leyad …	לְיַד …
am Fenster	leyad haχalon	לְיַד הַחַלוֹן

Wohin?	le'an?	לְאָן?
hierher	'hena, lekan	הֵנָּה; לְכָאן
dahin	leʃam	לְשָׁם
von hier	mikan	מִכָּאן
von da	miʃam	מִשָּׁם

nah (Adv)	karov	קָרוֹב
weit, fern (Adv)	raχok	רָחוֹק

in der Nähe von …	leyad	לְיַד
in der Nähe	karov	קָרוֹב
unweit (~ unseres Hotels)	lo raχok	לֹא רָחוֹק

link (Adj)	smali	שְׂמָאלִי
links (Adv)	mismol	מִשְּׂמֹאל
nach links	'smola	שְׂמֹאלָה

recht (Adj)	yemani	יְמָנִי
rechts (Adv)	miyamin	מִיָּמִין
nach rechts	ya'mina	יָמִינָה

vorne (Adv)	mika'dima	מִקָּדִימָה
Vorder-	kidmi	קִדְמִי
vorwärts	ka'dima	קָדִימָה

hinten (Adv)	me'aχor	מֵאָחוֹר
von hinten	me'aχor	מֵאָחוֹר
rückwärts (Adv)	a'χora	אֲחוֹרָה

Mitte (f)	'emtsa	אֶמְצַע (ז)
in der Mitte	ba''emtsa	בָּאֶמְצַע

seitlich (Adv)	mehatsad	מֵהַצַּד
überall (Adv)	beχol makom	בְּכָל מָקוֹם
ringsherum (Adv)	misaviv	מִסָּבִיב

von innen (Adv)	mibifnim	מִבִּפְנִים
irgendwohin (Adv)	le'an ʃehu	לְאָן שֶׁהוּא
geradeaus (Adv)	yaʃar	יָשָׁר
zurück (Adv)	baχazara	בַּחֲזָרָה

irgendwoher (Adv)	me'ei ʃam	מֵאֵי שָׁם
von irgendwo (Adv)	me'ei ʃam	מֵאֵי שָׁם

erstens	reʃit	רֵאשִׁית
zweitens	ʃenit	שֵׁנִית
drittens	ʃliʃit	שְׁלִישִׁית
plötzlich (Adv)	pit'om	פִּתְאוֹם
zuerst (Adv)	behatslaχa	בַּהַתְחָלָה

zum ersten Mal	lariʃona	לָרִאשׁוֹנָה
lange vor...	zman rav lifnei ...	זְמַן רַב לִפְנֵי ...
von Anfang an	meχadaʃ	מֵחָדָשׁ
für immer	letamid	לְתָמִיד

nie (Adv)	af 'pa'am, me'olam	מֵעוֹלָם, אַף פַּעַם
wieder (Adv)	ʃuv	שׁוּב
jetzt (Adv)	aχʃav, ka'et	עַכְשָׁיו, כָּעֵת
oft (Adv)	le'itim krovot	לְעִיתִים קְרוֹבוֹת
damals (Adv)	az	אָז
dringend (Adv)	bidχifut	בִּדְחִיפוּת
gewöhnlich (Adv)	be'dereχ klal	בְּדֶרֶךְ כְּלָל

übrigens, ...	'dereχ 'agav	דֶּרֶךְ אַגַב
möglicherweise (Adv)	efʃari	אֶפְשָׁרִי
wahrscheinlich (Adv)	kanir'e	כַּנִרְאֶה
vielleicht (Adv)	ulai	אוּלַי
außerdem ...	χuts mize ...	חוּץ מִזֶּה ...
deshalb ...	laχen	לָכֵן
trotz ...	lamrot ...	לַמְרוֹת ...
dank ...	hodot le...	הוֹדוֹת לְ...

was (~ ist denn?)	ma	מָה
das (~ ist alles)	ʃe	שֶׁ
etwas	'maʃehu	מַשֶּׁהוּ
irgendwas	'maʃehu	מַשֶּׁהוּ
nichts	klum	כְּלוּם

wer (~ ist ~?)	mi	מִי
jemand	'miʃehu, 'miʃehi	מִישֶׁהוּ (ז), מִישֶׁהִי (נ)
irgendwer	'miʃehu, 'miʃehi	מִישֶׁהוּ (ז), מִישֶׁהִי (נ)

niemand	af eχad, af aχat	אַף אֶחָד (ז), אַף אַחַת (נ)
nirgends	leʃum makom	לְשׁוּם מָקוֹם
niemandes (~ Eigentum)	lo ʃayaχ le'af eχad	לֹא שַׁיָּךְ לְאַף אֶחָד
jemandes	ʃel 'miʃehu	שֶׁל מִישֶׁהוּ

so (derart)	kol kaχ	כָּל־כָּךְ
auch	gam	גַם
ebenfalls	gam	גַם

15. Funktionswörter. Adverbien. Teil 2

Warum?	ma'du'a?	מַדוּעַ?
aus irgendeinem Grund	miʃum ma	מִשּׁוּם־מָה
weil ...	miʃum ʃe	מִשּׁוּם שֶׁ
zu irgendeinem Zweck	lematara 'kolʃehi	לְמַטָּרָה כָּלְשֶׁהִי

und	ve ...	וְ ...
oder	o	אוֹ
aber	aval, ulam	אֲבָל, אוּלָם
für (präp)	biʃvil	בִּשְׁבִיל
zu (~ viele)	yoter midai	יוֹתֵר מִדַי
nur (~ einmal)	rak	רַק

| genau (Adv) | bediyuk | בְּדִיּוּק |
| etwa | be"erex | בְּעֵרֶךְ |

ungefähr (Adv)	be"erex	בְּעֵרֶךְ
ungefähr (Adj)	mefo'ar	מְשׁוֹעָר
fast	kim'at	כִּמְעַט
Übrige (n)	fe'ar	שְׁאָר (ז)

der andere	axer	אַחֵר
andere	axer	אַחֵר
jeder (~ Mann)	kol	כֹּל
beliebig (Adj)	kolfehu	כֹּלְשֶׁהוּ
viel	harbe	הַרְבֵּה
viele Menschen	harbe	הַרְבֵּה
alle (wir ~)	kulam	כּוּלָם

im Austausch gegen ...	tmurat ...	תְּמוּרַת ...
dafür (Adv)	bitmura	בִּתְמוּרָה
mit der Hand (Hand-)	bayad	בְּיָד
schwerlich (Adv)	safek im	סָפֵק אִם

wahrscheinlich (Adv)	karov levadai	קָרוֹב לְוַודַאי
absichtlich (Adv)	'davka	דַּווְקָא
zufällig (Adv)	bemikre	בְּמִקְרֶה

sehr (Adv)	me'od	מְאוֹד
zum Beispiel	lemafal	לְמָשָׁל
zwischen	bein	בֵּין
unter (Wir sind ~ Mördern)	be'kerev	בְּקֶרֶב
so viele (~ Ideen)	kol kax harbe	כָּל-כָּךְ הַרְבֵּה
besonders (Adv)	bimyuxad	בְּמְיוּחָד

Grundbegriffe. Teil 2

16. Wochentage

Montag (m)	yom ʃeni	יוֹם שֵׁנִי (ז)
Dienstag (m)	yom ʃliʃi	יוֹם שְׁלִישִׁי (ז)
Mittwoch (m)	yom revi'i	יוֹם רְבִיעִי (ז)
Donnerstag (m)	yom χamiʃi	יוֹם חֲמִישִׁי (ז)
Freitag (m)	yom ʃiʃi	יוֹם שִׁישִׁי (ז)
Samstag (m)	ʃabat	שַׁבָּת (נ)
Sonntag (m)	yom riʃon	יוֹם רָאשׁוֹן (ז)

heute	hayom	הַיּוֹם
morgen	maχar	מָחָר
übermorgen	maχara'tayim	מָחֳרָתַיִם
gestern	etmol	אֶתְמוֹל
vorgestern	ʃilʃom	שִׁלְשׁוֹם

Tag (m)	yom	יוֹם (ז)
Arbeitstag (m)	yom avoda	יוֹם עֲבוֹדָה (ז)
Feiertag (m)	yom χag	יוֹם חַג (ז)
freier Tag (m)	yom menuχa	יוֹם מְנוּחָה (ז)
Wochenende (n)	sof ʃa'vu'a	סוֹף שָׁבוּעַ

den ganzen Tag	kol hayom	כָּל הַיּוֹם
am nächsten Tag	lamaχarat	לַמָּחֳרָת
zwei Tage vorher	lifnei yo'mayim	לִפְנֵי יוֹמַיִם
am Vortag	'erev	עֶרֶב
täglich (Adj)	yomyomi	יוֹמְיוֹמִי
täglich (Adv)	midei yom	מִדֵּי יוֹם

Woche (f)	ʃa'vua	שָׁבוּעַ (ז)
letzte Woche	baʃa'vu'a ʃe'avar	בַּשָּׁבוּעַ שֶׁעָבַר
nächste Woche	baʃa'vu'a haba	בַּשָּׁבוּעַ הַבָּא
wöchentlich (Adj)	ʃvu'i	שְׁבוּעִי
wöchentlich (Adv)	kol ʃa'vu'a	כָּל שָׁבוּעַ
zweimal pro Woche	pa'a'mayim beʃa'vu'a	פַּעֲמַיִם בְּשָׁבוּעַ
jeden Dienstag	kol yom ʃliʃi	כָּל יוֹם שְׁלִישִׁי

17. Stunden. Tag und Nacht

Morgen (m)	'boker	בּוֹקֶר (ז)
morgens	ba'boker	בַּבּוֹקֶר
Mittag (m)	tsaha'rayim	צָהֳרַיִם (ז"ר)
nachmittags	aχar hatsaha'rayim	אַחַר הַצָּהֳרַיִם

Abend (m)	'erev	עֶרֶב (ז)
abends	ba''erev	בָּעֶרֶב

Nacht (f)	'laila	לַיְלָה (ז)
nachts	ba'laila	בַּלַּיְלָה
Mitternacht (f)	χatsot	חֲצוֹת (נ)

Sekunde (f)	ʃniya	שְׁנִיָּה (נ)
Minute (f)	daka	דַּקָּה (נ)
Stunde (f)	ʃa'a	שָׁעָה (נ)
eine halbe Stunde	χatsi ʃa'a	חֲצִי שָׁעָה (נ)
Viertelstunde (f)	'reva ʃa'a	רֶבַע שָׁעָה (ז)
fünfzehn Minuten	χameʃ esre dakot	חָמֵשׁ עֶשְׂרֵה דַּקּוֹת
Tag und Nacht	yemama	יְמָמָה (נ)

Sonnenaufgang (m)	zriχa	זְרִיחָה (נ)
Morgendämmerung (f)	'ʃaχar	שַׁחַר (ז)
früher Morgen (m)	'ʃaχar	שַׁחַר (ז)
Sonnenuntergang (m)	ʃki'a	שְׁקִיעָה (נ)

früh am Morgen	mukdam ba'boker	מֻקְדָּם בַּבּוֹקֶר
heute Morgen	ha'boker	הַבּוֹקֶר
morgen früh	maχar ba'boker	מָחָר בַּבּוֹקֶר

heute Mittag	hayom aχarei hatzaha'rayim	הַיּוֹם אַחֲרֵי הַצָּהֳרַיִם
nachmittags	aχar hatsaha'rayim	אַחַר הַצָּהֳרַיִם
morgen Nachmittag	maχar aχarei hatsaha'rayim	מָחָר אַחֲרֵי הַצָּהֳרַיִם

| heute Abend | ha"erev | הָעֶרֶב |
| morgen Abend | maχar ba"erev | מָחָר בָּעֶרֶב |

Punkt drei Uhr	baʃa'a ʃaloʃ bediyuk	בְּשָׁעָה שָׁלוֹשׁ בְּדִיּוּק
gegen vier Uhr	bisvivot arba	בִּסְבִיבוֹת אַרְבַּע
um zwölf Uhr	ad ʃteim esre	עַד שְׁתַּיִם־עֶשְׂרֵה

in zwanzig Minuten	be'od esrim dakot	בְּעוֹד עֶשְׂרִים דַּקּוֹת
in einer Stunde	be'od ʃa'a	בְּעוֹד שָׁעָה
rechtzeitig (Adv)	bazman	בַּזְּמַן

Viertel vor ...	'reva le...	רֶבַע לְ...
innerhalb einer Stunde	toχ ʃa'a	תּוֹךְ שָׁעָה
alle fünfzehn Minuten	kol 'reva ʃa'a	כָּל רֶבַע שָׁעָה
Tag und Nacht	misaviv laʃa'on	מִסָּבִיב לַשָּׁעוֹן

18. Monate. Jahreszeiten

Januar (m)	'yanu'ar	יָנוּאָר (ז)
Februar (m)	'febru'ar	פֶבְּרוּאָר (ז)
März (m)	merts	מֶרְץ (ז)
April (m)	april	אַפְּרִיל (ז)
Mai (m)	mai	מַאי (ז)
Juni (m)	'yuni	יוּנִי (ז)

Juli (m)	'yuli	יוּלִי (ז)
August (m)	'ogust	אוֹגוּסְט (ז)
September (m)	sep'tember	סֶפְּטֶמְבֶּר (ז)
Oktober (m)	ok'tober	אוֹקְטוֹבֶּר (ז)

November (m)	no'vember	נוֹבֶמְבֶּר (ז)
Dezember (m)	de'tsember	דֶצֶמְבֶּר (ז)
Frühling (m)	aviv	אָבִיב (ז)
im Frühling	ba'aviv	בָּאָבִיב
Frühlings-	avivi	אֲבִיבִי
Sommer (m)	'kayits	קַיִץ (ז)
im Sommer	ba'kayits	בַּקַּיִץ
Sommer-	ketsi	קֵיצִי
Herbst (m)	stav	סְתָיו (ז)
im Herbst	bestav	בַּסְתָיו
Herbst-	stavi	סְתָוִוי
Winter (m)	'χoref	חוֹרֶף (ז)
im Winter	ba'χoref	בַּחוֹרֶף
Winter-	χorpi	חוֹרְפִּי
Monat (m)	'χodeʃ	חוֹדֶשׁ (ז)
in diesem Monat	ha'χodeʃ	הַחוֹדֶשׁ
nächsten Monat	ba'χodeʃ haba	בַּחוֹדֶשׁ הַבָּא
letzten Monat	ba'χodeʃ ʃe'avar	בַּחוֹדֶשׁ שֶׁעָבַר
vor einem Monat	lifnei 'χodeʃ	לִפְנֵי חוֹדֶשׁ
über eine Monat	be'od 'χodeʃ	בְּעוֹד חוֹדֶשׁ
in zwei Monaten	be'od χod'ʃayim	בְּעוֹד חוֹדְשַׁיִים
den ganzen Monat	kol ha'χodeʃ	כָּל הַחוֹדֶשׁ
monatlich (Adj)	χodʃi	חוֹדְשִׁי
monatlich (Adv)	χodʃit	חוֹדְשִׁית
jeden Monat	kol 'χodeʃ	כָּל חוֹדֶשׁ
zweimal pro Monat	pa'a'mayim be'χodeʃ	פַּעֲמַיִים בְּחוֹדֶשׁ
Jahr (n)	ʃana	שָׁנָה (נ)
dieses Jahr	haʃana	הַשָׁנָה
nächstes Jahr	baʃana haba'a	בַּשָׁנָה הַבָּאָה
voriges Jahr	baʃana ʃe'avra	בַּשָׁנָה שֶׁעָבְרָה
vor einem Jahr	lifnei ʃana	לִפְנֵי שָׁנָה
in einem Jahr	be'od ʃana	בְּעוֹד שָׁנָה
in zwei Jahren	be'od ʃna'tayim	בְּעוֹד שְׁנָתַיִים
das ganze Jahr	kol haʃana	כָּל הַשָׁנָה
jedes Jahr	kol ʃana	כָּל שָׁנָה
jährlich (Adj)	ʃnati	שְׁנָתִי
jährlich (Adv)	midei ʃana	מְדֵי שָׁנָה
viermal pro Jahr	arba pa'amim be'χodeʃ	אַרְבַּע פְּעָמִים בְּחוֹדֶשׁ
Datum (heutige ~)	ta'ariχ	תַּאֲרִיךְ (ז)
Datum (Geburts-)	ta'ariχ	תַּאֲרִיךְ (ז)
Kalender (m)	'luaχ ʃana	לוּחַ שָׁנָה (ז)
ein halbes Jahr	χatsi ʃana	חֲצִי שָׁנָה (ז)
Halbjahr (n)	ʃiʃa χodaʃim, χatsi ʃana	חֲצִי שָׁנָה, שִׁישָׁה חוֹדָשִׁים
Saison (f)	ona	עוֹנָה (נ)
Jahrhundert (n)	'me'a	מֵאָה (נ)

19. Zeit. Verschiedenes

Zeit (f)	zman	זְמַן (ז)
Augenblick (m)	'rega	רֶגַע (ז)
Moment (m)	'rega	רֶגַע (ז)
augenblicklich (Adj)	miyadi	מִייָדִי
Zeitspanne (f)	tkufa	תְקוּפָה (נ)
Leben (n)	χayim	חַיִים (ז"ר)
Ewigkeit (f)	'netsaχ	נֶצַח (ז)
Epoche (f)	idan	עִידָן (ז)
Ära (f)	idan	עִידָן (ז)
Zyklus (m)	maχzor	מַחזוֹר (ז)
Periode (f)	tkufa	תְקוּפָה (נ)
Frist (äußerste ~)	tkufa	תְקוּפָה (נ)
Zukunft (f)	atid	עָתִיד (ז)
zukünftig (Adj)	haba	הַבָּא
nächstes Mal	ba'pa'am haba'a	בַּפַּעַם הַבָּאָה
Vergangenheit (f)	avar	עָבָר (ז)
vorig (Adj)	ʃe'avar	שֶׁעָבַר
letztes Mal	ba'pa'am hako'demet	בַּפַּעַם הַקוֹדֶמֶת
später (Adv)	me'uχar yoter	מְאוּחָר יוֹתֵר
danach	aχarei	אַחֲרֵי
zur Zeit	kayom	כַּיוֹם
jetzt	aχʃav, ka'et	עַכשָׁיו, כָּעֵת
sofort	miyad	מִייָד
bald	bekarov	בְּקָרוֹב
im Voraus	meroʃ	מֵרֹאשׁ
lange her	mizman	מִזמַן
vor kurzem	lo mizman	לֹא מִזמַן
Schicksal (n)	goral	גוֹרָל (ז)
Erinnerungen (pl)	ziχronot	זִיכרוֹנוֹת (ז"ר)
Archiv (n)	arχiyon	אַרכִיוֹן (ז)
während ...	bezman ʃel ...	בְּזמַן שֶׁל ...
lange (Adv)	zman rav	זְמַן רַב
nicht lange (Adv)	lo zman rav	לֹא זְמַן רַב
früh (~ am Morgen)	mukdam	מוּקדָם
spät (Adv)	me'uχar	מְאוּחָר
für immer	la'netsaχ	לָנֶצַח
beginnen (vt)	lehatχil	לְהַתחִיל
verschieben (vt)	lidχot	לִדחוֹת
gleichzeitig	bo zmanit	בּוֹ זְמַנִית
ständig (Adv)	bikvi'ut	בִּקבִיעוּת
konstant (Adj)	ka'vu'a	קָבוּעַ
zeitweilig (Adj)	zmani	זְמַנִי
manchmal	lif'amim	לִפעָמִים
selten (Adv)	le'itim reχokot	לְעִיתִים רְחוֹקוֹת
oft	le'itim krovot	לְעִיתִים קרוֹבוֹת

27

20. Gegenteile

reich (Adj)	aʃir	עָשִׁיר
arm (Adj)	ani	עָנִי
krank (Adj)	χole	חוֹלֶה
gesund (Adj)	bari	בָּרִיא
groß (Adj)	gadol	גָּדוֹל
klein (Adj)	katan	קָטָן
schnell (Adv)	maher	מַהֵר
langsam (Adv)	le'at	לְאַט
schnell (Adj)	mahir	מָהִיר
langsam (Adj)	iti	אִטִּי
froh (Adj)	sa'meaχ	שָׂמֵחַ
traurig (Adj)	atsuv	עָצוּב
zusammen	be'yaχad	בְּיַחַד
getrennt (Adv)	levad	לְבַד
laut (~ lesen)	bekol ram	בְּקוֹל רָם
still (~ lesen)	belev, be'ʃeket	בְּלֵב, בְּשֶׁקֶט
hoch (Adj)	ga'voha	גָּבוֹהַ
niedrig (Adj)	namuχ	נָמוּךְ
tief (Adj)	amok	עָמוֹק
flach (Adj)	radud	רָדוּד
ja	ken	כֵּן
nein	lo	לֹא
fern (Adj)	raχok	רָחוֹק
nah (Adj)	karov	קָרוֹב
weit (Adv)	raχok	רָחוֹק
nebenan (Adv)	samuχ	סָמוּךְ
lang (Adj)	aroχ	אָרוֹךְ
kurz (Adj)	katsar	קָצָר
gut (gütig)	tov lev	טוֹב לֵב
böse (der ~ Geist)	raʃa	רָשָׁע
verheiratet (Ehemann)	nasui	נָשׂוּי
ledig (Adj)	ravak	רַוָּק
verbieten (vt)	le'esor al	לֶאֱסֹר עַל
erlauben (vt)	leharʃot	לְהַרְשׁוֹת
Ende (n)	sof	סוֹף (ז)
Anfang (m)	hatχala	הַתְחָלָה (נ)

| link (Adj) | smali | שְׂמָאלִי |
| recht (Adj) | yemani | יְמָנִי |

| der erste | riʃon | רִאשׁוֹן |
| der letzte | aχaron | אַחֲרוֹן |

| Verbrechen (n) | 'peʃa | פֶּשַׁע (ז) |
| Bestrafung (f) | 'oneʃ | עוֹנֶשׁ (ז) |

| befehlen (vt) | leʦavot | לְצַווֹת |
| gehorchen (vi) | leʦayet | לְצַיֵּת |

| gerade (Adj) | yaʃar | יָשָׁר |
| krumm (Adj) | me'ukal | מְעוּקָל |

| Paradies (n) | gan 'eden | גַּן עֵדֶן (ז) |
| Hölle (f) | gehinom | גֵּיהִינוֹם (ז) |

| geboren sein | lehivaled | לְהִיוָולֵד |
| sterben (vi) | lamut | לָמוּת |

| stark (Adj) | χazak | חָזָק |
| schwach (Adj) | χalaʃ | חַלָשׁ |

| alt | zaken | זָקֵן |
| jung (Adj) | ʦa'ir | צָעִיר |

| alt (Adj) | yaʃan | יָשָׁן |
| neu (Adj) | χadaʃ | חָדָשׁ |

| hart (Adj) | kaʃe | קָשֶׁה |
| weich (Adj) | raχ | רַך |

| warm (Adj) | χamim | חָמִים |
| kalt (Adj) | kar | קַר |

| dick (Adj) | ʃamen | שָׁמֵן |
| mager (Adj) | raze | רָזֶה |

| eng (Adj) | ʦar | צָר |
| breit (Adj) | raχav | רָחָב |

| gut (Adj) | tov | טוֹב |
| schlecht (Adj) | ra | רַע |

| tapfer (Adj) | amiʦ | אַמִּיץ |
| feige (Adj) | paχdani | פַּחְדָנִי |

21. Linien und Formen

Quadrat (n)	ri'bu'a	רִיבּוּעַ (ז)
quadratisch	meruba	מְרוּבָּע
Kreis (m)	ma'agal, igul	מַעֲגָל, עִיגוּל (ז)
rund	agol	עָגוֹל

| Dreieck (n) | meʃulaʃ | מְשׁוּלָשׁ (ז) |
| dreieckig | meʃulaʃ | מְשׁוּלָשׁ |

Oval (n)	e'lipsa	אֶלִיפְּסָה (נ)
oval	e'lipti	אֶלִיפְּטִי
Rechteck (n)	malben	מַלְבֵּן (ז)
rechteckig	malbeni	מַלְבֵּנִי

Pyramide (f)	pira'mida	פִּירָמִידָה (נ)
Rhombus (m)	me'uyan	מְעוּיָן (ז)
Trapez (n)	trapez	טְרַפֵּז (ז)
Würfel (m)	kubiya	קוּבִּיָּה (נ)
Prisma (n)	minsara	מִנְסָרָה (נ)

Kreis (m)	ma'agal	מַעֲגָּל (ז)
Sphäre (f)	sfira	סְפִירָה (נ)
Kugel (f)	kadur	כַּדּוּר (ז)
Durchmesser (m)	'koter	קוֹטֶר (ז)
Radius (m)	'radyus	רַדְיוּס (ז)
Umfang (m)	hekef	הֶיקֵף (ז)
Zentrum (n)	merkaz	מֶרְכָּז (ז)

waagerecht (Adj)	ofki	אוֹפְקִי
senkrecht (Adj)	anaχi	אֲנָכִי
Parallele (f)	kav makbil	קַו מַקְבִּיל (ז)
parallel (Adj)	makbil	מַקְבִּיל

Linie (f)	kav	קַו (ז)
Strich (m)	kav	קַו (ז)
Gerade (f)	kav yaʃar	קַו יָשָׁר (ז)
Kurve (f)	akuma	עֲקוּמָה (נ)
dünn (schmal)	dak	דַּק
Kontur (f)	mit'ar	מִתְאָר (ז)

Schnittpunkt (m)	χituχ	חִיתּוּךְ (ז)
rechter Winkel (m)	zavit yaʃara	זָוִית יָשָׁרָה (נ)
Segment (n)	mikta	מִקְטָע (ז)
Sektor (m)	gizra	גִּזְרָה (נ)
Seite (f)	'tsela	צֶלַע (ז)
Winkel (m)	zavit	זָוִית (נ)

22. Maßeinheiten

Gewicht (n)	miʃkal	מִשְׁקָל (ז)
Länge (f)	'oreχ	אוֹרֶךְ (ז)
Breite (f)	'roχav	רוֹחַב (ז)
Höhe (f)	'gova	גּוֹבַה (ז)
Tiefe (f)	'omek	עוֹמֶק (ז)
Volumen (n)	'nefaχ	נֶפַח (ז)
Fläche (f)	ʃetaχ	שֶׁטַח (ז)

Gramm (n)	gram	גְּרָם (ז)
Milligramm (n)	miligram	מִילִיגְּרָם (ז)
Kilo (n)	kilogram	קִילוֹגְּרָם (ז)

Tonne (f)	ton	טוֹן (ז)
Pfund (n)	'pa'und	פָּאוּנד (ז)
Unze (f)	'unkiya	אוּנקִיָה (נ)

Meter (m)	'meter	מֶטֶר (ז)
Millimeter (m)	mili'meter	מִילִימֶטֶר (ז)
Zentimeter (m)	senti'meter	סָנטִימֶטֶר (ז)
Kilometer (m)	kilo'meter	קִילוֹמֶטֶר (ז)
Meile (f)	mail	מַייל (ז)

Zoll (m)	intʃ	אִינץ' (ז)
Fuß (m)	'regel	רֶגֶל (נ)
Yard (n)	yard	יַרד (ז)

| Quadratmeter (m) | 'meter ra'vu'a | מֶטֶר רָבוּעַ (ז) |
| Hektar (n) | hektar | הֶקטָר (ז) |

Liter (m)	litr	לִיטֶר (ז)
Grad (m)	ma'ala	מַעֲלָה (נ)
Volt (n)	volt	ווֹלט (ז)
Ampere (n)	amper	אָמפֶּר (ז)
Pferdestärke (f)	'koaχ sus	כּוֹחַ סוּס (ז)

Anzahl (f)	kamut	כַּמוּת (נ)
etwas ...	ktsat ...	קצָת ...
Hälfte (f)	'χetsi	חֲצִי (ז)
Dutzend (n)	tresar	תרֵיסָר (ז)
Stück (n)	yeχida	יְחִידָה (נ)

| Größe (f) | 'godel | גוֹדֶל (ז) |
| Maßstab (m) | kne mida | קנֵה מִידָה (ז) |

minimal (Adj)	mini'mali	מִינִימָאלִי
der kleinste	hakatan beyoter	הַקָטָן בְּיוֹתֵר
mittler, mittel-	memutsa	מְמוּצָע
maximal (Adj)	maksi'mali	מַקסִימָלִי
der größte	hagadol beyoter	הַגָדוֹל בְּיוֹתֵר

23. Behälter

Glas (Einmachglas)	tsin'tsenet	צִנצֶנֶת (נ)
Dose (z.B. Bierdose)	paχit	פַּחִית (נ)
Eimer (m)	dli	דלִי (ז)
Fass (n), Tonne (f)	χavit	חָבִית (נ)

Waschschüssel (n)	gigit	גִיגִית (נ)
Tank (m)	meiχal	מֵיכָל (ז)
Flachmann (m)	meimiya	מֵימִיָה (נ)
Kanister (m)	'dʒerikan	ג'רִיקָן (ז)
Zisterne (f)	meχalit	מֵיכָלִית (נ)

Kaffeebecher (m)	'sefel	סֵפֶל (ז)
Tasse (f)	'sefel	סֵפֶל (ז)
Untertasse (f)	taχtit	תַחתִית (נ)

Wasserglas (n)	kos	כֹּוס (ז)
Weinglas (n)	ga'vi'a	גָּבִיעַ (ז)
Kochtopf (m)	sir	סִיר (ז)
Flasche (f)	bakbuk	בַּקְבּוּק (ז)
Flaschenhals (m)	tsavar habakbuk	צַוַּואר הַבַּקְבּוּק (ז)
Karaffe (f)	kad	כַּד (ז)
Tonkrug (m)	kankan	קַנְקַן (ז)
Gefäß (n)	kli	כְּלִי (ז)
Tontopf (m)	sir 'xeres	סִיר חֶרֶס (ז)
Vase (f)	agartal	אֲגַרְטָל (ז)
Flakon (n)	tsloxit	צְלֹוחִית (נ)
Fläschchen (n)	bakbukon	בַּקְבּוּקֹון (ז)
Tube (z.B. Zahnpasta)	ffo'feret	שְׁפֹופֶרֶת (נ)
Sack (~ Kartoffeln)	sak	שַׂק (ז)
Tüte (z.B. Plastiktüte)	sakit	שַׂקִּית (נ)
Schachtel (f) (z.B. Zigaretten~)	xafisa	חֲפִיסָה (נ)
Karton (z.B. Schuhkarton)	kufsa	קוּפְסָה (נ)
Kiste (z.B. Bananenkiste)	argaz	אַרְגָּז (ז)
Korb (m)	sal	סַל (ז)

24. Werkstoffe

Stoff (z.B. Baustoffe)	'xomer	חֹומֶר (ז)
Holz (n)	ets	עֵץ (ז)
hölzern	me'ets	מֵעֵץ
Glas (n)	zxuxit	זְכוּכִית (נ)
gläsern, Glas-	mizxuxit	מִזְכוּכִית
Stein (m)	'even	אֶבֶן (נ)
steinern	me''even	מֵאֶבֶן
Kunststoff (m)	'plastik	פְּלַסְטִיק (ז)
Kunststoff-	mi'plastik	מִפְּלַסְטִיק
Gummi (n)	'gumi	גוּמִי (ז)
Gummi-	mi'gumi	מִגוּמִי
Stoff (m)	bad	בַּד (ז)
aus Stoff	mibad	מִבַּד
Papier (n)	neyar	נְיָיר (ז)
Papier-	mineyar	מִנְיָיר
Pappe (f)	karton	קַרְטֹון (ז)
Pappen-	mikarton	מִקַּרְטֹון
Polyäthylen (n)	'nailon	נַיְילֹון (ז)
Zellophan (n)	tselofan	צֶלֹופָן (ז)

| Linoleum (n) | li'nole'um | לִינוֹלְיָאוּם (ז) |
| Furnier (n) | dikt | דִיקְט (ז) |

Porzellan (n)	χar'sina	חַרְסִינָה (נ)
aus Porzellan	meχar'sina	מֵחַרְסִינָה
Ton (m)	χarsit	חַרְסִית (נ)
Ton-	me'χeres	מֵחֶרֶס
Keramik (f)	ke'ramika	קֵרָמִיקָה (נ)
keramisch	ke'rami	קֵרָמִי

25. Metalle

Metall (n)	ma'teχet	מַתֶּכֶת (נ)
metallisch, Metall-	mataχti	מַתַּכְתִּי
Legierung (f)	sag'soget	סַגְסֹגֶת (נ)

Gold (n)	zahav	זָהָב (ז)
golden	mizahav, zahov	מִזָּהָב, זָהֹב
Silber (n)	'kesef	כֶּסֶף (ז)
silbern, Silber-	kaspi	כַּסְפִּי

Eisen (n)	barzel	בַּרְזֶל (ז)
eisern, Eisen-	mibarzel	מִבַּרְזֶל
Stahl (m)	plada	פְּלָדָה (נ)
stählern	miplada	מִפְּלָדָה
Kupfer (n)	ne'χofet	נְחֹשֶׁת (נ)
kupfern, Kupfer-	mine'χofet	מִנְחֹשֶׁת

Aluminium (n)	alu'minyum	אֲלוּמִינְיוּם (ז)
Aluminium-	me'alu'minyum	מֵאֲלוּמִינְיוּם
Bronze (f)	arad	אָרָד (ז)
bronzen	me'arad	מֵאָרָד

Messing (n)	pliz	פְּלִיז (ז)
Nickel (n)	'nikel	נִיקֶל (ז)
Platin (n)	'platina	פְּלָטִינָה (נ)
Quecksilber (n)	kaspit	כַּסְפִּית (נ)
Zinn (n)	bdil	בְּדִיל (ז)
Blei (n)	o'feret	עוֹפֶרֶת (נ)
Zink (n)	avats	אָבָץ (ז)

DER MENSCH

Der Mensch. Körper

26. Menschen. Grundbegriffe

Mensch (m)	ben adam	בֶּן אָדָם (ז)
Mann (m)	'gever	גֶּבֶר (ז)
Frau (f)	iʃa	אִשָּׁה (נ)
Kind (n)	'yeled	יֶלֶד (ז)
Mädchen (n)	yalda	יַלְדָּה (נ)
Junge (m)	'yeled	יֶלֶד (ז)
Teenager (m)	'na'ar	נַעַר (ז)
Greis (m)	zaken	זָקֵן (ז)
alte Frau (f)	zkena	זְקֵנָה (נ)

27. Anatomie des Menschen

Organismus (m)	guf ha'adam	גּוּף הָאָדָם (ז)
Herz (n)	lev	לֵב (ז)
Blut (n)	dam	דָּם (ז)
Arterie (f)	'orek	עוֹרֶק (ז)
Vene (f)	vrid	וְרִיד (ז)
Gehirn (n)	'moax	מוֹחַ (ז)
Nerv (m)	atsav	עָצָב (ז)
Nerven (pl)	atsabim	עֲצַבִּים (ז"ר)
Wirbel (m)	xulya	חוּלְיָה (נ)
Wirbelsäule (f)	amud haʃidra	עַמּוּד הַשִּׁדְרָה (ז)
Magen (m)	keiva	קֵיבָה (נ)
Gedärm (n)	me"ayim	מֵעַיִים (ז"ר)
Darm (z.B. Dickdarm)	me'i	מְעִי (ז)
Leber (f)	kaved	כָּבֵד (ז)
Niere (f)	kilya	כְּלָיָה (נ)
Knochen (m)	'etsem	עֶצֶם (נ)
Skelett (n)	'ʃeled	שֶׁלֶד (ז)
Rippe (f)	'tsela	צֵלָע (נ)
Schädel (m)	gul'golet	גּוּלְגּוֹלֶת (נ)
Muskel (m)	ʃrir	שְׁרִיר (ז)
Bizeps (m)	ʃrir du raʃi	שְׁרִיר דּוּ-רָאשִׁי (ז)
Trizeps (m)	ʃrir tlat raʃi	שְׁרִיר תְּלָת-רָאשִׁי (ז)
Sehne (f)	gid	גִּיד (ז)
Gelenk (n)	'perek	פֶּרֶק (ז)

Lungen (pl)	re'ot	רֵיאוֹת (נ"ר)
Geschlechtsorgane (pl)	evrei min	אֶבְרֵי מִין (ז"ר)
Haut (f)	or	עוֹר (ז)

28. Kopf

Kopf (m)	roʃ	רֹאשׁ (ז)
Gesicht (n)	panim	פָּנִים (ז"ר)
Nase (f)	af	אַף (ז)
Mund (m)	pe	פֶּה (ז)

Auge (n)	'ayin	עַיִן (נ)
Augen (pl)	ei'nayim	עֵינַיִם (נ"ר)
Pupille (f)	iʃon	אִישׁוֹן (ז)
Augenbraue (f)	gaba	גַּבָּה (נ)
Wimper (f)	ris	רִיס (ז)
Augenlid (n)	af'af	עַפְעַף (ז)

Zunge (f)	laʃon	לָשׁוֹן (נ)
Zahn (m)	ʃen	שֵׁן (נ)
Lippen (pl)	sfa'tayim	שְׂפָתַיִם (נ"ר)
Backenknochen (pl)	atsamot leχa'yayim	עַצְמוֹת לְחָיַיִם (נ"ר)
Zahnfleisch (n)	χani'χayim	חֲנִיכַיִם (ז"ר)
Gaumen (m)	χeχ	חֵךְ (ז)

Nasenlöcher (pl)	neχi'rayim	נְחִירַיִם (ז"ר)
Kinn (n)	santer	סַנְטֵר (ז)
Kiefer (m)	'leset	לֶסֶת (נ)
Wange (f)	'leχi	לְחִי (נ)

Stirn (f)	'metsaχ	מֵצַח (ז)
Schläfe (f)	raka	רַקָּה (נ)
Ohr (n)	'ozen	אֹזֶן (נ)
Nacken (m)	'oref	עוֹרֶף (ז)
Hals (m)	tsavar	צַוָּאר (ז)
Kehle (f)	garon	גָּרוֹן (ז)

Haare (pl)	se'ar	שֵׂיעָר (ז)
Frisur (f)	tis'roket	תִּסְרֹוקֶת (נ)
Haarschnitt (m)	tis'poret	תִּסְפֹּרֶת (נ)
Perücke (f)	pe'a	פֵּאָה (נ)

Schnurrbart (m)	safam	שָׂפָם (ז)
Bart (m)	zakan	זָקָן (ז)
haben (einen Bart ~)	legadel	לְגַדֵּל
Zopf (m)	tsama	צַמָּה (נ)
Backenbart (m)	pe'ot leχa'yayim	פֵּאוֹת לְחָיַיִם (נ"ר)

rothaarig	'dʒindʒi	גִ'ינגִ'י
grau	kasuf	כָּסוּף
kahl	ke'reaχ	קֵירֵחַ
Glatze (f)	ka'raχat	קָרַחַת (נ)
Pferdeschwanz (m)	'kuku	קוּקוּ (ז)
Pony (Ponyfrisur)	'poni	פּוֹנִי (ז)

29. Menschlicher Körper

| Hand (f) | kaf yad | כַּף יָד (נ) |
| Arm (m) | yad | יָד (נ) |

Finger (m)	'etsba	אֶצְבַּע (נ)
Zehe (f)	'bohen	בּוֹהֶן (נ)
Daumen (m)	agudal	אֲגוּדָל (ז)
kleiner Finger (m)	'zeret	זֶרֶת (נ)
Nagel (m)	tsi'poren	צִיפּוֹרֶן (ז)

Faust (f)	egrof	אֶגְרוֹף (ז)
Handfläche (f)	kaf yad	כַּף יָד (נ)
Handgelenk (n)	'ʃoreʃ kaf hayad	שׁוֹרֶשׁ כַּף הַיָד (ז)
Unterarm (m)	ama	אַמָה (נ)
Ellbogen (m)	marpek	מַרְפֵּק (ז)
Schulter (f)	katef	כָּתֵף (נ)

Bein (n)	'regel	רֶגֶל (נ)
Fuß (m)	kaf 'regel	כַּף רֶגֶל (נ)
Knie (n)	'berex	בֶּרֶךְ (נ)
Wade (f)	ʃok	שׁוֹק (ז)
Hüfte (f)	yarex	יָרֵךְ (ז)
Ferse (f)	akev	עָקֵב (ז)

Körper (m)	guf	גוּף (ז)
Bauch (m)	'beten	בֶּטֶן (נ)
Brust (f)	xaze	חָזֶה (ז)
Busen (m)	ʃad	שַׁד (ז)
Seite (f), Flanke (f)	tsad	צַד (ז)
Rücken (m)	gav	גַב (ז)
Kreuz (n)	mot'nayim	מוֹתְנַיִם (ז"ר)
Taille (f)	'talya	טַלְיָה (נ)

Nabel (m)	tabur	טַבּוּר (ז)
Gesäßbacken (pl)	axo'rayim	אֲחוֹרַיִם (ז"ר)
Hinterteil (n)	yaʃvan	יַשְׁבָן (ז)

Leberfleck (m)	nekudat xen	נְקוּדַת חֵן (נ)
Muttermal (n)	'ketem leida	כֶּתֶם לֵידָה (ז)
Tätowierung (f)	kaʿaʾkuʿa	קַעֲקוּעַ (ז)
Narbe (f)	tsa'leket	צַלֶּקֶת (נ)

Kleidung & Accessoires

30. Oberbekleidung. Mäntel

Kleidung (f)	bgadim	בְּגָדִים (ז"ר)
Oberkleidung (f)	levuʃ elyon	לְבוּשׁ עֶלְיוֹן (ז)
Winterkleidung (f)	bigdei 'χoref	בִּגְדֵי חוֹרֶף (ז"ר)
Mantel (m)	me'il	מְעִיל (ז)
Pelzmantel (m)	me'il parva	מְעִיל פַּרְוָה (ז)
Pelzjacke (f)	me'il parva katsar	מְעִיל פַּרְוָה קָצָר (ז)
Daunenjacke (f)	me'il puχ	מְעִיל פּוּךְ (ז)
Jacke (z.B. Lederjacke)	me'il katsar	מְעִיל קָצָר (ז)
Regenmantel (m)	me'il 'geʃem	מְעִיל גֶּשֶׁם (ז)
wasserdicht	amid be'mayim	עָמִיד בְּמַיִם

31. Herren- & Damenbekleidung

Hemd (n)	χultsa	חוּלְצָה (נ)
Hose (f)	miχna'sayim	מִכְנָסַיִים (ז"ר)
Jeans (pl)	miχnesei 'dʒins	מִכְנְסֵי גִ'ינְס (ז"ר)
Jackett (n)	ʒaket	ז'קֶט (ז)
Anzug (m)	χalifa	חֲלִיפָה (נ)
Damenkleid (n)	simla	שִׂמְלָה (נ)
Rock (m)	χatsa'it	חֲצָאִית (נ)
Bluse (f)	χultsa	חוּלְצָה (נ)
Strickjacke (f)	ʒaket 'tsemer	ז'קֶט צֶמֶר (ז)
Jacke (Damen Kostüm)	ʒaket	ז'קֶט (ז)
T-Shirt (n)	ti ʃert	טִי שֶׁרְט (ז)
Shorts (pl)	miχna'sayim ktsarim	מִכְנָסַיִים קְצָרִים (ז"ר)
Sportanzug (m)	'trening	טְרֶנִינְג (ז)
Bademantel (m)	χaluk raχatsa	חָלוּק רַחְצָה (ז)
Schlafanzug (m)	pi'dʒama	פִּיגָ'מָה (נ)
Sweater (m)	'sveder	סְוֶוֶדֶר (ז)
Pullover (m)	afuda	אֲפוּדָה (נ)
Weste (f)	vest	וֶסְט (ז)
Frack (m)	frak	פְרַאק (ז)
Smoking (m)	tuk'sido	טוּקְסִידוֹ (ז)
Uniform (f)	madim	מַדִּים (ז"ר)
Arbeitskleidung (f)	bigdei avoda	בִּגְדֵי עֲבוֹדָה (ז"ר)
Overall (m)	sarbal	סַרְבָּל (ז)
Kittel (z.B. Arztkittel)	χaluk	חָלוּק (ז)

32. Kleidung. Unterwäsche

Unterwäsche (f)	levanim	לְבָנִים (ז"ר)
Herrenslip (m)	taxtonim	תַּחְתּוֹנִים (ז"ר)
Damenslip (m)	taxtonim	תַּחְתּוֹנִים (ז"ר)
Unterhemd (n)	gufiya	גּוּפִיָּה (נ)
Socken (pl)	gar'bayim	גַּרְבַּיִם (ז"ר)

Nachthemd (n)	'ktonet 'laila	כְּתוֹנֶת לַיְלָה (נ)
Büstenhalter (m)	xaziya	חֲזִיָּה (נ)
Kniestrümpfe (pl)	birkon	בִּרְכּוֹן (ז)
Strumpfhose (f)	garbonim	גַּרְבּוֹנִים (ז"ר)
Strümpfe (pl)	garbei 'nailon	גַּרְבֵּי נַיְלוֹן (ז"ר)
Badeanzug (m)	'beged yam	בֶּגֶד יָם (ז)

33. Kopfbekleidung

Mütze (f)	'kova	כּוֹבַע (ז)
Filzhut (m)	'kova 'leved	כּוֹבַע לֶבֶד (ז)
Baseballkappe (f)	'kova 'beisbol	כּוֹבַע בֵּייסְבּוֹל (ז)
Schiebermütze (f)	'kova mitsxiya	כּוֹבַע מִצְחִיָּה (ז)

Baskenmütze (f)	baret	בֶּרֶט (ז)
Kapuze (f)	bardas	בַּרְדָּס (ז)
Panamahut (m)	'kova 'tembel	כּוֹבַע טֶמְבֶּל (ז)
Strickmütze (f)	'kova 'gerev	כּוֹבַע גֶּרֶב (ז)

Kopftuch (n)	mit'paxat	מִטְפַּחַת (נ)
Damenhut (m)	'kova	כּוֹבַע (ז)

Schutzhelm (m)	kasda	קַסְדָּה (נ)
Feldmütze (f)	kumta	כּוּמְתָּה (נ)
Helm (z.B. Motorradhelm)	kasda	קַסְדָּה (נ)

Melone (f)	mig'ba'at me'u'gelet	מִגְבַּעַת מְעוּגֶּלֶת (נ)
Zylinder (m)	tsi'linder	צִילִינְדֶּר (ז)

34. Schuhwerk

Schuhe (pl)	han'ala	הַנְעָלָה (נ)
Stiefeletten (pl)	na'a'layim	נַעֲלַיִם (נ"ר)
Halbschuhe (pl)	na'a'layim	נַעֲלַיִם (נ"ר)
Stiefel (pl)	maga'fayim	מַגָּפַיִם (ז"ר)
Hausschuhe (pl)	na'alei 'bayit	נַעֲלֵי בַּיִת (נ"ר)

Tennisschuhe (pl)	na'alei sport	נַעֲלֵי סְפּוֹרְט (נ"ר)
Leinenschuhe (pl)	na'alei sport	נַעֲלֵי סְפּוֹרְט (נ"ר)
Sandalen (pl)	sandalim	סַנְדָּלִים (ז"ר)

Schuster (m)	sandlar	סַנְדְּלָר (ז)
Absatz (m)	akev	עָקֵב (ז)

Paar (n)	zug	זוּג (ז)
Schnürsenkel (m)	sroχ	שְׂרוֹךְ (ז)
schnüren (vt)	lisroχ	לִשְׂרוֹךְ
Schuhlöffel (m)	kaf na'a'layim	כַּף נַעֲלַיִם (ג)
Schuhcreme (f)	miʃχat na'a'layim	מִשְׁחַת נַעֲלַיִם (ב)

35. Textilien. Stoffe

Baumwolle (f)	kutna	כּוּתְנָה (ב)
Baumwolle-	mikutna	מְכּוּתְנָה
Leinen (m)	piʃtan	פִּשְׁתָּן (ז)
Leinen-	mipiʃtan	מִפִּשְׁתָּן

Seide (f)	'meʃi	מֶשִׁי (ז)
Seiden-	miʃyi	מֶשְׁיִי
Wolle (f)	'tsemer	צֶמֶר (ז)
Woll-	tsamri	צַמְרִי

Samt (m)	ktifa	קְטִיפָה (ב)
Wildleder (n)	zamʃ	זָמְשׁ (ז)
Cord (m)	'korderoi	קוֹרְדְּרוֹי (ז)

Nylon (n)	'nailon	נָיְילוֹן (ז)
Nylon-	mi'nailon	מְנָיְילוֹן
Polyester (m)	poli''ester	פּוֹלְיָאֶסְטֶר (ז)
Polyester-	mipoli''ester	מְפּוֹלְיָאֶסְטֶר

Leder (n)	or	עוֹר (ז)
Leder-	me'or	מְעוֹר
Pelz (m)	parva	פַּרְוָה (ב)
Pelz-	miparva	מִפַּרְוָה

36. Persönliche Accessoires

Handschuhe (pl)	kfafot	כְּפָפוֹת (נ"ר)
Fausthandschuhe (pl)	kfafot	כְּפָפוֹת (נ"ר)
Schal (Kaschmir-)	tsa'if	צָעִיף (ז)

Brille (f)	miʃka'fayim	מִשְׁקָפַיִם (ז"ר)
Brillengestell (n)	mis'geret	מִסְגֶּרֶת (ב)
Regenschirm (m)	mitriya	מִטְרִיָה (ב)
Spazierstock (m)	makel haliχa	מַקֵּל הָלִיכָה (ז)
Haarbürste (f)	miv'reʃet se'ar	מִבְרֶשֶׁת שֵׂיעָר (ב)
Fächer (m)	menifa	מְנִיפָה (ב)

Krawatte (f)	aniva	עֲנִיבָה (ב)
Fliege (f)	anivat parpar	עֲנִיבַת פַּרְפַּר (ב)
Hosenträger (pl)	ktefiyot	כְּתֵפִיוֹת (נ"ר)
Taschentuch (n)	mimχata	מִמְחָטָה (ב)

| Kamm (m) | masrek | מַסְרֵק (ז) |
| Haarspange (f) | sikat roʃ | סִיכַּת רֹאשׁ (ב) |

Haarnadel (f)	sikat se'ar	סִיכַּת שֵׂעָר (נ)
Schnalle (f)	avzam	אַבְזָם (ז)

Gürtel (m)	xagora	חֲגוֹרָה (נ)
Umhängegurt (m)	retsu'at katef	רְצוּעַת כָּתֵף (נ)

Tasche (f)	tik	תִּיק (ז)
Handtasche (f)	tik	תִּיק (ז)
Rucksack (m)	tarmil	תַּרְמִיל (ז)

37. Kleidung. Verschiedenes

Mode (f)	ofna	אוֹפְנָה (נ)
modisch	ofnati	אוֹפְנָתִי
Modedesigner (m)	me'atsev ofna	מְעַצֵּב אוֹפְנָה (ז)

Kragen (m)	tsavaron	צַוָּארוֹן (ז)
Tasche (f)	kis	כִּיס (ז)
Taschen-	ʃel kis	שֶׁל כִּיס
Ärmel (m)	ʃarvul	שַׁרְווּל (ז)
Aufhänger (m)	mitle	מִתְלֶה (ז)
Hosenschlitz (m)	xanut	חֲנוּת (נ)

Reißverschluss (m)	roxsan	רוֹכְסָן (ז)
Verschluss (m)	'keres	קֶרֶס (ז)
Knopf (m)	kaftor	כַּפְתּוֹר (ז)
Knopfloch (n)	lula'a	לוּלָאָה (נ)
abgehen (Knopf usw.)	lehitalef	לְהִיתָּלֵשׁ

nähen (vi, vt)	litpor	לִתְפּוֹר
sticken (vt)	lirkom	לִרְקוֹם
Stickerei (f)	rikma	רִקְמָה (נ)
Nadel (f)	'maxat tfira	מַחַט תְּפִירָה (נ)
Faden (m)	xut	חוּט (ז)
Naht (f)	'tefer	תֶּפֶר (ז)

sich beschmutzen	lehitlaxlex	לְהִתְלַכְלֵךְ
Fleck (m)	'ketem	כֶּתֶם (ז)
sich knittern	lehitkamet	לְהִתְקַמֵּט
zerreißen (vt)	lik'ro'a	לִקְרוֹעַ
Motte (f)	aʃ	עָשׁ (ז)

38. Kosmetikartikel. Kosmetik

Zahnpasta (f)	miʃxat ʃi'nayim	מִשְׁחַת שִׁינַּיִים (נ)
Zahnbürste (f)	miv'reʃet ʃi'nayim	מִבְרֶשֶׁת שִׁינַּיִים (נ)
Zähne putzen	letsax'tseax ʃi'nayim	לְצַחְצֵחַ שִׁינַּיִים

Rasierer (m)	'ta'ar	תַּעַר (ז)
Rasiercreme (f)	'ketsef gi'luax	קֶצֶף גִּילּוּחַ (ז)
sich rasieren	lehitga'leax	לְהִתְגַּלֵּחַ
Seife (f)	sabon	סַבּוֹן (ז)

Shampoo (n)	ʃampu	שַׁמְפּוּ (ז)
Schere (f)	mispa'rayim	מִסְפָּרַיִם (ז"ר)
Nagelfeile (f)	ptsira	פְּצִירָה (נ)
Nagelzange (f)	gozez tsipor'nayim	גּוֹזֵז צִיפּוֹרְנַיִים (ז)
Pinzette (f)	pin'tseta	פִּינְצֶטָה (נ)
Kosmetik (f)	tamrukim	תַּמְרוּקִים (ז"ר)
Gesichtsmaske (f)	maseχa	מַסֵּכָה (נ)
Maniküre (f)	manikur	מָנִיקוּר (ז)
Maniküre machen	la'asot manikur	לַעֲשׂוֹת מָנִיקוּר
Pediküre (f)	pedikur	פֶּדִיקוּר (ז)
Kosmetiktasche (f)	tik ipur	תִּיק אִיפּוּר (ז)
Puder (m)	'pudra	פּוּדְרָה (נ)
Puderdose (f)	pudriya	פּוּדְרִייָה (נ)
Rouge (n)	'somek	סוֹמֶק (ז)
Parfüm (n)	'bosem	בּוֹשֶׂם (ז)
Duftwasser (n)	mei 'bosem	מֵי בּוֹשֶׂם (ז"ר)
Lotion (f)	mei panim	מֵי פָּנִים (ז"ר)
Kölnischwasser (n)	mei 'bosem	מֵי בּוֹשֶׂם (ז"ר)
Lidschatten (m)	tslalit	צְלָלִית (נ)
Kajalstift (m)	ai 'lainer	אַי לַיינֶר (ז)
Wimperntusche (f)	'maskara	מַסְקָרָה (נ)
Lippenstift (m)	sfaton	שְׂפָתוֹן (ז)
Nagellack (m)	'laka letsipor'nayim	לַכָּה לְצִיפּוֹרְנַיִים (נ)
Haarlack (m)	tarsis lese'ar	תַּרְסִיס לְשֵׂיעָר (ז)
Deodorant (n)	de'odo'rant	דֵּאוֹדוֹרַנְט (ז)
Creme (f)	krem	קְרֶם (ז)
Gesichtscreme (f)	krem panim	קְרֶם פָּנִים (ז)
Handcreme (f)	krem ya'dayim	קְרֶם יָדַיִים (ז)
Anti-Falten-Creme (f)	krem 'neged kmatim	קְרֶם נֶגֶד קְמָטִים (ז)
Tagescreme (f)	krem yom	קְרֶם יוֹם (ז)
Nachtcreme (f)	krem 'laila	קְרֶם לַיְלָה (ז)
Tages-	yomi	יוֹמִי
Nacht-	leili	לֵילִי
Tampon (m)	tampon	טַמְפּוֹן (ז)
Toilettenpapier (n)	neyar tu'alet	נְיַיר טוּאָלֶט (ז)
Föhn (m)	meyabeʃ se'ar	מְיַיבֵּשׁ שֵׂיעָר (ז)

39. Schmuck

Schmuck (m)	taχʃitim	תַּכְשִׁיטִים (ז"ר)
Edel- (stein)	yekar 'ereχ	יְקַר עֵרֶךְ
Repunze (f)	tav tsorfim, bχina	תָּו צוֹרְפִים (ז), בְּחִינָה (נ)
Ring (m)	ta'ba'at	טַבַּעַת (נ)
Ehering (m)	ta'ba'at nisu'in	טַבַּעַת נִישׂוּאִין (נ) .
Armband (n)	tsamid	צָמִיד (ז)
Ohrringe (pl)	agilim	עֲגִילִים (ז"ר)

Kette (f)	maχ'rozet	מַחְרוֹזֶת (נ)
Krone (f)	'keter	כֶּתֶר (ז)
Halskette (f)	maχ'rozet	מַחְרוֹזֶת (נ)

Brillant (m)	yahalom	יַהֲלוֹם (ז)
Smaragd (m)	ba'reket	בָּרֶקֶת (נ)
Rubin (m)	'odem	אוֹדֶם (ז)
Saphir (m)	sapir	סַפִּיר (ז)
Perle (f)	pnina	פְּנִינָה (נ)
Bernstein (m)	inbar	עִנְבָּר (ז)

40. Armbanduhren Uhren

Armbanduhr (f)	ʃe'on yad	שְׁעוֹן יָד (ז)
Zifferblatt (n)	'luaχ ʃa'on	לוּחַ שָׁעוֹן (ז)
Zeiger (m)	maχog	מָחוֹג (ז)
Metallarmband (n)	tsamid	צָמִיד (ז)
Uhrenarmband (n)	retsu'a leʃa'on	רְצוּעָה לְשָׁעוֹן (נ)

Batterie (f)	solela	סוֹלְלָה (נ)
verbraucht sein	lehitroken	לְהִתְרוֹקֵן
die Batterie wechseln	lehaχlif	לְהַחְלִיף
vorgehen (vi)	lemaher	לְמַהֵר
nachgehen (vi)	lefager	לְפַגֵּר

Wanduhr (f)	ʃe'on kir	שְׁעוֹן קִיר (ז)
Sanduhr (f)	ʃe'on χol	שְׁעוֹן חוֹל (ז)
Sonnenuhr (f)	ʃe'on 'ʃemeʃ	שְׁעוֹן שֶׁמֶשׁ (ז)
Wecker (m)	ʃa'on me'orer	שְׁעוֹן מְעוֹרֵר (ז)
Uhrmacher (m)	ʃa'an	שְׁעָן (ז)
reparieren (vt)	letaken	לְתַקֵּן

Essen. Ernährung

41. Essen

Fleisch (n)	basar	בָּשָׂר (ז)
Hühnerfleisch (n)	of	עוֹף (ז)
Küken (n)	pargit	פַּרְגִית (נ)
Ente (f)	barvaz	בַּרְוָז (ז)
Gans (f)	avaz	אֲוָז (ז)
Wild (n)	'tsayid	צַיִד (ז)
Pute (f)	'hodu	הוֹדוּ (ז)

Schweinefleisch (n)	basar χazir	בָּשָׂר חֲזִיר (ז)
Kalbfleisch (n)	basar 'egel	בָּשָׂר עֵגֶל (ז)
Hammelfleisch (n)	basar 'keves	בָּשָׂר כֶּבֶשׂ (ז)
Rindfleisch (n)	bakar	בָּקָר (ז)
Kaninchenfleisch (n)	arnav	אַרְנָב (ז)

Wurst (f)	naknik	נַקְנִיק (ז)
Würstchen (n)	naknikiya	נַקְנִיקִיָה (נ)
Schinkenspeck (m)	'kotel χazir	קוֹתֶל חֲזִיר (ז)
Schinken (m)	basar χazir me'ufan	בָּשָׂר חֲזִיר מְעוּשָׁן (ז)
Räucherschinken (m)	'kotel χazir me'ufan	קוֹתֶל חֲזִיר מְעוּשָׁן (ז)

Pastete (f)	pate	פָּטֶה (ז)
Leber (f)	kaved	כָּבֵד (ז)
Hackfleisch (n)	basar taχun	בָּשָׂר טָחוּן (ז)
Zunge (f)	lafon	לָשׁוֹן (נ)

Ei (n)	beitsa	בֵּיצָה (נ)
Eier (pl)	beitsim	בֵּיצִים (נ"ר)
Eiweiß (n)	χelbon	חֶלְבּוֹן (ז)
Eigelb (n)	χelmon	חֶלְמוֹן (ז)

Fisch (m)	dag	דָג (ז)
Meeresfrüchte (pl)	perot yam	פֵּירוֹת יָם (ז"ר)
Krebstiere (pl)	sartana'im	סַרְטָנָאִים (ז"ר)
Kaviar (m)	kavyar	קָוְיָאר (ז)

Krabbe (f)	sartan yam	סַרְטָן יָם (ז)
Garnele (f)	frimps	שְׁרִימְפְּס (ז"ר)
Auster (f)	tsidpat ma'aχal	צִדְפַּת מַאֲכָל (נ)
Languste (f)	'lobster kotsani	לוֹבְּסְטֶר קוֹצָנִי (ז)
Krake (m)	tamnun	תַמְנוּן (ז)
Kalmar (m)	kala'mari	קָלָמָארִי (ז)

Störfleisch (n)	basar haχidkan	בָּשָׂר הֶחִדְקָן (ז)
Lachs (m)	'salmon	סַלְמוֹן (ז)
Heilbutt (m)	putit	פּוּטִית (נ)
Dorsch (m)	fibut	שִׁיבּוּט (ז)

43

Makrele (f)	kolyas	קוֹלְיָס (ז)
Tunfisch (m)	'tuna	טוּנָה (נ)
Aal (m)	tslofax	צְלוֹפַח (ז)

Forelle (f)	forel	פּוֹרֶל (ז)
Sardine (f)	sardin	סַרְדִּין (ז)
Hecht (m)	ze'ev 'mayim	זְאֵב מַיִם (ז)
Hering (m)	ma'liax	מָלִיחַ (ז)

Brot (n)	'lexem	לֶחֶם (ז)
Käse (m)	gvina	גְּבִינָה (נ)
Zucker (m)	sukar	סוּכָּר (ז)
Salz (n)	'melax	מֶלַח (ז)

Reis (m)	'orez	אוֹרֶז (ז)
Teigwaren (pl)	'pasta	פַּסְטָה (נ)
Nudeln (pl)	irtiyot	אִטְרִיוֹת (נ"ר)

Butter (f)	xem'a	חֶמְאָה (נ)
Pflanzenöl (n)	'femen tsimxi	שֶׁמֶן צִמְחִי (ז)
Sonnenblumenöl (n)	'femen xamaniyot	שֶׁמֶן חַמָּנִיּוֹת (ז)
Margarine (f)	marga'rina	מַרְגָּרִינָה (נ)

Oliven (pl)	zeitim	זֵיתִים (ז"ר)
Olivenöl (n)	'femen 'zayit	שֶׁמֶן זַיִת (ז)

Milch (f)	xalav	חָלָב (ז)
Kondensmilch (f)	xalav merukaz	חָלָב מְרוּכָּז (ז)
Joghurt (m)	'yogurt	יוֹגּוּרְט (ז)
saure Sahne (f)	fa'menet	שַׁמֶּנֶת (נ)
Sahne (f)	fa'menet	שַׁמֶּנֶת (נ)

Mayonnaise (f)	mayonez	מָיוֹנֶז (ז)
Buttercreme (f)	ka'tsefet xem'a	קַצֶּפֶת חֶמְאָה (נ)

Grütze (f)	grisim	גְּרִיסִים (ז"ר)
Mehl (n)	'kemax	קֶמַח (ז)
Konserven (pl)	fimurim	שִׁמּוּרִים (ז"ר)

Maisflocken (pl)	ptitei 'tiras	פְּתִיתֵי תִּירָס (ז"ר)
Honig (m)	dvaf	דְּבַשׁ (ז)
Marmelade (f)	riba	רִיבָּה (נ)
Kaugummi (m, n)	'mastik	מַסְטִיק (ז)

42. Getränke

Wasser (n)	'mayim	מַיִם (ז"ר)
Trinkwasser (n)	mei ftiya	מֵי שְׁתִיָּה (ז"ר)
Mineralwasser (n)	'mayim mine'raliyim	מַיִם מִינֶרָלִיִּים (ז"ר)

still	lo mugaz	לֹא מוּגָז
mit Kohlensäure	mugaz	מוּגָז
mit Gas	mugaz	מוּגָז
Eis (n)	'kerax	קֶרַח (ז)

mit Eis	im 'keraχ	עִם קֶרַח
alkoholfrei (Adj)	natul alkohol	נָטוּל אַלְכּוֹהוֹל
alkoholfreies Getränk (n)	maʃke kal	מַשְׁקֶה קַל (ז)
Erfrischungsgetränk (n)	maʃke mera'anen	מַשְׁקֶה מְרַעֲנֵן (ז)
Limonade (f)	limo'nada	לִימוֹנָדָה (נ)

Spirituosen (pl)	maʃka'ot χarifim	מַשְׁקָאוֹת חָרִיפִים (ז"ר)
Wein (m)	'yayin	יַיִן (ז)
Weißwein (m)	'yayin lavan	יַיִן לָבָן (ז)
Rotwein (m)	'yayin adom	יַיִן אָדֹם (ז)

Likör (m)	liker	לִיקֶר (ז)
Champagner (m)	ʃam'panya	שַׁמְפַּנְיָה (נ)
Wermut (m)	'vermut	וֶרְמוּט (ז)

Whisky (m)	'viski	וִיסְקִי (ז)
Wodka (m)	'vodka	וֹדְקָה (נ)
Gin (m)	dʒin	גִ'ין (ז)
Kognak (m)	'konyak	קוֹנְיָאק (ז)
Rum (m)	rom	רוֹם (ז)

Kaffee (m)	kafe	קָפֶּה (ז)
schwarzer Kaffee (m)	kafe ʃaχor	קָפֶּה שָׁחוֹר (ז)
Milchkaffee (m)	kafe hafuχ	קָפֶּה הָפוּךְ (ז)
Cappuccino (m)	kapu'tʃino	קָפּוּצִ'ינוֹ (ז)
Pulverkaffee (m)	kafe names	קָפֶּה נָמֵס (ז)

Milch (f)	χalav	חָלָב (ז)
Cocktail (m)	kokteil	קוֹקְטֵיל (ז)
Milchcocktail (m)	'milkʃeik	מִילְקְשֵׁייק (ז)

Saft (m)	mits	מִיץ (ז)
Tomatensaft (m)	mits agvaniyot	מִיץ עַגְבָנִיּוֹת (ז)
Orangensaft (m)	mits tapuzim	מִיץ תַּפּוּזִים (ז)
frisch gepresster Saft (m)	mits saχut	מִיץ סָחוּט (ז)

Bier (n)	'bira	בִּירָה (נ)
Helles (n)	'bira bahira	בִּירָה בָּהִירָה (נ)
Dunkelbier (n)	'bira keha	בִּירָה כֵּהָה (נ)

Tee (m)	te	תֵּה (ז)
schwarzer Tee (m)	te ʃaχor	תֵּה שָׁחוֹר (ז)
grüner Tee (m)	te yarok	תֵּה יָרוֹק (ז)

43. Gemüse

| Gemüse (n) | yerakot | יְרָקוֹת (ז"ר) |
| grünes Gemüse (pl) | 'yerek | יֶרֶק (ז) |

Tomate (f)	agvaniya	עַגְבָנִיָּה (נ)
Gurke (f)	melafefon	מְלָפְפוֹן (ז)
Karotte (f)	'gezer	גֶּזֶר (ז)
Kartoffel (f)	ta'puaχ adama	תַּפּוּחַ אֲדָמָה (ז)
Zwiebel (f)	batsal	בָּצָל (ז)

Knoblauch (m)	ſum	שׁוּם (ז)
Kohl (m)	kruv	פְּרוּב (ז)
Blumenkohl (m)	kruvit	פְּרוּבִית (נ)
Rosenkohl (m)	kruv nitsanim	פְּרוּב נִצָּנִים (ז)
Brokkoli (m)	'brokoli	בְּרוֹקוֹלִי (ז)

Rote Bete (f)	'selek	סֶלֶק (ז)
Aubergine (f)	χatsil	חָצִיל (ז)
Zucchini (f)	kiſu	קִישׁוּא (ז)
Kürbis (m)	'dla'at	דְּלַעַת (נ)
Rübe (f)	'lefet	לֶפֶת (נ)

Petersilie (f)	petro'zilya	פֶּטְרוֹזִילְיָה (נ)
Dill (m)	ſamir	שָׁמִיר (ז)
Kopf Salat (m)	'χasa	חַסָּה (נ)
Sellerie (m)	'seleri	סֶלֶרִי (ז)
Spargel (m)	aspa'ragos	אַסְפָּרָגוֹס (ז)
Spinat (m)	'tered	תֶּרֶד (ז)

Erbse (f)	afuna	אֲפוּנָה (נ)
Bohnen (pl)	pol	פּוֹל (ז)
Mais (m)	'tiras	תִּירָס (ז)
weiße Bohne (f)	ſu'it	שְׁעוּעִית (נ)

Paprika (m)	'pilpel	פִּלְפֵּל (ז)
Radieschen (n)	tsnonit	צְנוֹנִית (נ)
Artischocke (f)	artiſok	אַרְטִישׁוֹק (ז)

44. Obst. Nüsse

Frucht (f)	pri	פְּרִי (ז)
Apfel (m)	ta'puaχ	תַּפּוּחַ (ז)
Birne (f)	agas	אַגָּס (ז)
Zitrone (f)	limon	לִימוֹן (ז)
Apfelsine (f)	tapuz	תַּפּוּז (ז)
Erdbeere (f)	tut sade	תּוּת שָׂדֶה (ז)

Mandarine (f)	klemen'tina	קְלֶמֶנְטִינָה (נ)
Pflaume (f)	ſezif	שְׁזִיף (ז)
Pfirsich (m)	afarsek	אֲפַרְסֵק (ז)
Aprikose (f)	'miſmeſ	מִשְׁמֵשׁ (ז)
Himbeere (f)	'petel	פֶּטֶל (ז)
Ananas (f)	'ananas	אָנָנָס (ז)

Banane (f)	ba'nana	בַּנָנָה (נ)
Wassermelone (f)	ava'tiaχ	אֲבַטִּיחַ (ז)
Weintrauben (pl)	anavim	עֲנָבִים (ז"ר)
Sauerkirsche (f)	duvdevan	דּוּבְדְּבָן (ז)
Süßkirsche (f)	gudgedan	גּוּדְגְּדָן (ז)
Melone (f)	melon	מֶלוֹן (ז)

Grapefruit (f)	eſkolit	אֶשְׁכּוֹלִית (נ)
Avocado (f)	avo'kado	אָבוֹקָדוֹ (ז)
Papaya (f)	pa'paya	פַּפָּאיָה (נ)

| Mango (f) | 'mango | מַנְגּוֹ (ז) |
| Granatapfel (m) | rimon | רִימוֹן (ז) |

rote Johannisbeere (f)	dumdemanit aduma	דּוּמְדְּמָנִית אֲדוּמָה (נ)
schwarze Johannisbeere (f)	dumdemanit ʃχora	דּוּמְדְּמָנִית שְׁחוֹרָה (נ)
Stachelbeere (f)	χazarzar	חֲזַרְזַר (ז)
Heidelbeere (f)	uχmanit	אוּכְמָנִית (נ)
Brombeere (f)	'petel ʃaχor	פֶּטֶל שָׁחוֹר (ז)

Rosinen (pl)	tsimukim	צִימוּקִים (ז"ר)
Feige (f)	te'ena	תְּאֵנָה (נ)
Dattel (f)	tamar	תָּמָר (ז)

Erdnuss (f)	botnim	בּוֹטְנִים (ז"ר)
Mandel (f)	ʃaked	שָׁקֵד (ז)
Walnuss (f)	egoz 'meleχ	אֱגוֹז מֶלֶךְ (ז)
Haselnuss (f)	egoz ilsar	אֱגוֹז אִלְסָר (ז)
Kokosnuss (f)	'kokus	קוֹקוּס (ז)
Pistazien (pl)	'fistuk	פִּיסְטוּק (ז)

45. Brot. Süßigkeiten

Konditorwaren (pl)	mutsrei kondi'torya	מוּצְרֵי קוֹנְדִּיטוֹרְיָה (ז"ר)
Brot (n)	'leχem	לֶחֶם (ז)
Keks (m, n)	ugiya	עוּגִיָּה (נ)

Schokolade (f)	'ʃokolad	שׁוֹקוֹלָד (ז)
Schokoladen-	mi'ʃokolad	מִשּׁוֹקוֹלָד
Bonbon (m, n)	sukariya	סוּכָּרְיָה (נ)
Kuchen (m)	uga	עוּגָה (נ)
Torte (f)	uga	עוּגָה (נ)

| Kuchen (Apfel-) | pai | פַּאי (ז) |
| Füllung (f) | milui | מִילּוּי (ז) |

Konfitüre (f)	riba	רִיבָּה (נ)
Marmelade (f)	marme'lada	מַרְמֶלָדָה (נ)
Waffeln (pl)	'vaflim	וַפְלִים (ז"ר)
Eis (n)	'glida	גְּלִידָה (נ)
Pudding (m)	'puding	פּוּדִינְג (ז)

46. Gerichte

Gericht (n)	mana	מָנָה (נ)
Küche (f)	mitbaχ	מִטְבָּח (ז)
Rezept (n)	matkon	מַתְכּוֹן (ז)
Portion (f)	mana	מָנָה (נ)

Salat (m)	salat	סָלָט (ז)
Suppe (f)	marak	מָרָק (ז)
Brühe (f), Bouillon (f)	marak tsaχ, tsir	מָרָק צַח, צִיר (ז)
belegtes Brot (n)	kariχ	כָּרִיךְ (ז)

Spiegelei (n)	beitsat ain	בֵּיצַת עַיִן (נ)
Hamburger (m)	'hamburger	הַמְבּוּרְגֶר (ז)
Beefsteak (n)	umtsa, steik	אוּמְצָה (נ), סְטֵייק (ז)

Beilage (f)	to'sefet	תּוֹסֶפֶת (נ)
Spaghetti (pl)	spa'geti	סְפָּגֶטִי (ז)
Kartoffelpüree (n)	meχit tapuχei adama	מְחִית תַּפּוּחֵי אֲדָמָה (נ)
Pizza (f)	'pitsa	פִּיצָה (נ)
Brei (m)	daysa	דַּייְסָה (נ)
Omelett (n)	χavita	חֲבִיתָה (נ)

gekocht	mevuʃal	מְבוּשָׁל
geräuchert	me'uʃan	מְעוּשָׁן
gebraten	metugan	מְטוּגָּן
getrocknet	meyubaʃ	מְיוּבָּשׁ
tiefgekühlt	kafu	קָפוּא
mariniert	kavuʃ	כָּבוּשׁ

süß	matok	מָתוֹק
salzig	ma'luaχ	מָלוּחַ
kalt	kar	קָר
heiß	χam	חַם
bitter	marir	מָרִיר
lecker	ta'im	טָעִים

kochen (vt)	levaʃel be'mayim rotχim	לְבַשֵּׁל בְּמַיִם רוֹתְחִים
zubereiten (vt)	levaʃel	לְבַשֵּׁל
braten (vt)	letagen	לְטַגֵּן
aufwärmen (vt)	leχamem	לְחַמֵּם

salzen (vt)	leham'liaχ	לְהַמְלִיחַ
pfeffern (vt)	lefalpel	לְפַלְפֵּל
reiben (vt)	lerasek	לְרַסֵּק
Schale (f)	klipa	קְלִיפָּה (נ)
schälen (vt)	lekalef	לְקַלֵּף

47. Gewürze

Salz (n)	'melaχ	מֶלַח (ז)
salzig (Adj)	ma'luaχ	מָלוּחַ
salzen (vt)	leham'liaχ	לְהַמְלִיחַ

schwarzer Pfeffer (m)	'pilpel ʃaχor	פִּלְפֵּל שָׁחוֹר (ז)
roter Pfeffer (m)	'pilpel adom	פִּלְפֵּל אָדוֹם (ז)
Senf (m)	χardal	חַרְדָּל (ז)
Meerrettich (m)	χa'zeret	חֲזֶרֶת (נ)

Gewürz (n)	'rotev	רוֹטֶב (ז)
Gewürz (n)	tavlin	תַּבְלִין (ז)
Soße (f)	'rotev	רוֹטֶב (ז)
Essig (m)	'χomets	חוֹמֶץ (ז)

| Anis (m) | kamnon | כַּמְנוֹן (ז) |
| Basilikum (n) | reχan | רֵיחָן (ז) |

Nelke (f)	tsi'poren	צִיפּוֹרֶן (ז)
Ingwer (m)	'dʒindʒer	גְ'ינגְ'ר (ז)
Koriander (m)	'kusbara	כּוּסְבָּרָה (נ)
Zimt (m)	kinamon	קִינָמוֹן (ז)

Sesam (m)	'ʃumʃum	שׁוּמְשׁוֹם (ז)
Lorbeerblatt (n)	ale dafna	עֲלֵה דַפְנָה (ז)
Paprika (m)	'paprika	פַּפְּרִיקָה (נ)
Kümmel (m)	'kimel	קִימֶל (ז)
Safran (m)	ze'afran	זַעֲפְרָן (ז)

48. Mahlzeiten

Essen (n)	'oχel	אוֹכֶל (ז)
essen (vi, vt)	le'eχol	לֶאֱכוֹל

Frühstück (n)	aruχat 'boker	אֲרוּחַת בּוֹקֶר (נ)
frühstücken (vi)	le'eχol aruχat 'boker	לֶאֱכוֹל אֲרוּחַת בּוֹקֶר
Mittagessen (n)	aruχat tsaha'rayim	אֲרוּחַת צָהֳרַיִים (נ)
zu Mittag essen	le'eχol aruχat tsaha'rayim	לֶאֱכוֹל אֲרוּחַת צָהֳרַיִים
Abendessen (n)	aruχat 'erev	אֲרוּחַת עֶרֶב (נ)
zu Abend essen	le'eχol aruχat 'erev	לֶאֱכוֹל אֲרוּחַת עֶרֶב

Appetit (m)	te'avon	תֵיאָבוֹן (ז)
Guten Appetit!	betei'avon!	בְּתֵיאָבוֹן!

öffnen (vt)	lif'toaχ	לִפְתוֹחַ
verschütten (vt)	liʃpoχ	לִשְׁפּוֹךְ
verschüttet werden	lehiʃapeχ	לְהִישָׁפֵךְ

kochen (vi)	lir'toaχ	לִרְתוֹחַ
kochen (Wasser ~)	lehar'tiaχ	לְהַרְתִּיחַ
gekocht (Adj)	ra'tuaχ	רָתוּחַ

kühlen (vt)	lekarer	לְקָרֵר
abkühlen (vi)	lehitkarer	לְהִתְקָרֵר

Geschmack (m)	'ta'am	טַעַם (ז)
Beigeschmack (m)	'ta'am levai	טַעַם לְווַאי (ז)

auf Diät sein	lirzot	לִרְזוֹת
Diät (f)	di''eta	דִיאָטָה (נ)
Vitamin (n)	vitamin	וִיטָמִין (ז)
Kalorie (f)	ka'lorya	קָלוֹרִיָה (נ)

Vegetarier (m)	tsimχoni	צִמְחוֹנִי (ז)
vegetarisch (Adj)	tsimχoni	צִמְחוֹנִי

Fett (n)	ʃumanim	שׁוּמָנִים (ז"ר)
Protein (n)	χelbonim	חֶלְבּוֹנִים (ז"ר)
Kohlenhydrat (n)	paχmema	פַּחְמֵימָה (נ)
Scheibchen (n)	prusa	פְּרוּסָה (נ)
Stück (ein ~ Kuchen)	χatiχa	חֲתִיכָה (נ)
Krümel (m)	perur	פֵּירוּר (ז)

49. Gedeck

Löffel (m)	kaf	כַּף (ז)
Messer (n)	sakin	סַכִּין (ז, נ)
Gabel (f)	mazleg	מַזְלֵג (ז)

Tasse (eine ~ Tee)	'sefel	סֵפֶל (ז)
Teller (m)	tsa'laxat	צַלַּחַת (נ)
Untertasse (f)	taxtit	תַּחְתִּית (נ)
Serviette (f)	mapit	מַפִּית (נ)
Zahnstocher (m)	keisam ʃi'nayim	קֵיסָם שִׁינַּיִם (ז)

50. Restaurant

Restaurant (n)	mis'ada	מִסְעָדָה (נ)
Kaffeehaus (n)	beit kafe	בֵּית קָפֶה (ז)
Bar (f)	bar, pab	בָּר, פָּאבּ (ז)
Teesalon (m)	beit te	בֵּית תֵּה (ז)

Kellner (m)	meltsar	מֶלְצַר (ז)
Kellnerin (f)	meltsarit	מֶלְצָרִית (נ)
Barmixer (m)	'barmen	בַּרְמֶן (ז)

Speisekarte (f)	tafrit	תַּפְרִיט (ז)
Weinkarte (f)	reʃimat yeynot	רְשִׁימַת יֵינוֹת (נ)
einen Tisch reservieren	lehazmin ʃulxan	לְהַזְמִין שׁוּלְחָן

Gericht (n)	mana	מָנָה (נ)
bestellen (vt)	lehazmin	לְהַזְמִין
eine Bestellung aufgeben	lehazmin	לְהַזְמִין

Aperitif (m)	maʃke meta'aven	מַשְׁקֶה מְתַאֲבֵן (ז)
Vorspeise (f)	meta'aven	מְתַאֲבֵן (ז)
Nachtisch (m)	ki'nuax	קִינּוּחַ (ז)

Rechnung (f)	xeʃbon	חֶשְׁבּוֹן (ז)
Rechnung bezahlen	leʃalem	לְשַׁלֵּם
das Wechselgeld geben	latet 'odef	לָתֵת עוֹדֶף
Trinkgeld (n)	tip	טִיפּ (ז)

Familie, Verwandte und Freunde

51. Persönliche Informationen. Formulare

Vorname (m)	ʃem	שֵׁם (ז)
Name (m)	ʃem miʃpaχa	שֵׁם מִשְׁפָּחָה (ז)
Geburtsdatum (n)	ta'ariχ leda	תַּאֲרִיך לֵידָה (ז)
Geburtsort (m)	mekom leda	מְקוֹם לֵידָה (ז)
Nationalität (f)	le'om	לְאוֹם (ז)
Wohnort (m)	mekom megurim	מְקוֹם מְגוּרִים (ז)
Land (n)	medina	מְדִינָה (נ)
Beruf (m)	mik'tso'a	מִקְצוֹעַ (ז)
Geschlecht (n)	min	מִין (ז)
Größe (f)	'gova	גּוֹבַה (ז)
Gewicht (n)	miʃkal	מִשְׁקָל (ז)

52. Familienmitglieder. Verwandte

Mutter (f)	em	אֵם (נ)
Vater (m)	av	אָב (ז)
Sohn (m)	ben	בֵּן (ז)
Tochter (f)	bat	בַּת (נ)
jüngste Tochter (f)	habat haktana	הַבַּת הַקְּטַנָּה (נ)
jüngste Sohn (m)	haben hakatan	הַבֵּן הַקָּטָן (ז)
ältere Tochter (f)	habat habχora	הַבַּת הַבְּכוֹרָה (נ)
älterer Sohn (m)	haben habχor	הַבֵּן הַבְּכוֹר (ז)
Bruder (m)	aχ	אָח (ז)
älterer Bruder (m)	aχ gadol	אָח גָּדוֹל (ז)
jüngerer Bruder (m)	aχ katan	אָח קָטָן (ז)
Schwester (f)	aχot	אָחוֹת (נ)
ältere Schwester (f)	aχot gdola	אָחוֹת גְדוֹלָה (נ)
jüngere Schwester (f)	aχot ktana	אָחוֹת קְטַנָּה (נ)
Cousin (m)	ben dod	בֶּן דּוֹד (ז)
Cousine (f)	bat 'doda	בַּת דּוֹדָה (נ)
Mama (f)	'ima	אִמָּא (נ)
Papa (m)	'aba	אַבָּא (ז)
Eltern (pl)	horim	הוֹרִים (ז"ר)
Kind (n)	'yeled	יֶלֶד (ז)
Kinder (pl)	yeladim	יְלָדִים (ז"ר)
Großmutter (f)	'savta	סַבְתָּא (נ)
Großvater (m)	'saba	סַבָּא (ז)
Enkel (m)	'neχed	נֶכֶד (ז)

| Enkelin (f) | neχda | נֶבְדָּה (נ) |
| Enkelkinder (pl) | neχadim | נְבָדִים (ז"ר) |

Onkel (m)	dod	דּוֹד (ז)
Tante (f)	'doda	דּוֹדָה (נ)
Neffe (m)	aχyan	אַחְיָן (ז)
Nichte (f)	aχyanit	אַחְיָנִית (נ)

Schwiegermutter (f)	χamot	חָמוֹת (נ)
Schwiegervater (m)	χam	חָם (ז)
Schwiegersohn (m)	χatan	חָתָן (ז)
Stiefmutter (f)	em χoreget	אֵם חוֹרֶגֶת (נ)
Stiefvater (m)	av χoreg	אָב חוֹרֵג (ז)

Säugling (m)	tinok	תִּינוֹק (ז)
Kleinkind (n)	tinok	תִּינוֹק (ז)
Kleine (m)	pa'ot	פָּעוֹט (ז)

Frau (f)	iʃa	אִשָּׁה (נ)
Mann (m)	'ba'al	בַּעַל (ז)
Ehemann (m)	ben zug	בֶּן זוּג (ז)
Gemahlin (f)	bat zug	בַּת זוּג (נ)

verheiratet (Ehemann)	nasui	נָשׂוּי
verheiratet (Ehefrau)	nesu'a	נְשׂוּאָה
ledig	ravak	רַוָּק
Junggeselle (m)	ravak	רַוָּק (ז)
geschieden (Adj)	garuʃ	גָּרוּשׁ
Witwe (f)	almana	אַלְמָנָה (נ)
Witwer (m)	alman	אַלְמָן (ז)

Verwandte (m)	karov miʃpaχa	קָרוֹב מִשְׁפָּחָה (ז)
naher Verwandter (m)	karov miʃpaχa	קָרוֹב מִשְׁפָּחָה (ז)
entfernter Verwandter (m)	karov raχok	קָרוֹב רָחוֹק (ז)
Verwandte (pl)	krovei miʃpaχa	קְרוֹבֵי מִשְׁפָּחָה (ז"ר)

Waise (m, f)	yatom	יָתוֹם (ז)
Waisenjunge (m)	yatom	יָתוֹם (ז)
Waisenmädchen (f)	yetoma	יְתוֹמָה (נ)
Vormund (m)	apo'tropos	אַפּוֹטְרוֹפּוֹס (ז)
adoptieren (einen Jungen)	le'amets	לְאַמֵּץ
adoptieren (ein Mädchen)	le'amets	לְאַמֵּץ

53. Freunde. Arbeitskollegen

Freund (m)	χaver	חָבֵר (ז)
Freundin (f)	χavera	חֲבֵרָה (נ)
Freundschaft (f)	yedidut	יְדִידוּת (נ)
befreundet sein	lihyot yadidim	לִהְיוֹת יְדִידִים

Freund (m)	χaver	חָבֵר (ז)
Freundin (f)	χavera	חֲבֵרָה (נ)
Partner (m)	ʃutaf	שׁוּתָף (ז)
Chef (m)	menahel, roʃ	מְנַהֵל (ז), רֹאשׁ (ז)

Vorgesetzte (m)	memune	מְמוּנֶה (ז)
Besitzer (m)	be'alim	בְּעָלִים (ז)
Untergeordnete (m)	kafuf le	כָּפוּף לְ (ז)
Kollege (m), Kollegin (f)	amit	עָמִית (ז)

Bekannte (m)	makar	מַכָּר (ז)
Reisegefährte (m)	ben levaya	בֶּן לְוָיָה (ז)
Mitschüler (m)	χaver lekita	חָבֵר לְכִּיתָה (ז)

Nachbar (m)	ʃaχen	שָׁכֵן (ז)
Nachbarin (f)	ʃχena	שְׁכֵנָה (נ)
Nachbarn (pl)	ʃχenim	שְׁכֵנִים (ז"ר)

54. Mann. Frau

Frau (f)	iʃa	אִשָּׁה (נ)
Mädchen (n)	baχura	בַּחוּרָה (נ)
Braut (f)	kala	כַּלָּה (נ)

schöne	yafa	יָפָה
große	gvoha	גְבוֹהָה
schlanke	tmira	תְמִירָה
kleine (~ Frau)	namuχ	נָמוּךְ

| Blondine (f) | blon'dinit | בְּלוֹנְדִּינִית (נ) |
| Brünette (f) | bru'netit | בְּרוּנֶטִית (נ) |

Damen-	ʃel naʃim	שֶׁל נָשִׁים
Jungfrau (f)	betula	בְּתוּלָה (נ)
schwangere	hara	הָרָה

Mann (m)	'gever	גֶּבֶר (ז)
Blonde (m)	blon'dini	בְּלוֹנְדִּינִי (ז)
Brünette (m)	ʃχarχar	שְׁחַרְחַר
hoch	ga'voha	גָּבוֹהַ
klein	namuχ	נָמוּךְ

grob	gas	גַּס
untersetzt	guts	גּוּץ
robust	χason	חָסוֹן
stark	χazak	חָזָק
Kraft (f)	'koaχ	כּוֹחַ (ז)

dick	ʃamen	שָׁמֵן
dunkelhäutig	ʃaχum	שָׁחוּם
schlank	tamir	תָמִיר
elegant	ele'ganti	אֶלֶגַנְטִי

55. Alter

| Alter (n) | gil | גִּיל (ז) |
| Jugend (f) | ne'urim | נְעוּרִים (ז"ר) |

jung	tsa'ir	עָצִיר
jünger (~ als Sie)	tsa'ir yoter	עָצִיר יוֹתֵר
älter (~ als ich)	mevugar yoter	מְבוּגָר יוֹתֵר

Junge (m)	baxur	בָּחוּר (ז)
Teenager (m)	'na'ar	נַעַר (ז)
Bursche (m)	baxur	בָּחוּר (ז)

| Greis (m) | zaken | זָקֵן (ז) |
| alte Frau (f) | zkena | זְקֵנָה (נ) |

Erwachsene (m)	mevugar	מְבוּגָר (ז)
in mittleren Jahren	bagil ha'amida	בְּגִיל הָעֲמִידָה
älterer (Adj)	zaken	זָקֵן
alt (Adj)	zaken	זָקֵן

Ruhestand (m)	'pensya	פֶּנְסִיָה (נ)
in Rente gehen	latset legimla'ot	לָצֵאת לְגִימְלָאוֹת
Rentner (m)	pensyoner	פֶּנְסִיוֹנֶר (ז)

56. Kinder

Kind (n)	'yeled	יֶלֶד (ז)
Kinder (pl)	yeladim	יְלָדִים (ז"ר)
Zwillinge (pl)	te'omim	תְּאוֹמִים (ז"ר)

Wiege (f)	arisa	עֲרִיסָה (נ)
Rassel (f)	ra'aʃan	רַעֲשָׁן (ז)
Windel (f)	xitul	חִיתוּל (ז)

Schnuller (m)	motsets	מוֹצֵץ (ז)
Kinderwagen (m)	agala	עֲגָלָה (נ)
Kindergarten (m)	gan yeladim	גַן יְלָדִים (ז)
Kinderfrau (f)	beibi'siter	בֵּיבִּיסִיטֶר (ז, נ)

Kindheit (f)	yaldut	יַלְדוּת (נ)
Puppe (f)	buba	בּוּבָּה (נ)
Spielzeug (n)	tsa'a'tsu'a	צַעֲצוּעַ (ז)
Baukasten (m)	misxak harkava	מִשְׂחַק הַרְכָּבָה (ז)
wohlerzogen	mexunax	מְחוּנָךְ
ungezogen	lo mexunax	לֹא מְחוּנָךְ
verwöhnt	mefunak	מְפוּנָק

unartig sein	lehiʃtovev	לְהִשְׁתּוֹבֵב
unartig	ʃovav	שׁוֹבָב
Unart (f)	ma'ase 'kundes	מַעֲשֵׂה קוּנְדֵס (ז)
Schelm (m)	'yeled ʃovav	יֶלֶד שׁוֹבָב (ז)

| gehorsam | tsaytan | צַיְתָן |
| ungehorsam | lo memuʃma | לֹא מְמוּשְׁמָע |

fügsam	ka'nu'a	כָּנוּעַ
klug	xaxam	חָכָם
Wunderkind (n)	'yeled 'pele	יֶלֶד פֶּלֶא (ז)

57. Ehepaare. Familienleben

küssen (vt)	lenaʃek	לְנַשֵׁק
sich küssen	lehitnaʃek	לְהִתְנַשֵׁק
Familie (f)	miʃpaχa	מִשְׁפָּחָה (נ)
Familien-	miʃpaχti	מִשְׁפַּחְתִּי
Paar (n)	zug	זוּג (ז)
Ehe (f)	nisu'im	נִישׂוּאִים (ז"ר)
Heim (n)	aχ, ken	אָח (ז), קֵן (ז)
Dynastie (f)	ʃo'ʃelet	שׁוֹשֶׁלֶת (נ)
Rendezvous (n)	deit	דֵּייט (ז)
Kuss (m)	neʃika	נְשִׁיקָה (נ)
Liebe (f)	ahava	אַהֲבָה (נ)
lieben (vt)	le'ehov	לֶאֱהוֹב
geliebt	ahuv	אָהוּב
Zärtlichkeit (f)	roχ	רוֹךְ (ז)
zärtlich	adin, raχ	עָדִין, רַךְ
Treue (f)	ne'emanut	נֶאֱמָנוּת (נ)
treu (Adj)	masur	מָסוּר
Fürsorge (f)	de'aga	דְּאָגָה (נ)
sorgsam	do'eg	דּוֹאֵג
Frischvermählte (pl)	zug tsa'ir	זוּג צָעִיר (ז)
Flitterwochen (pl)	ya'reaχ dvaʃ	יָרֵחַ דְּבַשׁ (ז)
heiraten (einen Mann ~)	lehitχaten	לְהִתְחַתֵּן
heiraten (ein Frau ~)	lehitχaten	לְהִתְחַתֵּן
Hochzeit (f)	χatuna	חֲתוּנָה (נ)
goldene Hochzeit (f)	χatunat hazahav	חֲתוּנַת הַזָּהָב (נ)
Jahrestag (m)	yom nisu'in	יוֹם נִישׂוּאִין (ז)
Geliebte (m)	me'ahev	מְאָהֵב (ז)
Geliebte (f)	mea'hevet	מְאַהֶבֶת (נ)
Ehebruch (m)	bgida	בְּגִידָה (נ)
Ehebruch begehen	livgod be...	לִבְגּוֹד בְּ...
eifersüchtig	kanai	קַנַּאי
eifersüchtig sein	lekane	לְקַנֵּא
Scheidung (f)	geruʃin	גֵּרוּשִׁין (ז"ר)
sich scheiden lassen	lehitgareʃ mi...	לְהִתְגָּרֵשׁ מ...
streiten (vi)	lariv	לָרִיב
sich versöhnen	lehitpayes	לְהִתְפַּיֵּיס
zusammen (Adv)	be'yaχad	בְּיַחַד
Sex (m)	min	מִין (ז)
Glück (n)	'oʃer	אוֹשֶׁר (ז)
glücklich	me'uʃar	מְאוּשָׁר
Unglück (n)	ason	אָסוֹן (ז)
unglücklich	umlal	אוּמְלָל

Charakter. Empfindungen. Gefühle

58. Empfindungen. Gefühle

Gefühl (n)	'regeſ	רֶגֶשׁ (ז)
Gefühle (pl)	regaſot	רְגָשׁוֹת (ז"ר)
fühlen (vt)	lehargiſ	לְהַרְגִּישׁ
Hunger (m)	'ra'av	רָעָב (ז)
hungrig sein	lihyot ra'ev	לִהְיוֹת רָעֵב
Durst (m)	tsima'on	צִמָּאוֹן (ז)
Durst haben	lihyot tsame	לִהְיוֹת צָמֵא
Schläfrigkeit (f)	yaſ'nuniyut	יַשְׁנוּנִיּוּת (נ)
schlafen wollen	lirtsot liſon	לִרְצוֹת לִישׁוֹן
Müdigkeit (f)	ayefut	עֲיֵיפוּת (נ)
müde	ayef	עָיֵף
müde werden	lehit'ayef	לְהִתְעַיֵּיף
Laune (f)	matsav 'ruaχ	מַצַּב רוּחַ (ז)
Langeweile (f)	ſi'amum	שִׁעֲמוּם (ז)
sich langweilen	lehiſta'amem	לְהִשְׁתַּעֲמֵם
Zurückgezogenheit (n)	hitbodedut	הִתְבּוֹדְדוּת (נ)
sich zurückziehen	lehitboded	לְהִתְבּוֹדֵד
beunruhigen (vt)	lehad'ig	לְהַדְאִיג
sorgen (vi)	lid'og	לִדְאוֹג
Besorgnis (f)	de'aga	דְּאָגָה (נ)
Angst (~ um …)	χarada	חֲרָדָה (נ)
besorgt (Adj)	mutrad	מוּטְרָד
nervös sein	lihyot atsbani	לִהְיוֹת עַצְבָּנִי
in Panik verfallen (vi)	lehibahel	לְהִיבָּהֵל
Hoffnung (f)	tikva	תִּקְוָה (נ)
hoffen (vi)	lekavot	לְקַווֹת
Sicherheit (f)	vada'ut	וַדָּאוּת (נ)
sicher	vada'i	וַדַּאי
Unsicherheit (f)	i vada'ut	אִי וַדָּאוּת (נ)
unsicher	lo ba'tuaχ	לֹא בָּטוּחַ
betrunken	ſikor	שִׁיכּוֹר
nüchtern	pi'keaχ	פִּיכֵּחַ
schwach	χalaſ	חַלָּשׁ
glücklich	me'uſar	מְאוּשָׁר
erschrecken (vt)	lehafχid	לְהַפְחִיד
Wut (f)	teruf	טֵירוּף
Rage (f)	'za'am	זַעַם (ז)
Depression (f)	dika'on	דִּיכָּאוֹן (ז)
Unbehagen (n)	i noχut	אִי נוֹחוּת (נ)

Komfort (m)	noχut	נוֹחוּת (נ)
bedauern (vt)	lehitsta'er	לְהִצְטַעֵר
Bedauern (n)	χarata	חֲרָטָה (נ)
Missgeschick (n)	'χoser mazal	חוֹסֶר מַזָל (ז)
Kummer (m)	'etsev	עֶצֶב (ז)

Scham (f)	buʃa	בּוּשָׁה (נ)
Freude (f)	simχa	שִׂמְחָה (נ)
Begeisterung (f)	hitlahavut	הִתְלַהֲבוּת (נ)
Enthusiast (m)	mitlahev	מִתְלַהֵב
Begeisterung zeigen	lehitlahev	לְהִתְלַהֵב

59. Charakter. Persönlichkeit

Charakter (m)	'ofi	אוֹפִי (ז)
Charakterfehler (m)	pgam be''ofi	פְּגָם בָּאוֹפִי (ז)
Verstand (m)	'seχel	שֵׂכֶל (ז)
Vernunft (f)	bina	בִּינָה (נ)

Gewissen (n)	matspun	מַצְפּוּן (ז)
Gewohnheit (f)	hergel	הֶרְגֵל (ז)
Fähigkeit (f)	ye'χolet	יְכוֹלֶת (נ)
können (v mod)	la'da'at	לָדַעַת

geduldig	savlan	סַבְלָן
ungeduldig	χasar savlanut	חֲסַר סַבְלָנוּת
neugierig	sakran	סַקְרָן
Neugier (f)	sakranut	סַקְרָנוּת (נ)

Bescheidenheit (f)	tsni'ut	צְנִיעוּת (נ)
bescheiden	tsa'nu'a	צָנוּעַ
unbescheiden	lo tsa'nu'a	לֹא צָנוּעַ

Faulheit (f)	atslut	עַצְלוּת (נ)
faul	atsel	עָצֵל
Faulenzer (m)	atslan	עַצְלָן (ז)

Listigkeit (f)	armumiyut	עַרְמוּמִיוּת (נ)
listig	armumi	עַרְמוּמִי
Misstrauen (n)	'χoser emun	חוֹסֶר אֵמוּן (ז)
misstrauisch	χadʃani	חַדְשָׁנִי

Freigebigkeit (f)	nedivut	נְדִיבוּת (נ)
freigebig	nadiv	נָדִיב
talentiert	muχʃar	מוּכְשָׁר
Talent (n)	kiʃaron	כִּישָׁרוֹן (ז)

tapfer	amits	אַמִיץ
Tapferkeit (f)	'omets	אוֹמֶץ (ז)
ehrlich	yaʃar	יָשָׁר
Ehrlichkeit (f)	'yoʃer	יוֹשֶׁר (ז)

| vorsichtig | zahir | זָהִיר |
| tapfer | amits | אַמִיץ |

| ernst | retsini | רְצִינִי |
| streng | xamur | חָמוּר |

entschlossen	nexrats	נֶחֱרָץ
unentschlossen	hasesan	הַסְּסָן
schüchtern	baiʃan	בַּיְשָׁן
Schüchternheit (f)	baiʃanut	בַּיְשָׁנוּת (נ)

Vertrauen (n)	emun	אֵמוּן (ז)
vertrauen (vi)	leha'amin	לְהַאֲמִין
vertrauensvoll	tam	תָּם

aufrichtig (Adv)	bexenut	בְּכֵנוּת
aufrichtig (Adj)	ken	כֵּן
Aufrichtigkeit (f)	kenut	כֵּנוּת (נ)
offen	pa'tuax	פָּתוּחַ

still (Adj)	ʃalev	שָׁלֵו
freimütig	glui lev	גְּלוּי לֵב
naiv	na''ivi	נָאִיבִי
zerstreut	mefuzar	מְפֻזָּר
drollig, komisch	matsxik	מַצְחִיק

Gier (f)	ta'avat 'betsa	תַּאֲוַות בֶּצַע (נ)
habgierig	rodef 'betsa	רוֹדֵף בֶּצַע
geizig	kamtsan	קַמְצָן
böse	raʃa	רָשָׁע
hartnäckig	akʃan	עַקְשָׁן
unangenehm	lo na'im	לֹא נָעִים

Egoist (m)	ego'ist	אֶגוֹאִיסְט (ז)
egoistisch	anoxi	אֲנוֹכִי
Feigling (m)	paxdan	פַּחְדָן (ז)
feige	paxdani	פַּחְדָנִי

60. Schlaf. Träume

schlafen (vi)	liʃon	לִישׁוֹן
Schlaf (m)	ʃena	שֵׁנָה (נ)
Traum (m)	xalom	חֲלוֹם (ז)
träumen (im Schlaf)	laxalom	לַחֲלוֹם
verschlafen	radum	רָדוּם

Bett (n)	mita	מִיטָה (נ)
Matratze (f)	mizran	מִזְרָן (ז)
Decke (f)	smixa	שְׂמִיכָה (נ)
Kissen (n)	karit	כָּרִית (נ)
Laken (n)	sadin	סָדִין (ז)

Schlaflosigkeit (f)	nedudei ʃena	נְדוּדֵי שֵׁינָה (ז"ר)
schlaflos	xasar ʃena	חֲסַר שֵׁינָה
Schlafmittel (n)	kadur ʃena	כַּדּוּר שֵׁינָה (ז)
Schlafmittel nehmen	la'kaxat kadur ʃena	לָקַחַת כַּדּוּר שֵׁינָה
schlafen wollen	lirtsot liʃon	לִרְצוֹת לִישׁוֹן

gähnen (vi)	lefahek	לְפַהֵק
schlafen gehen	la'leχet liʃon	לָלֶכֶת לִישׁוֹן
das Bett machen	leha'tsi'a mita	לְהַצִּיעַ מִיטָה
einschlafen (vi)	leheradem	לְהֵירָדֵם

Alptraum (m)	siyut	סִיוּט (ז)
Schnarchen (n)	neχira	נְחִירָה (נ)
schnarchen (vi)	linχor	לִנְחוֹר

Wecker (m)	ʃa'on me'orer	שְׁעוֹן מְעוֹרֵר (ז)
aufwecken (vt)	leha'ir	לְהָעִיר
erwachen (vi)	lehit'orer	לְהִתְעוֹרֵר
aufstehen (vi)	lakum	לָקוּם
sich waschen	lehitraχets	לְהִתְרַחֵץ

61. Humor. Lachen. Freude

Humor (m)	humor	הוּמוֹר (ז)
Sinn (m) für Humor	χuʃ humor	חוּשׁ הוּמוֹר (ז)
sich amüsieren	lehanot	לֵיהָנוֹת
froh (Adj)	sa'meaχ	שָׂמֵחַ
Fröhlichkeit (f)	alitsut	עֲלִיצוּת (נ)

Lächeln (n)	χiyuχ	חִיּוּךְ (ז)
lächeln (vi)	leχayeχ	לְחַיֵּיךְ
auflachen (vi)	lifrots bitsχok	לִפְרוֹץ בִּצְחוֹק
lachen (vi)	litsχok	לִצְחוֹק
Lachen (n)	tsχok	צְחוֹק (ז)

Anekdote, Witz (m)	anek'dota	אֲנֶקְדּוֹטָה (נ)
lächerlich	matsχik	מַצְחִיק
komisch	meʃa'a'ʃe'a	מְשַׁעֲשֵׁעַ

Witz machen	lehitba'deaχ	לְהִתְבַּדֵּחַ
Spaß (m)	bdiχa	בְּדִיחָה (נ)
Freude (f)	simχa	שִׂמְחָה (נ)
sich freuen	lis'moaχ	לִשְׂמוֹחַ
froh (Adj)	sa'meaχ	שָׂמֵחַ

62. Diskussion, Unterhaltung. Teil 1

| Kommunikation (f) | 'keʃer | קֶשֶׁר (ז) |
| kommunizieren (vi) | letakʃer | לְתַקְשֵׁר |

Konversation (f)	siχa	שִׂיחָה (נ)
Dialog (m)	du 'siaχ	דּוּ-שִׂיחַ (ז)
Diskussion (f)	diyun	דִּיּוּן (ז)
Streitgespräch (n)	vi'kuaχ	וִיכּוּחַ (ז)
streiten (vi)	lehitva'keaχ	לְהִתְוַוכֵּחַ

| Gesprächspartner (m) | ben 'siaχ | בֶּן שִׂיחַ (ז) |
| Thema (n) | nose | נוֹשֵׂא (ז) |

Gesichtspunkt (m)	nekudat mabat	נְקוּדַת מַבָּט (נ)
Meinung (f)	de'a	דֵעָה (נ)
Rede (f)	ne'um	נְאוּם (ז)

Besprechung (f)	diyun	דִיוּן (ז)
besprechen (vt)	ladun	לָדוּן
Gespräch (n)	siχa	שִׂיחָה (נ)
Gespräche führen	leso'χeaχ	לְשׂוֹחֵחַ
Treffen (n)	pgiʃa	פְּגִישָׁה (נ)
sich treffen	lehipageʃ	לְהִיפָּגֵשׁ

Sprichwort (n)	pitgam	פִּתְגָם (ז)
Redensart (f)	pitgam	פִּתְגָם (ז)
Rätsel (n)	χida	חִידָה (נ)
ein Rätsel aufgeben	laχud χida	לָחוּד חִידָה
Parole (f)	sisma	סִיסְמָה (נ)
Geheimnis (n)	sod	סוֹד (ז)

Eid (m), Schwur (m)	ʃvu'a	שְׁבוּעָה (נ)
schwören (vi, vt)	lehiʃava	לְהִישָׁבַע
Versprechen (n)	havtaχa	הַבְטָחָה (נ)
versprechen (vt)	lehav'tiaχ	לְהַבְטִיחַ

Rat (m)	etsa	עֵצָה (נ)
raten (vt)	leya'ets	לְיָיעֵץ
einen Rat befolgen	lif'ol lefi ha'etsa	לִפְעוֹל לְפִי הָעֵצָה
gehorchen (jemandem ~)	lehiʃama	לְהִישָׁמַע

Neuigkeit (f)	χadaʃot	חֲדָשׁוֹת (נ"ר)
Sensation (f)	sen'satsya	סֶנְסַצְיָה (נ)
Informationen (pl)	meida	מֵידָע (ז)
Schlussfolgerung (f)	maskana	מַסְקָנָה (נ)
Stimme (f)	kol	קוֹל (ז)
Kompliment (n)	maχma'a	מַחְמָאָה (נ)
freundlich	adiv	אָדִיב

Wort (n)	mila	מִילָה (נ)
Phrase (f)	miʃpat	מִשְׁפָּט (ז)
Antwort (f)	tʃuva	תְשׁוּבָה (נ)

Wahrheit (f)	emet	אֱמֶת (נ)
Lüge (f)	'ʃeker	שֶׁקֶר (ז)

Gedanke (m)	maχʃava	מַחְשָׁבָה (נ)
Idee (f)	ra'ayon	רַעְיוֹן (ז)
Phantasie (f)	fan'tazya	פַנְטַזְיָה (נ)

63. Diskussion, Unterhaltung. Teil 2

angesehen (Adj)	meχubad	מְכוּבָּד
respektieren (vt)	leχabed	לְכַבֵּד
Respekt (m)	kavod	כָּבוֹד (ז)
Sehr geehrter …	hayakar …	הַיָקָר …
bekannt machen	la'asot hekerut	לַעֲשׂוֹת הֶיכֵּרוּת

kennenlernen (vt)	lehakir	לְהַכִּיר
Absicht (f)	kavana	כַּוָּנָה (נ)
beabsichtigen (vt)	lehitkaven	לְהִתְכַּוֵּן
Wunsch (m)	iχul	אִיחוּל (ז)
wünschen (vt)	le'aχel	לְאַחֵל

Staunen (n)	hafta'a	הַפְתָּעָה (נ)
erstaunen (vt)	lehaf'ti'a	לְהַפְתִּיעַ
staunen (vi)	lehitpale	לְהִתְפַּלֵּא

geben (vt)	latet	לָתֵת
nehmen (vt)	la'kaχat	לָקַחַת
herausgeben (vt)	lehaχzir	לְהַחְזִיר
zurückgeben (vt)	lehaʃiv	לְהָשִׁיב

sich entschuldigen	lehitnatsel	לְהִתְנַצֵּל
Entschuldigung (f)	hitnatslut	הִתְנַצְּלוּת (נ)
verzeihen (vt)	lis'loaχ	לִסְלוֹחַ

sprechen (vi)	ledaber	לְדַבֵּר
hören (vt), zuhören (vi)	lehakʃiv	לְהַקְשִׁיב
sich anhören	liʃ'mo'a	לִשְׁמוֹעַ
verstehen (vt)	lehavin	לְהָבִין

zeigen (vt)	lehar'ot	לְהַרְאוֹת
ansehen (vt)	lehistakel	לְהִסְתַּכֵּל
rufen (vt)	likro le...	לִקְרוֹא לְ...
belästigen (vt)	lehaf'ri'a	לְהַפְרִיעַ
stören (vt)	lehaf'ri'a	לְהַפְרִיעַ
übergeben (vt)	limsor	לִמְסוֹר

Bitte (f)	bakaʃa	בַּקָּשָׁה (נ)
bitten (vt)	levakeʃ	לְבַקֵּשׁ
Verlangen (n)	driʃa	דְּרִישָׁה (נ)
verlangen (vt)	lidroʃ	לִדְרוֹשׁ

necken (vt)	lehitgarot	לְהִתְגָּרוֹת
spotten (vi)	lil'og	לִלְעוֹג
Spott (m)	'la'ag	לַעַג (ז)
Spitzname (m)	kinui	כִּינוּי (ז)

Andeutung (f)	'remez	רֶמֶז (ז)
andeuten (vt)	lirmoz	לִרְמוֹז
meinen (vt)	lehitkaven le...	לְהִתְכַּוֵּן לְ...

Beschreibung (f)	te'ur	תֵּיאוּר (ז)
beschreiben (vt)	leta'er	לְתָאֵר
Lob (n)	'ʃevaχ	שֶׁבַח (ז)
loben (vt)	leʃa'beaχ	לְשַׁבֵּחַ

Enttäuschung (f)	aχzava	אַכְזָבָה (נ)
enttäuschen (vt)	le'aχzev	לְאַכְזֵב
enttäuscht sein	lehit'aχzev	לְהִתְאַכְזֵב

| Vermutung (f) | hanaχa | הַנָּחָה (נ) |
| vermuten (vt) | leʃa'er | לְשַׁעֵר |

| Warnung (f) | azhara | אַזְהָרָה (נ) |
| warnen (vt) | lehazhir | לְהַזְהִיר |

64. Diskussion, Unterhaltung. Teil 3

| überreden (vt) | leʃaχ'ne'a | לְשַׁכְנֵעַ |
| beruhigen (vt) | lehar'gi'a | לְהַרְגִּיעַ |

Schweigen (n)	ʃtika	שְׁתִיקָה (נ)
schweigen (vi)	liʃtok	לִשְׁתוֹק
flüstern (vt)	lilχoʃ	לִלְחוֹשׁ
Flüstern (n)	leχiʃa	לְחִישָׁה (נ)

| offen (Adv) | beχenut | בְּגָנוּת |
| meiner Meinung nach … | leda'ati … | לְדַעְתִּי … |

Detail (n)	prat	פְּרָט (ז)
ausführlich (Adj)	meforat	מְפוֹרָט
ausführlich (Adv)	bimfurat	בִּמְפוֹרָט

| Tipp (m) | 'remez | רֶמֶז (ז) |
| einen Tipp geben | lirmoz | לִרְמוֹז |

Blick (m)	mabat	מַבָּט (ז)
anblicken (vt)	lehabit	לְהַבִּיט
starr (z.B. -en Blick)	kafu	קָפוּא
blinzeln (mit den Augen)	lematsmets	לְמַצְמֵץ
zwinkern (mit den Augen)	likrots	לִקְרוֹץ
nicken (vi)	lehanhen	לְהַנְהֵן

Seufzer (m)	anaχa	אֲנָחָה (נ)
aufseufzen (vi)	lehe'anaχ	לְהֵיאָנַח
zusammenzucken (vi)	lir'od	לִרְעוֹד
Geste (f)	meχva	מֶחֱוָה (נ)
berühren (vt)	la'ga'at be…	לָגַעַת בְּ…
ergreifen (vt)	litfos	לִתְפּוֹס
klopfen (vt)	lit'poaχ	לִטְפּוֹחַ

Vorsicht!	zehirut!	זְהִירוּת!
Wirklich?	be'emet?	בָּאֱמֶת?
Sind Sie sicher?	ata ba'tuaχ?	אַתָּה בָּטוּחַ?
Viel Glück!	behatslaχa!	בְּהַצְלָחָה!
Klar!	muvan!	מוּבָן!
Schade!	χaval!	חֲבָל!

65. Zustimmung. Ablehnung

Einverständnis (n)	haskama	הַסְכָּמָה (נ)
zustimmen (vi)	lehaskim	לְהַסְכִּים
Billigung (f)	iʃur	אִישׁוּר (ז)
billigen (vt)	le'aʃer	לְאַשֵׁר
Absage (f)	siruv	סֵירוּב (ז)

sich weigern	lesarev	לְסָרֵב
Ausgezeichnet!	metsuyan!	מְצוּיָן!
Ganz recht!	tov!	טוֹב!
Gut! Okay!	be'seder!	בְּסֵדֶר!
verboten (Adj)	asur	אָסוּר
Es ist verboten	asur	אָסוּר
Es ist unmöglich	'bilti efʃari	בִּלְתִּי אֶפְשָׁרִי
falsch	ʃagui	שָׁגוּי
ablehnen (vt)	lidχot	לִדְחוֹת
unterstützen (vt)	litmoχ be...	לִתְמוֹך בְּ...
akzeptieren (vt)	lekabel	לְקַבֵּל
bestätigen (vt)	le'aʃer	לְאַשֵּׁר
Bestätigung (f)	iʃur	אִישּׁוּר (ז)
Erlaubnis (f)	reʃut	רְשׁוּת (נ)
erlauben (vt)	leharʃot	לְהַרְשׁוֹת
Entscheidung (f)	haχlata	הַחְלָטָה (נ)
schweigen (nicht antworten)	liʃtok	לִשְׁתּוֹק
Bedingung (f)	tnai	תְּנַאי (ז)
Ausrede (f)	teruts	תֵּירוּץ (ז)
Lob (n)	'ʃevaχ	שֶׁבַח (ז)
loben (vt)	leʃa'beaχ	לְשַׁבֵּחַ

66. Erfolg. Alles Gute. Misserfolg

Erfolg (m)	hatsala	הַצְלָחָה (נ)
erfolgreich (Adv)	behatslaχa	בְּהַצְלָחָה
erfolgreich (Adj)	mutslaχ	מוּצְלָח
Glück (Glücksfall)	mazal	מַזָּל (ז)
Viel Glück!	behatslaχa!	בְּהַצְלָחָה!
Glücks- (z.B. -tag)	mutslaχ	מוּצְלָח
glücklich (Adj)	bar mazal	בַּר מַזָּל
Misserfolg (m)	kiʃalon	כִּישָׁלוֹן (ז)
Missgeschick (n)	'χoser mazal	חוֹסֶר מַזָּל (ז)
Unglück (n)	'χoser mazal	חוֹסֶר מַזָּל (ז)
missglückt (Adj)	lo mutslaχ	לֹא מוּצְלָח
Katastrophe (f)	ason	אָסוֹן (ז)
Stolz (m)	ga'ava	גַּאֲוָה (נ)
stolz	ge'e	גֵּאֶה
stolz sein	lehitga'ot	לְהִתְגָּאוֹת
Sieger (m)	zoχe	זוֹכֶה (ז)
siegen (vi)	lena'tseaχ	לְנַצֵּחַ
verlieren (Spiel usw.)	lehafsid	לְהַפְסִיד
Versuch (m)	nisayon	נִיסָיוֹן (ז)
versuchen (vt)	lenasot	לְנַסּוֹת
Chance (f)	hizdamnut	הִזְדַּמְנוּת (נ)

67. Streit. Negative Gefühle

Schrei (m)	tse'aka	צְעָקָה (נ)
schreien (vi)	lits'ok	לִצְעוֹק
beginnen zu schreien	lehatχil lits'ok	לְהַתְחִיל לִצְעוֹק
Zank (m)	riv	רִיב (ז)
sich zanken	lariv	לָרִיב
Riesenkrach (m)	riv	רִיב (ז)
Krach haben	lariv	לָרִיב
Konflikt (m)	siχsuχ	סִכְסוּךְ (ז)
Missverständnis (n)	i havana	אִי הֲבָנָה (נ)
Kränkung (f)	elbon	עֶלְבּוֹן (ז)
kränken (vt)	leha'aliv	לְהַעֲלִיב
gekränkt (Adj)	ne'elav	נֶעֱלָב
Beleidigung (f)	tina	טִינָה (נ)
beleidigen (vt)	lif'go'a	לִפְגּוֹעַ
sich beleidigt fühlen	lehipaga	לְהִיפָּגַע
Empörung (f)	hitmarmerut	הִתְמַרְמְרוּת (נ)
sich empören	lehitra'em	לְהִתְרַעֵם
Klage (f)	tluna	תְּלוּנָה (נ)
klagen (vi)	lehitlonen	לְהִתְלוֹנֵן
Entschuldigung (f)	hitnatslut	הִתְנַצְּלוּת (נ)
sich entschuldigen	lehitnatsel	לְהִתְנַצֵּל
um Entschuldigung bitten	levakef sliχa	לְבַקֵּשׁ סְלִיחָה
Kritik (f)	bi'koret	בִּיקּוֹרֶת (נ)
kritisieren (vt)	levaker	לְבַקֵּר
Anklage (f)	ha'afama	הַאֲשָׁמָה (נ)
anklagen (vt)	leha'afim	לְהַאֲשִׁים
Rache (f)	nekama	נְקָמָה (נ)
rächen (vt)	linkom	לִנְקוֹם
sich rächen	lehaχzir	לְהַחְזִיר
Verachtung (f)	zilzul	זִלְזוּל (ז)
verachten (vt)	lezalzel be...	לְזַלְזֵל בְּ...
Hass (m)	sin'a	שִׂנְאָה (נ)
hassen (vt)	lisno	לִשְׂנוֹא
nervös	atsbani	עַצְבָּנִי
nervös sein	lihyot atsbani	לִהְיוֹת עַצְבָּנִי
verärgert	ka'us	כָּעוּס
ärgern (vt)	lehargiz	לְהַרְגִּיז
Erniedrigung (f)	hafpala	הַשְׁפָּלָה (נ)
erniedrigen (vt)	lehafpil	לְהַשְׁפִּיל
sich erniedrigen	lehafpil et atsmo	לְהַשְׁפִּיל אֶת עַצְמוֹ
Schock (m)	'helem	הֶלֶם (ז)
schockieren (vt)	leza'a'ze'a	לְזַעֲזֵעַ
Ärger (m)	tsara	צָרָה (נ)

unangenehm	lo na'im	לא נָעִים
Angst (f)	'paχad	פַּחַד (ז)
furchtbar (z.B. -e Sturm)	nora	נוֹרָא
schrecklich	mafχid	מַפְחִיד
Entsetzen (n)	zva'a	זְוָעָה (נ)
entsetzlich	ayom	אָיוֹם
zittern (vi)	lehera'ed	לְהֵירָעֵד
weinen (vi)	livkot	לִבְכּוֹת
anfangen zu weinen	lehatχil livkot	לְהַתְחִיל לִבְכּוֹת
Träne (f)	dim'a	דִּמְעָה (נ)
Schuld (f)	aʃma	אַשְׁמָה (נ)
Schuldgefühl (n)	rigʃei aʃam	רִגְשֵׁי אָשָׁם (ז"ר)
Schmach (f)	χerpa	חֶרְפָּה (נ)
Protest (m)	meχa'a	מְחָאָה (נ)
Stress (m)	'laχats	לַחַץ (ז)
stören (vt)	lehaf'ri'a	לְהַפְרִיעַ
sich ärgern	liχ'os	לִכְעוֹס
ärgerlich	zo'em	זוֹעֵם
abbrechen (vi)	lesayem	לְסַיֵּים
schelten (vi)	lekalel	לְקַלֵּל
erschrecken (vi)	lehibahel	לְהִיבָּהֵל
schlagen (vt)	lehakot	לְהַכּוֹת
sich prügeln	lehitkotet	לְהִתְקוֹטֵט
beilegen (Konflikt usw.)	lehasdir	לְהַסְדִּיר
unzufrieden	lo merutse	לא מְרוּצֶה
wütend	metoraf	מְטוֹרָף
Das ist nicht gut!	ze lo tov!	זֶה לא טוֹב!
Das ist schlecht!	ze ra!	זֶה רַע!

Medizin

68. Krankheiten

Krankheit (f)	maxala	מַחֲלָה (נ)
krank sein	lihyot xole	לִהְיוֹת חוֹלֶה
Gesundheit (f)	bri'ut	בְּרִיאוּת (נ)

Schnupfen (m)	na'zelet	נַזֶּלֶת (נ)
Angina (f)	da'leket ʃkedim	דַּלֶּקֶת שְׁקֵדִים (נ)
Erkältung (f)	hitstanenut	הִצְטַנְּנוּת (נ)
sich erkälten	lehitstanen	לְהִצְטַנֵּן

Bronchitis (f)	bron'xitis	בְּרוֹנְכִיטִיס (ז)
Lungenentzündung (f)	da'leket re'ot	דַּלֶּקֶת רֵיאוֹת (נ)
Grippe (f)	ʃa'pa‘at	שַׁפַּעַת (נ)

kurzsichtig	ktsar re'iya	קְצַר רְאִיָּה
weitsichtig	rexok re'iya	רְחוֹק־רְאִיָּה
Schielen (n)	pzila	פְּזִילָה (נ)
schielend (Adj)	pozel	פּוֹזֵל
grauer Star (m)	katarakt	קָטָרַקְט (ז)
Glaukom (n)	gla'u'koma	גְּלָאוּקוֹמָה (נ)

Schlaganfall (m)	ʃavats moxi	שָׁבָץ מוֹחִי (ז)
Infarkt (m)	hetkef lev	הַתְקֵף לֵב (ז)
Herzinfarkt (m)	'otem ʃrir halev	אוֹטֶם שְׁרִיר הַלֵּב (ז)
Lähmung (f)	ʃituk	שִׁיתוּק (ז)
lähmen (vt)	leʃatek	לְשַׁתֵּק

Allergie (f)	a'lergya	אָלֶרְגְּיָה (נ)
Asthma (n)	'astma, ka'tseret	אַסְתְמָה, קַצֶּרֶת (נ)
Diabetes (m)	su'keret	סוּכֶּרֶת (נ)

| Zahnschmerz (m) | ke'ev ʃi'nayim | כְּאֵב שִׁינַיִים (ז) |
| Karies (f) | a'ʃeʃet | עַשֶּׁשֶׁת (נ) |

Durchfall (m)	ʃilʃul	שִׁלְשׁוּל (ז)
Verstopfung (f)	atsirut	עֲצִירוּת (נ)
Magenverstimmung (f)	kilkul keiva	קִלְקוּל קֵיבָה (ז)
Vergiftung (f)	har‘alat mazon	הַרְעָלַת מָזוֹן (נ)
Vergiftung bekommen	laxatof har‘alat mazon	לַחֲטוֹף הַרְעָלַת מָזוֹן

Arthritis (f)	da'leket mifrakim	דַּלֶּקֶת מִפְרָקִים (נ)
Rachitis (f)	ra'kexet	רַכֶּכֶת (נ)
Rheumatismus (m)	ʃigaron	שִׁיגָּרוֹן (ז)
Atherosklerose (f)	ar'teryo skle'rosis	אַרְטֶרְיוֹ־סְקְלֶרוֹסִיס (ז)

| Gastritis (f) | da'leket keiva | דַּלֶּקֶת קֵיבָה (נ) |
| Blinddarmentzündung (f) | da'leket toseftan | דַּלֶּקֶת תּוֹסֶפְתָן (נ) |

| Cholezystitis (f) | da'leket kis hamara | דַּלֶּקֶת כִּיס הַמָּרָה (נ) |
| Geschwür (n) | 'ulkus, kiv | אוּלְקוּס, כִּיב (ז) |

Masern (pl)	χa'tsevet	חַצֶּבֶת (נ)
Röteln (pl)	a'demet	אֲדֶמֶת (נ)
Gelbsucht (f)	tsa'hevet	צַהֶבֶת (נ)
Hepatitis (f)	da'leket kaved	דַּלֶּקֶת כָּבֵד (נ)

Schizophrenie (f)	sχizo'frenya	סְכִיזוֹפְרֶנְיָה (נ)
Tollwut (f)	ka'levet	כַּלֶּבֶת (נ)
Neurose (f)	noi'roza	נוֹירוֹזָה (נ)
Gehirnerschütterung (f)	za'a'zu'a 'moaχ	זַעֲזוּעַ מוֹחַ (ז)

Krebs (m)	sartan	סַרְטָן (ז)
Sklerose (f)	ta'refet	טָרֶשֶׁת (נ)
multiple Sklerose (f)	ta'refet nefotsa	טָרֶשֶׁת נְפוֹצָה (נ)

Alkoholismus (m)	alkoholizm	אַלְכּוֹהוֹלִיזְם (ז)
Alkoholiker (m)	alkoholist	אַלְכּוֹהוֹלִיסְט (ז)
Syphilis (f)	a'gevet	עַגֶּבֶת (נ)
AIDS	eids	אַיְידְס (ז)

Tumor (m)	gidul	גִּידוּל (ז)
bösartig	mam'ir	מַמְאִיר
gutartig	ʃapir	שָׁפִיר

Fieber (n)	ka'daχat	קַדַּחַת (נ)
Malaria (f)	ma'larya	מָלַרְיָה (נ)
Gangrän (f, n)	gan'grena	גַּנְגְּרֶנָה (נ)
Seekrankheit (f)	maχalat yam	מַחֲלַת יָם (נ)
Epilepsie (f)	maχalat hanefila	מַחֲלַת הַנְּפִילָה (נ)

Epidemie (f)	magefa	מַגֵּיפָה (נ)
Typhus (m)	'tifus	טִיפוּס (ז)
Tuberkulose (f)	ʃa'χefet	שַׁחֶפֶת (נ)
Cholera (f)	ko'lera	כּוֹלֶרָה (נ)
Pest (f)	davar	דֶּבֶר (ז)

69. Symptome. Behandlungen. Teil 1

Symptom (n)	simptom	סִימְפְּטוֹם (ז)
Temperatur (f)	χom	חוֹם (ז)
Fieber (n)	χom ga'voha	חוֹם גָּבוֹהַ (ז)
Puls (m)	'dofek	דּוֹפֶק (ז)

Schwindel (m)	sχar'χoret	סְחַרְחוֹרֶת (נ)
heiß (Stirne usw.)	χam	חַם
Schüttelfrost (m)	tsmar'moret	צְמַרְמוֹרֶת (נ)
blass (z.B. -es Gesicht)	χiver	חִיוֵּר

Husten (m)	ʃi'ul	שִׁיעוּל (ז)
husten (vi)	lehiʃta'el	לְהִשְׁתַּעֵל
niesen (vi)	lehit'ateʃ	לְהִתְעַטֵּשׁ
Ohnmacht (f)	ilafon	עִילָפוֹן (ז)

ohnmächtig werden	lehit'alef	לְהִתְעַלֵּף
blauer Fleck (m)	χabura	חַבּוּרָה (נ)
Beule (f)	blita	בְּלִיטָה (נ)
sich stoßen	lekabel maka	לְקַבֵּל מַכָּה
Prellung (f)	maka	מַכָּה (נ)
sich stoßen	lekabel maka	לְקַבֵּל מַכָּה

hinken (vi)	lits'lo'a	לְצְלוֹעַ
Verrenkung (f)	'neka	נֶקַע (ז)
ausrenken (vt)	lin'ko'a	לִנְקוֹעַ
Fraktur (f)	'ʃever	שֶׁבֶר (ז)
brechen (Arm usw.)	liʃbor	לִשְׁבּוֹר

Schnittwunde (f)	χataχ	חָתָךְ (ז)
sich schneiden	lehiχateχ	לְהֵיחָתֵךְ
Blutung (f)	dimum	דִּימוּם (ז)

Verbrennung (f)	kviya	כְּווִיָה (נ)
sich verbrennen	laχatof kviya	לַחֲטוֹף כְּווִיָה

stechen (vt)	lidkor	לִדְקוֹר
sich stechen	lehidaker	לְהִידָקֵר
verletzen (vt)	lif'tso'a	לִפְצוֹעַ
Verletzung (f)	ptsi'a	פְּצִיעָה (נ)
Wunde (f)	'petsa	פֶּצַע (ז)
Trauma (n)	'tra'uma	טְרָאוּמָה (נ)

irrereden (vi)	lahazot	לַהֲזוֹת
stottern (vi)	legamgem	לְגַמְגֵם
Sonnenstich (m)	makat 'ʃemeʃ	מַכַּת שֶׁמֶשׁ (נ)

70. Symptome. Behandlungen. Teil 2

Schmerz (m)	ke'ev	כְּאֵב (ז)
Splitter (m)	kots	קוֹץ (ז)

Schweiß (m)	ze'a	זֵיעָה (נ)
schwitzen (vi)	leha'zi'a	לְהַזִּיעַ
Erbrechen (n)	haka'a	הֲקָאָה (נ)
Krämpfe (pl)	pirkusim	פִּירְכּוּסִים (ז"ר)

schwanger	hara	הָרָה
geboren sein	lehivaled	לְהִיווָלֵד
Geburt (f)	leda	לֵידָה (נ)
gebären (vt)	la'ledet	לָלֶדֶת
Abtreibung (f)	hapala	הַפָּלָה (נ)

Atem (m)	neʃima	נְשִׁימָה (נ)
Atemzug (m)	ʃe'ifa	שְׁאִיפָה (נ)
Ausatmung (f)	neʃifa	נְשִׁיפָה (נ)
ausatmen (vt)	linʃof	לִנְשׁוֹף
einatmen (vt)	liʃ'of	לִשְׁאוֹף
Invalide (m)	naχe	נָכֶה (ז)
Krüppel (m)	naχe	נָכֶה (ז)

Drogenabhängiger (m)	narkoman	נַרְקוֹמָן (ז)
taub	χereʃ	חֵירֵשׁ
stumm	ilem	אִילֵם
taubstumm	χereʃ-ilem	חֵירֵשׁ־אִילֵם

verrückt (Adj)	meʃuga	מְשׁוּגָּע
Irre (m)	meʃuga	מְשׁוּגָּע (ז)
Irre (f)	meʃu'ga'at	מְשׁוּגַּעַת (נ)
den Verstand verlieren	lehiʃta'ge'a	לְהִשְׁתַּגֵּעַ

Gen (n)	gen	גֵּן (ז)
Immunität (f)	χasinut	חֲסִינוּת (נ)
erblich	toraʃti	תּוֹרַשְׁתִּי
angeboren	mulad	מוּלָד

Virus (m, n)	'virus	וִירוּס (ז)
Mikrobe (f)	χaidak	חַיְּדָּק (ז)
Bakterie (f)	bak'terya	בַּקְטֶרְיָה (נ)
Infektion (f)	zihum	זִיהוּם (ז)

71. Symptome. Behandlungen. Teil 3

| Krankenhaus (n) | beit χolim | בֵּית חוֹלִים (ז) |
| Patient (m) | metupal | מְטוּפָּל (ז) |

Diagnose (f)	avχana	אַבְחָנָה (נ)
Heilung (f)	ripui	רִיפּוּי (ז)
Behandlung (f)	tipul refu'i	טִיפּוּל רְפוּאִי (ז)
Behandlung bekommen	lekabel tipul	לְקַבֵּל טִיפּוּל
behandeln (vt)	letapel be...	לְטַפֵּל בְּ...
pflegen (Kranke)	letapel be...	לְטַפֵּל בְּ...
Pflege (f)	tipul	טִיפּוּל (ז)

Operation (f)	ni'tuaχ	נִיתוּחַ (ז)
verbinden (vt)	laχboʃ	לַחֲבוֹשׁ
Verband (m)	χaviʃa	חֲבִישָׁה (נ)

Impfung (f)	χisun	חִיסוּן (ז)
impfen (vt)	leχasen	לְחַסֵּן
Spritze (f)	zrika	זְרִיקָה (נ)
eine Spritze geben	lehazrik	לְהַזְרִיק

Anfall (m)	hetkef	הֶתְקֵף (ז)
Amputation (f)	kti'a	קְטִיעָה (נ)
amputieren (vt)	lik'to'a	לִקְטוֹעַ
Koma (n)	tar'demet	תַּרְדֶּמֶת (נ)
im Koma liegen	lihyot betar'demet	לִהְיוֹת בְּתַרְדֶּמֶת
Reanimation (f)	tipul nimrats	טִיפּוּל נִמְרָץ (ז)

genesen von ... (vi)	lehaχlim	לְהַחֲלִים
Zustand (m)	matsav	מַצָּב (ז)
Bewusstsein (n)	hakara	הַכָּרָה (נ)
Gedächtnis (n)	zikaron	זִיכָּרוֹן (ז)
ziehen (einen Zahn ~)	la'akor	לַעֲקוֹר

| Plombe (f) | stima | סְתִימָה (נ) |
| plombieren (vt) | la'asot stima | לַעֲשׂוֹת סְתִימָה |

| Hypnose (f) | hip'noza | הִיפְּנוֹזָה (נ) |
| hypnotisieren (vt) | lehapnet | לְהַפְנֵט |

72. Ärzte

Arzt (m)	rofe	רוֹפֵא (ז)
Krankenschwester (f)	aχot	אָחוֹת (נ)
Privatarzt (m)	rofe iʃi	רוֹפֵא אִישִׁי (ז)

Zahnarzt (m)	rofe ʃi'nayim	רוֹפֵא שִׁנַּיִם (ז)
Augenarzt (m)	rofe ei'nayim	רוֹפֵא עֵינַיִם (ז)
Internist (m)	rofe pnimi	רוֹפֵא פְּנִימִי (ז)
Chirurg (m)	kirurg	כִּירוּרְג (ז)

Psychiater (m)	psiχi''ater	פְּסִיכְיָאטֶר (ז)
Kinderarzt (m)	rofe yeladim	רוֹפֵא יְלָדִים (ז)
Psychologe (m)	psiχolog	פְּסִיכוֹלוֹג (ז)
Frauenarzt (m)	rofe naʃim	רוֹפֵא נָשִׁים (ז)
Kardiologe (m)	kardyolog	קַרְדְיוֹלוֹג (ז)

73. Medizin. Medikamente. Accessoires

Arznei (f)	trufa	תְּרוּפָה (נ)
Heilmittel (n)	trufa	תְּרוּפָה (נ)
verschreiben (vt)	lirʃom	לִרְשׁוֹם
Rezept (n)	mirʃam	מִרְשָׁם (ז)

Tablette (f)	kadur	כַּדּוּר (ז)
Salbe (f)	miʃχa	מִשְׁחָה (נ)
Ampulle (f)	'ampula	אַמְפּוּלָה (נ)
Mixtur (f)	ta'a'rovet	תַּעֲרוֹבֶת (נ)
Sirup (m)	sirop	סִירוֹפּ (ז)
Pille (f)	gluya	גְּלוּיָה (נ)
Pulver (n)	avka	אַבְקָה (נ)

Verband (m)	taχ'boʃet 'gaza	תַּחְבּוֹשֶׁת גָּאזָה (ז)
Watte (f)	'tsemer 'gefen	צֶמֶר גֶּפֶן (ז)
Jod (n)	yod	יוֹד (ז)

Pflaster (n)	'plaster	פְּלַסְטֶר (ז)
Pipette (f)	taf'tefet	טִפְטֶפֶת (נ)
Thermometer (n)	madχom	מַדְחוֹם (ז)
Spritze (f)	mazrek	מַזְרֵק (ז)

| Rollstuhl (m) | kise galgalim | כִּיסֵא גַּלְגַּלִּים (ז) |
| Krücken (pl) | ka'bayim | קַבַּיִם (ז"ר) |

| Betäubungsmittel (n) | meʃakeχ ke'evim | מְשַׁכֵּךְ כְּאֵבִים (ז) |
| Abführmittel (n) | trufa meʃal'ʃelet | תְּרוּפָה מְשַׁלְשֶׁלֶת (נ) |

Spiritus (m)	'kohal	כֹּהַל (ז)
Heilkraut (n)	isvei marpe	עִשְׂבֵי מַרְפֵּא (ז"ר)
Kräuter- (z.B. Kräutertee)	ʃel asavim	שֶׁל עֲשָׂבִים

74. Rauchen. Tabakwaren

Tabak (m)	'tabak	טַבָּק (ז)
Zigarette (f)	si'garya	סִיגַרְיָה (נ)
Zigarre (f)	sigar	סִיגָר (ז)
Pfeife (f)	mik'teret	מִקְטֶרֶת (נ)
Packung (f)	χafisa	חֲפִיסָה (נ)

Streichhölzer (pl)	gafrurim	גַּפְרוּרִים (ז"ר)
Streichholzschachtel (f)	kufsat gafrurim	קוּפְסַת גַּפְרוּרִים (נ)
Feuerzeug (n)	maʦit	מַצִּית (ז)
Aschenbecher (m)	ma'afera	מַאֲפֵרָה (נ)
Zigarettenetui (n)	nartik lesi'garyot	נַרְתִּיק לְסִיגַרְיוֹת (ז)

| Mundstück (n) | piya | פִּיָּה (נ) |
| Filter (n) | 'filter | פִילְטֶר (ז) |

rauchen (vi, vt)	le'aʃen	לְעַשֵּׁן
anrauchen (vt)	lehadlik si'garya	לְהַדְלִיק סִיגַרְיָה
Rauchen (n)	iʃun	עִישׁוּן (ז)
Raucher (m)	me'aʃen	מְעַשֵּׁן (ז)

Stummel (m)	bdal si'garya	בְּדַל סִיגַרְיָה (ז)
Rauch (m)	aʃan	עָשָׁן (ז)
Asche (f)	'efer	אֵפֶר (ז)

LEBENSRAUM DES MENSCHEN

Stadt

75. Stadt. Leben in der Stadt

Stadt (f)	ir	עִיר (נ)
Hauptstadt (f)	ir bira	עִיר בִּירָה (נ)
Dorf (n)	kfar	כְּפָר (ז)
Stadtplan (m)	mapat ha'ir	מַפַּת הָעִיר (נ)
Stadtzentrum (n)	merkaz ha'ir	מֶרְכַּז הָעִיר (ז)
Vorort (m)	parvar	פַּרְוָר (ז)
Vorort-	parvari	פַּרְוָרִי
Stadtrand (m)	parvar	פַּרְוָר (ז)
Umgebung (f)	svivot	סְבִיבוֹת (נ"ר)
Stadtviertel (n)	ʃxuna	שְׁכוּנָה (נ)
Wohnblock (m)	ʃxunat megurim	שְׁכוּנַת מְגוּרִים (נ)
Straßenverkehr (m)	tnu'a	תְּנוּעָה (נ)
Ampel (f)	ramzor	רַמְזוֹר (ז)
Stadtverkehr (m)	taxbura tsiburit	תַּחְבּוּרָה צִיבּוּרִית (נ)
Straßenkreuzung (f)	'tsomet	צוֹמֶת (ז)
Übergang (m)	ma'avar xatsaya	מַעֲבַר חֲצָיָה (ז)
Fußgängerunterführung (f)	ma'avar tat karka'i	מַעֲבַר תַּת-קַרְקָעִי (ז)
überqueren (vt)	laxatsot	לַחֲצוֹת
Fußgänger (m)	holex 'regel	הוֹלֵךְ רֶגֶל (ז)
Gehweg (m)	midraxa	מִדְרָכָה (נ)
Brücke (f)	'geʃer	גֶּשֶׁר (ז)
Kai (m)	ta'yelet	טַיֶּלֶת (נ)
Springbrunnen (m)	mizraka	מִזְרָקָה (נ)
Allee (f)	sdera	שְׂדֵרָה (נ)
Park (m)	park	פַּארְק (ז)
Boulevard (m)	sdera	שְׂדֵרָה (נ)
Platz (m)	kikar	כִּיכָּר (נ)
Avenue (f)	rexov raʃi	רְחוֹב רָאשִׁי (ז)
Straße (f)	rexov	רְחוֹב (ז)
Gasse (f)	simta	סִמְטָה (נ)
Sackgasse (f)	mavoi satum	מָבוֹי סָתוּם (ז)
Haus (n)	'bayit	בַּיִת (ז)
Gebäude (n)	binyan	בִּנְיָן (ז)
Wolkenkratzer (m)	gored ʃxakim	גּוֹרֵד שְׁחָקִים (ז)
Fassade (f)	xazit	חֲזִית (נ)
Dach (n)	gag	גַּג (ז)

Fenster (n)	χalon	חַלוֹן (ז)
Bogen (m)	'keʃet	קֶשֶׁת (נ)
Säule (f)	amud	עַמּוּד (ז)
Ecke (f)	pina	פִּינָה (נ)

Schaufenster (n)	χalon ra'ava	חַלוֹן רַאֲוָה (ז)
Firmenschild (n)	'ʃelet	שֶׁלֶט (ז)
Anschlag (m)	kraza	כְּרָזָה (נ)
Werbeposter (m)	'poster	פּוֹסְטֶר (ז)
Werbeschild (n)	'luaχ pirsum	לוּחַ פִּרְסוּם (ז)

Müll (m)	'zevel	זֶבֶל (ז)
Mülleimer (m)	paχ aʃpa	פַּח אַשְׁפָּה (ז)
Abfall wegwerfen	lelaχleχ	לְלַכְלֵךְ
Mülldeponie (f)	mizbala	מִזְבָּלָה (נ)

Telefonzelle (f)	ta 'telefon	תָּא טֶלֶפוֹן (ז)
Straßenlaterne (f)	amud panas	עַמּוּד פָּנָס (ז)
Bank (Park-)	safsal	סַפְסָל (ז)

Polizist (m)	ʃoter	שׁוֹטֵר (ז)
Polizei (f)	miʃtara	מִשְׁטָרָה (נ)
Bettler (m)	kabtsan	קַבְּצָן (ז)
Obdachlose (m)	χasar 'bayit	חֲסַר בַּיִת (ז)

76. Innerstädtische Einrichtungen

Laden (m)	χanut	חֲנוּת (נ)
Apotheke (f)	beit mir'kaχat	בֵּית מִרְקַחַת (ז)
Optik (f)	χanut miʃka'fayim	חֲנוּת מִשְׁקָפַיִם (נ)
Einkaufszentrum (n)	kanyon	קַנְיוֹן (ז)
Supermarkt (m)	super'market	סוּפֶּרְמַרְקֶט (ז)

Bäckerei (f)	ma'afiya	מַאֲפִיָּה (נ)
Bäcker (m)	ofe	אוֹפֶה (ז)
Konditorei (f)	χanut mamtakim	חֲנוּת מַמְתַּקִּים (נ)
Lebensmittelladen (m)	ma'kolet	מַכּוֹלֶת (נ)
Metzgerei (f)	itliz	אִטְלִיז (ז)

| Gemüseladen (m) | χanut perot viyerakot | חֲנוּת פֵּירוֹת וִירָקוֹת (נ) |
| Markt (m) | ʃuk | שׁוּק (ז) |

Kaffeehaus (n)	beit kafe	בֵּית קָפֶה (ז)
Restaurant (n)	mis'ada	מִסְעָדָה (נ)
Bierstube (f)	pab	פָּאב (ז)
Pizzeria (f)	pi'tseriya	פִּיצֶרְיָה (נ)

Friseursalon (m)	mispara	מִסְפָּרָה (נ)
Post (f)	'do'ar	דּוֹאַר (ז)
chemische Reinigung (f)	nikui yaveʃ	נִיקּוּי יָבֵשׁ (ז)
Fotostudio (n)	'studyo letsilum	סְטוּדִיוֹ לְצִילוּם (ז)

| Schuhgeschäft (n) | χanut na'a'layim | חֲנוּת נַעֲלַיִים (נ) |
| Buchhandlung (f) | χanut sfarim | חֲנוּת סְפָרִים (נ) |

Sportgeschäft (n)	χanut sport	חֲנוּת סְפּוֹרְט (נ)
Kleiderreparatur (f)	χanut tikun bgadim	חֲנוּת תִּיקוּן בְּגָדִים (נ)
Bekleidungsverleih (m)	χanut haskarat bgadim	חֲנוּת הַשְׂכָּרַת בְּגָדִים (נ)
Videothek (f)	χanut haʃalat sratim	חֲנוּת הַשְׁאָלַת סְרָטִים (נ)

Zirkus (m)	kirkas	קִרְקָס (ז)
Zoo (m)	gan hayot	גַּן חַיּוֹת (ז)
Kino (n)	kol'no'a	קוֹלְנוֹעַ (ז)
Museum (n)	muze'on	מוּזֵיאוֹן (ז)
Bibliothek (f)	sifriya	סִפְרִיָּה (נ)

Theater (n)	te'atron	תֵּיאַטְרוֹן (ז)
Opernhaus (n)	beit 'opera	בֵּית אוֹפֵּרָה (ז)
Nachtklub (m)	mo'adon 'laila	מוֹעֲדוֹן לַיְלָה (ז)
Kasino (n)	ka'zino	קָזִינוֹ (ז)

Moschee (f)	misgad	מִסְגָּד (ז)
Synagoge (f)	beit 'kneset	בֵּית כְּנֶסֶת (ז)
Kathedrale (f)	kated'rala	קָתֶדְרָלָה (נ)
Tempel (m)	mikdaʃ	מִקְדָּשׁ (ז)
Kirche (f)	knesiya	כְּנֵסִיָּה (נ)

Institut (n)	miχlala	מִכְלָלָה (נ)
Universität (f)	uni'versita	אוּנִיבֶרְסִיטָה (נ)
Schule (f)	beit 'sefer	בֵּית סֵפֶר (ז)

Präfektur (f)	maχoz	מָחוֹז (ז)
Rathaus (n)	iriya	עִירִיָּה (נ)
Hotel (n)	beit malon	בֵּית מָלוֹן (ז)
Bank (f)	bank	בַּנְק (ז)

Botschaft (f)	ʃagrirut	שַׁגְרִירוּת (נ)
Reisebüro (n)	soχnut nesi'ot	סוֹכְנוּת נְסִיעוֹת (נ)
Informationsbüro (n)	modi'in	מוֹדִיעִין (ז)
Wechselstube (f)	misrad hamarat mat'be'a	מִשְׂרַד הֲמָרַת מַטְבֵּעַ (ז)

U-Bahn (f)	ra'kevet taχtit	רַכֶּבֶת תַּחְתִּית (נ)
Krankenhaus (n)	beit χolim	בֵּית חוֹלִים (ז)

Tankstelle (f)	taχanat 'delek	תַּחֲנַת דֶּלֶק (נ)
Parkplatz (m)	migraʃ χanaya	מִגְרַשׁ חֲנָיָה (ז)

77. Innerstädtischer Transport

Bus (m)	'otobus	אוֹטוֹבּוּס (ז)
Straßenbahn (f)	ra'kevet kala	רַכֶּבֶת קַלָּה (נ)
Obus (m)	tro'leibus	טְרוֹלֵיבּוּס (ז)
Linie (f)	maslul	מַסְלוּל (ז)
Nummer (f)	mispar	מִסְפָּר (ז)

mit ... fahren	lin'so'a be...	לִנְסוֹעַ בְּ...
einsteigen (vi)	la'alot	לַעֲלוֹת
aussteigen (aus dem Bus)	la'redet mi...	לָרֶדֶת מ...
Haltestelle (f)	taχana	תַּחֲנָה (נ)

nächste Haltestelle (f)	hataxana haba'a	הַתַּחֲנָה הַבָּאָה (נ)
Endhaltestelle (f)	hataxana ha'axrona	הַתַּחֲנָה הָאַחֲרוֹנָה (נ)
Fahrplan (m)	'luax zmanim	לוּחַ זְמַנִּים (ז)
warten (vi, vt)	lehamtin	לְהַמְתִּין

| Fahrkarte (f) | kartis | כַּרְטִיס (ז) |
| Fahrpreis (m) | mexir hanesiya | מְחִיר הַנְּסִיעָה (ז) |

Kassierer (m)	kupai	קוּפַּאי (ז)
Fahrkartenkontrolle (f)	bi'koret kartisim	בִּיקּוֹרֶת כַּרְטִיסִים (נ)
Fahrkartenkontrolleur (m)	mevaker	מְבַקֵּר (ז)

sich verspäten	le'axer	לְאַחֵר
versäumen (Zug usw.)	lefasfes	לְפַסְפֵּס
sich beeilen	lemaher	לְמַהֵר

Taxi (n)	monit	מוֹנִית (נ)
Taxifahrer (m)	nahag monit	נַהַג מוֹנִית (ז)
mit dem Taxi	bemonit	בְּמוֹנִית
Taxistand (m)	taxanat moniyot	תַּחֲנַת מוֹנִיּוֹת (נ)
ein Taxi rufen	lehazmin monit	לְהַזְמִין מוֹנִית
ein Taxi nehmen	la'kaxat monit	לָקַחַת מוֹנִית

Straßenverkehr (m)	tnu'a	תְּנוּעָה (נ)
Stau (m)	pkak	פְּקָק (ז)
Hauptverkehrszeit (f)	ʃa'ot 'omes	שְׁעוֹת עוֹמֶס (נ"ר)
parken (vi)	laxanot	לַחֲנוֹת
parken (vt)	lehaxnot	לְהַחְנוֹת
Parkplatz (m)	xanaya	חֲנָיָה (נ)

U-Bahn (f)	ra'kevet taxtit	רַכֶּבֶת תַּחְתִּית (נ)
Station (f)	taxana	תַּחֲנָה (נ)
mit der U-Bahn fahren	lin'so'a betaxtit	לִנְסוֹעַ בְּתַחְתִּית
Zug (m)	ra'kevet	רַכֶּבֶת (נ)
Bahnhof (m)	taxanat ra'kevet	תַּחֲנַת רַכֶּבֶת (נ)

78. Sehenswürdigkeiten

Denkmal (n)	an'darta	אַנְדַּרְטָה (נ)
Festung (f)	mivtsar	מִבְצָר (ז)
Palast (m)	armon	אַרְמוֹן (ז)
Schloss (n)	tira	טִירָה (נ)
Turm (m)	migdal	מִגְדָּל (ז)
Mausoleum (n)	ma'uzo'le'um	מָאוֹזוֹלְיָאוֹם (ז)

Architektur (f)	adrixalut	אַדְרִיכָלוּת (נ)
mittelalterlich	benaimi	בֵּינַיימִי
alt (antik)	atik	עַתִּיק
national	le'umi	לְאוֹמִי
berühmt	mefursam	מְפוּרְסָם

Tourist (m)	tayar	תַּיָּיר (ז)
Fremdenführer (m)	madrix tiyulim	מַדְרִיךְ טִיּוּלִים (ז)
Ausflug (m)	tiyul	טִיּוּל (ז)

| zeigen (vt) | lehar'ot | לְהַרְאוֹת |
| erzählen (vt) | lesaper | לְסַפֵּר |

finden (vt)	limtso	לִמְצוֹא
sich verlieren	la'leχet le'ibud	לָלֶכֶת לְאִיבּוּד
Karte (U-Bahn ~)	mapa	מַפָּה (נ)
Karte (Stadt-)	tarʃim	תַּרְשִׁים (ז)

Souvenir (n)	maz'keret	מַזְכֶּרֶת (נ)
Souvenirladen (m)	χanut matanot	חֲנוּת מַתָּנוֹת (נ)
fotografieren (vt)	letsalem	לְצַלֵּם
sich fotografieren	lehitstalem	לְהִצְטַלֵּם

79. Shopping

kaufen (vt)	liknot	לִקְנוֹת
Einkauf (m)	kniya	קְנִיָּה (נ)
einkaufen gehen	la'leχet lekniyot	לָלֶכֶת לִקְנִיּוֹת
Einkaufen (n)	ariχat kniyot	עֲרִיכַת קְנִיּוֹת (נ)

| offen sein (Laden) | pa'tuaχ | פָּתוּחַ |
| zu sein | sagur | סָגוּר |

Schuhe (pl)	na'a'layim	נַעֲלַיִם (נ"ר)
Kleidung (f)	bgadim	בְּגָדִים (ז"ר)
Kosmetik (f)	tamrukim	תַּמְרוּקִים (ז"ר)
Lebensmittel (pl)	mutsrei mazon	מוּצְרֵי מָזוֹן (ז"ר)
Geschenk (n)	matana	מַתָּנָה (נ)

| Verkäufer (m) | moχer | מוֹכֵר (ז) |
| Verkäuferin (f) | mo'χeret | מוֹכֶרֶת (נ) |

Kasse (f)	kupa	קוּפָּה (נ)
Spiegel (m)	mar'a	מַרְאָה (נ)
Ladentisch (m)	duχan	דּוּכָן (ז)
Umkleidekabine (f)	'χeder halbaʃa	חֲדַר הַלְבָּשָׁה (ז)

anprobieren (vt)	limdod	לִמְדוֹד
passen (Schuhe, Kleid)	lehat'im	לְהַתְאִים
gefallen (vi)	limtso χen be'ei'nayim	לִמְצוֹא חֵן בָּעֵינַיִים

Preis (m)	meχir	מְחִיר (ז)
Preisschild (n)	tag meχir	תַּג מְחִיר (ז)
kosten (vt)	la'alot	לַעֲלוֹת
Wie viel?	'kama?	כַּמָּה?
Rabatt (m)	hanaχa	הֲנָחָה (נ)

preiswert	lo yakar	לֹא יָקָר
billig	zol	זוֹל
teuer	yakar	יָקָר
Das ist teuer	ze yakar	זֶה יָקָר

| Verleih (m) | haskara | הַשְׂכָּרָה (נ) |
| leihen, mieten (ein Auto usw.) | liskor | לִשְׂכּוֹר |

| Kredit (m), Darlehen (n) | aʃrai | אַשְׁרַאי (ז) |
| auf Kredit | be'aʃrai | בְּאַשְׁרַאי |

80. Geld

Geld (n)	'kesef	כֶּסֶף (ז)
Austausch (m)	hamara	הֲמָרָה (נ)
Kurs (m)	'ʃa'ar χalifin	שַׁעַר חֲלִיפִין (ז)
Geldautomat (m)	kaspomat	כַּסְפּוֹמָט (ז)
Münze (f)	mat'be'a	מַטְבֵּעַ (ז)

| Dollar (m) | 'dolar | דּוֹלָר (ז) |
| Euro (m) | 'eiro | אֵירוֹ (ז) |

Lira (f)	'lira	לִירָה (נ)
Mark (f)	mark germani	מַרְק גֶּרְמָנִי (ז)
Franken (m)	frank	פְרַנְק (ז)
Pfund Sterling (n)	'lira 'sterling	לִירָה שְׁטֶרְלִינְג (נ)
Yen (m)	yen	יֶן (ז)

Schulden (pl)	χov	חוֹב (ז)
Schuldner (m)	'ba'al χov	בַּעַל חוֹב (ז)
leihen (vt)	lehalvot	לְהַלְווֹת
leihen, borgen (Geld usw.)	lilvot	לִלְווֹת

Bank (f)	bank	בַּנְק (ז)
Konto (n)	χeʃbon	חֶשְׁבּוֹן (ז)
einzahlen (vt)	lehafkid	לְהַפְקִיד
auf ein Konto einzahlen	lehafkid leχeʃbon	לְהַפְקִיד לְחֶשְׁבּוֹן
abheben (vt)	limʃoχ meχeʃbon	לִמְשׁוֹךְ מֵחֶשְׁבּוֹן

Kreditkarte (f)	kartis aʃrai	כַּרְטִיס אַשְׁרַאי (ז)
Bargeld (n)	mezuman	מְזוּמָן
Scheck (m)	tʃek	צֶ'ק (ז)
einen Scheck schreiben	liχtov tʃek	לִכְתּוֹב צֶ'ק
Scheckbuch (n)	pinkas 'tʃekim	פִּנְקָס צֶ'קִים (ז)

Geldtasche (f)	arnak	אַרְנָק (ז)
Geldbeutel (m)	arnak lematbe''ot	אַרְנָק לְמַטְבְּעוֹת (ז)
Safe (m)	ka'sefet	כַּסֶּפֶת (נ)

Erbe (m)	yoreʃ	יוֹרֵשׁ (ז)
Erbschaft (f)	yeruʃa	יְרוּשָׁה (נ)
Vermögen (n)	'oʃer	עוֹשֶׁר (ז)

Pacht (f)	χoze sχirut	חוֹזֶה שְׂכִירוּת (ז)
Miete (f)	sχar dira	שְׂכַר דִּירָה (ז)
mieten (vt)	liskor	לִשְׂכּוֹר

Preis (m)	meχir	מְחִיר (ז)
Kosten (pl)	alut	עֲלוּת (נ)
Summe (f)	sχum	סְכוּם (ז)
ausgeben (vt)	lehotsi	לְהוֹצִיא
Ausgaben (pl)	hotsa'ot	הוֹצָאוֹת (נ"ר)

sparen (vt)	laχasoχ	לַחֲסוֹךְ
sparsam	χesχoni	חֶסְכוֹנִי

zahlen (vt)	leʃalem	לְשַׁלֵם
Lohn (m)	taʃlum	תַּשְׁלוּם (ז)
Wechselgeld (n)	'odef	עוֹדֶף (ז)

Steuer (f)	mas	מַס (ז)
Geldstrafe (f)	knas	קְנָס (ז)
bestrafen (vt)	liknos	לִקְנוֹס

81. Post. Postdienst

Post (Postamt)	'do'ar	דוֹאַר (ז)
Post (Postsendungen)	'do'ar	דוֹאַר (ז)
Briefträger (m)	davar	דַוָּר (ז)
Öffnungszeiten (pl)	ʃa'ot avoda	שְׁעוֹת עֲבוֹדָה (נ"ר)

Brief (m)	miχtav	מִכְתָּב (ז)
Einschreibebrief (m)	miχtav raʃum	מִכְתָּב רָשׁוּם (ז)
Postkarte (f)	gluya	גְלוּיָה (נ)
Telegramm (n)	mivrak	מִבְרָק (ז)
Postpaket (n)	χavila	חֲבִילָה (נ)
Geldanweisung (f)	ha'avarat ksafim	הַעֲבָרַת כְּסָפִים (נ)

bekommen (vt)	lekabel	לְקַבֵּל
abschicken (vt)	liʃ'loaχ	לִשְׁלוֹחַ
Absendung (f)	ʃliχa	שְׁלִיחָה (נ)

Postanschrift (f)	'ktovet	כְּתוֹבֶת (נ)
Postleitzahl (f)	mikud	מִיקוּד (ז)
Absender (m)	ʃo'leaχ	שׁוֹלֵחַ (ז)
Empfänger (m)	nim'an	נִמְעָן (ז)

Vorname (m)	ʃem prati	שֵׁם פְּרָטִי (ז)
Nachname (m)	ʃem miʃpaχa	שֵׁם מִשְׁפָּחָה (ז)

Tarif (m)	ta'arif	תַּעֲרִיף (ז)
Standard- (Tarif)	ragil	רָגִיל
Spar- (-tarif)	χesχoni	חֶסְכוֹנִי

Gewicht (n)	miʃkal	מִשְׁקָל (ז)
abwiegen (vt)	liʃkol	לִשְׁקוֹל
Briefumschlag (m)	ma'atafa	מַעֲטָפָה (נ)
Briefmarke (f)	bul 'do'ar	בּוּל דוֹאַר (ז)
Briefmarke aufkleben	lehadbik bul	לְהַדְבִּיק בּוּל

Wohnung. Haus. Zuhause

82. Haus. Wohnen

Haus (n)	'bayit	בַּיִת (ז)
zu Hause	ba'bayit	בַּבַּיִת
Hof (m)	χatser	חָצֵר (ז)
Zaun (m)	gader	גָּדֵר (נ)

Ziegel (m)	levena	לְבֵנָה (נ)
Ziegel-	milevenim	מִלְבֵנִים
Stein (m)	'even	אֶבֶן (נ)
Stein-	me"even	מֵאֶבֶן
Beton (m)	beton	בֶּטוֹן (ז)
Beton-	mibeton	מִבֶּטוֹן

neu	χadaʃ	חָדָשׁ
alt	yaʃan	יָשָׁן
baufällig	balui	בָּלוּי
modern	mo'derni	מוֹדֶרְנִי
mehrstöckig	rav komot	רַב־קוֹמוֹת
hoch	ga'voha	גָּבוֹהַּ

Stock (m)	'koma	קוֹמָה (נ)
einstöckig	χad komati	חַד־קוֹמָתִי

Erdgeschoß (n)	komat 'karka	קוֹמַת קַרְקַע (נ)
oberster Stock (m)	hakoma ha'elyona	הַקּוֹמָה הָעֶלְיוֹנָה (נ)

Dach (n)	gag	גַּג (ז)
Schlot (m)	aruba	אֲרוּבָּה (נ)

Dachziegel (m)	'raʿaf	רַעַף (ז)
Dachziegel-	mereʿafim	מֵרְעָפִים
Dachboden (m)	aliyat gag	עֲלִיַּת גַּג (נ)

Fenster (n)	χalon	חַלּוֹן (ז)
Glas (n)	zχuχit	זְכוּכִית (נ)

Fensterbrett (n)	'eden χalon	אֶדֶן חַלּוֹן (ז)
Fensterläden (pl)	trisim	תְּרִיסִים (ז"ר)

Wand (f)	kir	קִיר (ז)
Balkon (m)	mir'peset	מִרְפֶּסֶת (נ)
Regenfallrohr (n)	marzev	מַרְזֵב (ז)

nach oben	le'mala	לְמַעְלָה
hinaufgehen (vi)	laʿalot bemadregot	לַעֲלוֹת בְּמַדְרֵגוֹת
herabsteigen (vi)	la'redet bemadregot	לָרֶדֶת בְּמַדְרֵגוֹת
umziehen (vi)	laʿavor	לַעֲבוֹר

83. Haus. Eingang. Lift

Eingang (m)	knisa	כְּנִיסָה (נ)
Treppe (f)	madregot	מַדְרֵגוֹת (נ"ר)
Stufen (pl)	madregot	מַדְרֵגוֹת (נ"ר)
Geländer (n)	ma'ake	מַעֲקֶה (ז)
Halle (f)	'lobi	לוֹבִּי (ז)

Briefkasten (m)	teivat 'do'ar	תֵּיבַת דוֹאַר (נ)
Müllkasten (m)	paχ 'zevel	פַּח זֶבֶל (ז)
Müllschlucker (m)	merik aʃpa	מֵרִיק אַשְׁפָּה (ז)

Aufzug (m)	ma'alit	מַעֲלִית (נ)
Lastenaufzug (m)	ma'alit masa	מַעֲלִית מַשָּׂא (נ)
Aufzugkabine (f)	ta ma'alit	תָּא מַעֲלִית (ז)
Aufzug nehmen	lin'so'a bema'alit	לִנְסוֹעַ בְּמַעֲלִית

Wohnung (f)	dira	דִּירָה (נ)
Mieter (pl)	dayarim	דַּיָּירִים (ז"ר)
Nachbar (m)	ʃaχen	שָׁכֵן (ז)
Nachbarin (f)	ʃχena	שְׁכֵנָה (נ)
Nachbarn (pl)	ʃχenim	שְׁכֵנִים (ז"ר)

84. Haus. Türen. Schlösser

Tür (f)	'delet	דֶּלֶת (נ)
Tor (der Villa usw.)	'ʃa'ar	שַׁעַר (ז)
Griff (m)	yadit	יָדִית (נ)
aufschließen (vt)	lif'toaχ	לִפְתּוֹחַ
öffnen (vt)	lif'toaχ	לִפְתּוֹחַ
schließen (vt)	lisgor	לִסְגּוֹר

| Schlüssel (m) | maf'teaχ | מַפְתֵּחַ (ז) |
| Bündel (n) | tsror mafteχot | צְרוֹר מַפְתְּחוֹת (ז) |

knarren (vi)	laχarok	לַחֲרוֹק
Knarren (n)	χarika	חֲרִיקָה (נ)
Türscharnier (n)	tsir	צִיר (ז)
Fußmatte (f)	ʃtiχon	שְׁטִיחוֹן (ז)

Schloss (n)	man'ul	מַנְעוּל (ז)
Schlüsselloch (n)	χor haman'ul	חוֹר הַמַּנְעוּל (ז)
Türriegel (m)	'briaχ	בְּרִיחַ (ז)
kleiner Türriegel (m)	'briaχ	בְּרִיחַ (ז)
Vorhängeschloss (n)	man'ul	מַנְעוּל (ז)

klingeln (vi)	letsaltsel	לְצַלְצֵל
Klingel (Laut)	tsiltsul	צִלְצוּל (ז)
Türklingel (f)	pa'amon	פַּעֲמוֹן (ז)

Knopf (m)	kaftor	כַּפְתּוֹר (ז)
Klopfen (n)	hakaʃa	הַקָּשָׁה (נ)
anklopfen (vi)	lehakiʃ	לְהַקִּישׁ

Code (m)	kod	קוֹד (ז)
Zahlenschloss (n)	man'ul kod	מַנְעוּל קוֹד (ז)
Sprechanlage (f)	'interkom	אִינְטֶרְקוֹם (ז)
Nummer (f)	mispar	מִסְפָּר (ז)
Türschild (n)	luχit	לוּחִית (נ)
Türspion (m)	einit	עֵינִית (נ)

85. Landhaus

Dorf (n)	kfar	כְּפָר (ז)
Gemüsegarten (m)	gan yarak	גַּן יָרָק (ז)
Zaun (m)	gader	גָּדֵר (נ)
Lattenzaun (m)	gader yetedot	גָּדֵר יְתֵדוֹת (נ)
Zauntür (f)	pifpaf	פִּשְׁפָּשׁ (ז)

Speicher (m)	asam	אָסָם (ז)
Keller (m)	martef	מַרְתֵּף (ז)
Schuppen (m)	maχsan	מַחְסָן (ז)
Brunnen (m)	be'er	בְּאֵר (נ)

Ofen (m)	aχ	אָח (נ)
heizen (Ofen ~)	lehasik et ha'aχ	לְהַסִּיק אֶת הָאָח
Holz (n)	atsei hasaka	עֲצֵי הַסָּקָה (ז"ר)
Holzscheit (n)	bul ets	בּוּל עֵץ (ז)

Veranda (f)	mir'peset mekora	מִרְפֶּסֶת מְקוֹרָה (נ)
Terrasse (f)	mir'peset	מִרְפֶּסֶת (נ)
Außentreppe (f)	madregot ba'petaχ 'bayit	מַדְרֵגוֹת בְּפֶתַח בַּיִת (נ"ר)
Schaukel (f)	nadneda	נַדְנֵדָה (נ)

86. Burg. Palast

Schloss (n)	tira	טִירָה (נ)
Palast (m)	armon	אַרְמוֹן (ז)
Festung (f)	mivtsar	מִבְצָר (ז)

Mauer (f)	χoma	חוֹמָה (נ)
Turm (m)	migdal	מִגְדָּל (ז)
Bergfried (m)	migdal merkazi	מִגְדָּל מֶרְכָּזִי (ז)

Fallgatter (n)	'fa'ar anaχi	שַׁעַר אֲנָכִי (ז)
Tunnel (n)	ma'avar tat karka'i	מַעֲבָר תַּת־קַרְקָעִי (ז)
Graben (m)	χafir	חָפִיר (ז)

Kette (f)	fal'felet	שַׁלְשֶׁלֶת (נ)
Schießscharte (f)	efnav 'yeri	אֶשְׁנָב יֶרִי (ז)

großartig, prächtig	mefo'ar	מְפוֹאָר
majestätisch	malχuti	מַלְכוּתִי

unnahbar	'bilti χadir	בִּלְתִּי חָדִיר
mittelalterlich	benaimi	בֵּינַיימִי

81

87. Wohnung

Wohnung (f)	dira	דִּירָה (נ)
Zimmer (n)	'χeder	חֶדֶר (ז)
Schlafzimmer (n)	χadar ʃena	חֲדַר שֵׁינָה (ז)
Esszimmer (n)	pinat 'oχel	פִּינַת אוֹכֶל (נ)
Wohnzimmer (n)	salon	סָלוֹן (ז)
Arbeitszimmer (n)	χadar avoda	חֲדַר עֲבוֹדָה (ז)

Vorzimmer (n)	prozdor	פְּרוֹזְדוֹר (ז)
Badezimmer (n)	χadar am'batya	חֲדַר אַמְבַּטְיָה (ז)
Toilette (f)	ʃerutim	שֵׁירוּתִים (ז"ר)

Decke (f)	tikra	תִּקְרָה (נ)
Fußboden (m)	ritspa	רִצְפָּה (נ)
Ecke (f)	pina	פִּינָה (נ)

88. Wohnung. Saubermachen

aufräumen (vt)	lenakot	לְנַקּוֹת
weglegen (vt)	lefanot	לְפַנּוֹת
Staub (m)	avak	אָבָק (ז)
staubig	me'ubak	מְאוּבָּק
Staub abwischen	lenakot avak	לְנַקּוֹת אָבָק
Staubsauger (m)	ʃo'ev avak	שׁוֹאֵב אָבָק (ז)
Staub saugen	liʃ'ov avak	לִשְׁאוֹב אָבָק

kehren, fegen (vt)	letate	לְטַאטֵא
Kehricht (m, n)	'psolet ti'tu	פְּסוֹלֶת טַאטוּא (נ)
Ordnung (f)	'seder	סֵדֶר (ז)
Unordnung (f)	i 'seder	אִי סֵדֶר (ז)

Schrubber (m)	magev im smartut	מַגָּב עִם סְמַרְטוּט (ז)
Lappen (m)	smartut avak	סְמַרְטוּט אָבָק (ז)
Besen (m)	mat'ate katan	מַטְאֲטֵא קָטָן (ז)
Kehrichtschaufel (f)	ya'e	יָעֶה (ז)

89. Möbel. Innenausstattung

Möbel (n)	rehitim	רָהִיטִים (ז"ר)
Tisch (m)	ʃulχan	שׁוּלְחָן (ז)
Stuhl (m)	kise	כִּסֵּא (ז)
Bett (n)	mita	מִיטָה (נ)
Sofa (n)	sapa	סַפָּה (נ)
Sessel (m)	kursa	כּוּרְסָה (נ)

| Bücherschrank (m) | aron sfarim | אָרוֹן סְפָרִים (ז) |
| Regal (n) | madaf | מַדָּף (ז) |

| Schrank (m) | aron bgadim | אָרוֹן בְּגָדִים (ז) |
| Hakenleiste (f) | mitle | מִתְלֶה (ז) |

Kleiderständer (m)	mitle	מִתְלֶה (ז)
Kommode (f)	ʃida	שִׁידָה (נ)
Couchtisch (m)	ʃulχan itonim	שׁוּלְחָן עִיתּוֹנִים (ז)

Spiegel (m)	mar'a	מַרְאָה (נ)
Teppich (m)	ʃa'tiaχ	שָׁטִיחַ (ז)
Matte (kleiner Teppich)	ʃa'tiaχ	שָׁטִיחַ (ז)

Kamin (m)	aχ	אָח (ז)
Kerze (f)	ner	נֵר (ז)
Kerzenleuchter (m)	pamot	פָּמוֹט (ז)

Vorhänge (pl)	vilonot	וִילוֹנוֹת (ז"ר)
Tapete (f)	tapet	טַפֶּט (ז)
Jalousie (f)	trisim	תְּרִיסִים (ז"ר)

Tischlampe (f)	menorat ʃulχan	מְנוֹרַת שׁוּלְחָן (נ)
Leuchte (f)	menorat kir	מְנוֹרַת קִיר (נ)
Stehlampe (f)	menora o'medet	מְנוֹרָה עוֹמֶדֶת (נ)
Kronleuchter (m)	niv'reʃet	נִבְרֶשֶׁת (נ)

Bein (Tischbein usw.)	'regel	רֶגֶל (נ)
Armlehne (f)	miʃ'enet yad	מִשְׁעֶנֶת יָד (נ)
Lehne (f)	miʃ'enet	מִשְׁעֶנֶת (נ)
Schublade (f)	megera	מְגֵירָה (נ)

90. Bettwäsche

Bettwäsche (f)	matsa'im	מַצָּעִים (ז"ר)
Kissen (n)	karit	כָּרִית (נ)
Kissenbezug (m)	tsipit	צִיפִּית (נ)
Bettdecke (f)	smiχa	שְׂמִיכָה (נ)
Laken (n)	sadin	סָדִין (ז)
Tagesdecke (f)	kisui mita	כִּיסּוּי מִיטָה (ז)

91. Küche

Küche (f)	mitbaχ	מִטְבָּח (ז)
Gas (n)	gaz	גָּז (ז)
Gasherd (m)	tanur gaz	תַּנּוּר גָּז (ז)
Elektroherd (m)	tanur χaʃmali	תַּנּוּר חַשְׁמַלִי (ז)
Backofen (m)	tanur afiya	תַּנּוּר אֲפִייָה (ז)
Mikrowellenherd (m)	mikrogal	מִיקְרוֹגַל (ז)

Kühlschrank (m)	mekarer	מְקָרֵר (ז)
Tiefkühltruhe (f)	makpi	מַקְפִּיא (ז)
Geschirrspülmaschine (f)	me'diaχ kelim	מֵדִיחַ כֵּלִים (ז)

Fleischwolf (m)	matχenat basar	מַטְחֵנַת בָּשָׂר (נ)
Saftpresse (f)	masχeta	מַסְחֵטָה (נ)
Toaster (m)	'toster	טוֹסְטֶר (ז)
Mixer (m)	'mikser	מִיקְסֶר (ז)

83

Kaffeemaschine (f)	meχonat kafe	מְכוֹנַת קָפֶה (נ)
Kaffeekanne (f)	findʒan	פִינג'אן (ז)
Kaffeemühle (f)	matχenat kafe	מַטְחֲנַת קָפֶה (נ)

Wasserkessel (m)	kumkum	קוּמְקוּם (ז)
Teekanne (f)	kumkum	קוּמְקוּם (ז)
Deckel (m)	miχse	מִכְסֶה (ז)
Teesieb (n)	mis'nenet te	מְסַנֶּנֶת תֶּה (נ)

Löffel (m)	kaf	כַּף (נ)
Teelöffel (m)	kapit	כַּפִּית (נ)
Esslöffel (m)	kaf	כַּף (נ)
Gabel (f)	mazleg	מַזְלֵג (ז)
Messer (n)	sakin	סַכִּין (ז, נ)

Geschirr (n)	kelim	כֵּלִים (ז"ר)
Teller (m)	tsa'laχat	צַלַּחַת (נ)
Untertasse (f)	taχtit	תַחְתִּית (נ)

Schnapsglas (n)	kosit	כּוֹסִית (נ)
Glas (n)	kos	כּוֹס (נ)
Tasse (f)	'sefel	סֵפֶל (ז)

Zuckerdose (f)	mis'keret	מִסְכֶּרֶת (נ)
Salzstreuer (m)	milχiya	מִלְחִיָּה (נ)
Pfefferstreuer (m)	pilpeliya	פִּלְפְּלִיָּה (נ)
Butterdose (f)	maχame'a	מַחֶמְאָה (ז)

Kochtopf (m)	sir	סִיר (ז)
Pfanne (f)	maχvat	מַחֲבַת (נ)
Schöpflöffel (m)	tarvad	תַּרְוָד (ז)
Durchschlag (m)	mis'nenet	מְסַנֶּנֶת (נ)
Tablett (n)	magaʃ	מַגָּשׁ (ז)

Flasche (f)	bakbuk	בַּקְבּוּק (ז)
Glas (Einmachglas)	tsin'tsenet	צִנְצֶנֶת (נ)
Dose (f)	paχit	פַּחִית (נ)

Flaschenöffner (m)	potχan bakbukim	פּוֹתְחָן בַּקְבּוּקִים (ז)
Dosenöffner (m)	potχan kufsa'ot	פּוֹתְחָן קוּפְסָאוֹת (ז)
Korkenzieher (m)	maχlets	מַחְלֵץ (ז)
Filter (n)	'filter	פִילְטֶר (ז)
filtern (vt)	lesanen	לְסַנֵּן

| Müll (m) | 'zevel | זֶבֶל (ז) |
| Mülleimer, Treteimer (m) | paχ 'zevel | פַּח זֶבֶל (ז) |

92. Bad

Badezimmer (n)	χadar am'batya	חֲדַר אַמְבַּטְיָה (ז)
Wasser (n)	'mayim	מַיִם (ז"ר)
Wasserhahn (m)	'berez	בֶּרֶז (ז)
Warmwasser (n)	'mayim χamim	מַיִם חַמִים (ז"ר)
Kaltwasser (n)	'mayim karim	מַיִם קָרִים (ז"ר)

Zahnpasta (f)	miʃxat ʃi'nayim	מִשְׁחַת שִׁנַּיִם (נ)
Zähne putzen	letsaχ'tseaχ ʃi'nayim	לְצַחְצֵחַ שִׁנַּיִם
Zahnbürste (f)	miv'reʃet ʃi'nayim	מִבְרֶשֶׁת שִׁנַּיִם (נ)

sich rasieren	lehitga'leaχ	לְהִתְגַּלֵּחַ
Rasierschaum (m)	'ketsef gi'luaχ	קֶצֶף גִּלּוּחַ (ז)
Rasierer (m)	'ta'ar	תַּעַר (ז)

waschen (vt)	liʃtof	לִשְׁטוֹף
sich waschen	lehitraχets	לְהִתְרַחֵץ
Dusche (f)	mik'laχat	מִקְלַחַת (נ)
sich duschen	lehitka'leaχ	לְהִתְקַלֵּחַ

Badewanne (f)	am'batya	אַמְבַּטְיָה (נ)
Klosettbecken (n)	asla	אַסְלָה (נ)
Waschbecken (n)	kiyor	כִּיּוֹר (ז)

Seife (f)	sabon	סַבּוֹן (ז)
Seifenschale (f)	saboniya	סַבּוֹנִיָּה (נ)

Schwamm (m)	sfog 'lifa	סְפוֹג לִיפָה (ז)
Shampoo (n)	ʃampu	שַׁמְפּוּ (ז)
Handtuch (n)	ma'gevet	מַגֶּבֶת (נ)
Bademantel (m)	χaluk raχatsa	חָלוּק רַחְצָה (ז)

Wäsche (f)	kvisa	כְּבִיסָה (נ)
Waschmaschine (f)	meχonat kvisa	מְכוֹנַת כְּבִיסָה (נ)
waschen (vt)	leχabes	לְכַבֵּס
Waschpulver (n)	avkat kvisa	אַבְקַת כְּבִיסָה (נ)

93. Haushaltsgeräte

Fernseher (m)	tele'vizya	טֶלֶוִיזְיָה (נ)
Tonbandgerät (n)	teip	טֵייפּ (ז)
Videorekorder (m)	maχʃir 'vide'o	מַכְשִׁיר וִידֵאוֹ (ז)
Empfänger (m)	'radyo	רַדְיוֹ (ז)
Player (m)	nagan	נַגָּן (ז)

Videoprojektor (m)	makren	מַקְרֵן (ז)
Heimkino (n)	kol'no'a beiti	קוֹלְנוֹעַ בֵּיתִי (ז)
DVD-Player (m)	nagan dividi	נַגָּן DVD (ז)
Verstärker (m)	magber	מַגְבֵּר (ז)
Spielkonsole (f)	maχʃir plei'steiʃen	מַכְשִׁיר פְּלֵייסְטֵיישָׁן (ז)

Videokamera (f)	matslemat 'vide'o	מַצְלֶמַת וִידֵאוֹ (נ)
Kamera (f)	matslema	מַצְלֵמָה (נ)
Digitalkamera (f)	matslema digi'talit	מַצְלֵמָה דִּיגִיטָלִית (נ)

Staubsauger (m)	ʃo'ev avak	שׁוֹאֵב אָבָק (ז)
Bügeleisen (n)	maghets	מַגְהֵץ (ז)
Bügelbrett (n)	'kereʃ gihuts	קֶרֶשׁ גִּיהוּץ (ז)

Telefon (n)	'telefon	טֶלֶפוֹן (ז)
Mobiltelefon (n)	'telefon nayad	טֶלֶפוֹן נַיָּיד (ז)

| Schreibmaschine (f) | meχonat ktiva | מְכוֹנַת כְּתִיבָה (נ) |
| Nähmaschine (f) | meχonat tfira | מְכוֹנַת תְּפִירָה (נ) |

Mikrophon (n)	mikrofon	מִיקְרוֹפוֹן (ז)
Kopfhörer (m)	ozniyot	אוֹזְנִיּוֹת (נ"ר)
Fernbedienung (f)	'ʃelet	שֶׁלֶט (ז)

CD (f)	taklitor	תַּקְלִיטוֹר (ז)
Kassette (f)	ka'letet	קַלֶּטֶת (נ)
Schallplatte (f)	taklit	תַּקְלִיט (ז)

94. Reparaturen. Renovierung

Renovierung (f)	ʃiputs	שִׁיפּוּץ (ז)
renovieren (vt)	leʃapets	לְשַׁפֵּץ
reparieren (vt)	letaken	לְתַקֵּן
in Ordnung bringen	lesader	לְסַדֵּר
noch einmal machen	la'asot meχadaʃ	לַעֲשׂוֹת מֵחָדָשׁ

Farbe (f)	'tseva	צֶבַע (ז)
streichen (vt)	lits'bo'a	לִצְבּוֹעַ
Anstreicher (m)	tsaba'i	צַבָּעִי (ז)
Pinsel (m)	mikχol	מִכְחוֹל (ז)

| Kalkfarbe (f) | sid | סִיד (ז) |
| weißen (vt) | lesayed | לְסַיֵּד |

Tapete (f)	tapet	טַפֶּט (ז)
tapezieren (vt)	lehadbik ta'petim	לְהַדְבִּיק טַפֶּטִים
Lack (z.B. Parkettlack)	'laka	לַכָּה (נ)
lackieren (vt)	lim'roaχ 'laka	לִמְרוֹחַ לַכָּה

95. Rohrleitungen

Wasser (n)	'mayim	מַיִם (ז"ר)
Warmwasser (n)	'mayim χamim	מַיִם חַמִּים (ז"ר)
Kaltwasser (n)	'mayim karim	מַיִם קָרִים (ז"ר)
Wasserhahn (m)	'berez	בֶּרֶז (ז)

Tropfen (m)	tipa	טִיפָּה (נ)
tropfen (vi)	letaftef	לְטַפְטֵף
durchsickern (vi)	lidlof	לִדְלוֹף
Leck (n)	dlifa	דְּלִיפָה (נ)
Lache (f)	ʃlulit	שְׁלוּלִית (נ)

Rohr (n)	tsinor	צִינּוֹר (ז)
Ventil (n)	'berez	בֶּרֶז (ז)
sich verstopfen	lehisatem	לְהִיסָתֵם

Werkzeuge (pl)	klei avoda	כְּלֵי עֲבוֹדָה (ז"ר)
Engländer (m)	maf'teaχ mitkavnen	מַפְתֵּחַ מִתְכַּוְּנֵן (ז)
abdrehen (vt)	lif'toaχ	לִפְתּוֹחַ

zudrehen (vt)	lehavrig	לְהַבְרִיג
reinigen (Rohre ~)	lif'toaχ et hastima	לִפְתּוֹחַ אֶת הַסְתִימָה
Klempner (m)	ʃravrav	שְׁרַבְרָב (ז)
Keller (m)	martef	מַרְתֵּף (ז)
Kanalisation (f)	biyuv	בִּיוּב (ז)

96. Feuer. Brand

Feuer (n)	srefa	שְׂרֵיפָה (נ)
Flamme (f)	lehava	לֶהָבָה (נ)
Funke (m)	niţsoţs	נִיצוֹץ (ז)
Rauch (m)	aʃan	עָשָׁן (ז)
Fackel (f)	lapid	לַפִּיד (ז)
Lagerfeuer (n)	medura	מְדוּרָה (נ)

Benzin (n)	'delek	דֶלֶק (ז)
Kerosin (n)	kerosin	קֶרוֹסִין (ז)
brennbar	dalik	דָלִיק
explosiv	nafiţs	נָפִיץ
RAUCHEN VERBOTEN!	asur le'aʃen!	אָסוּר לְעַשֵׁן!

Sicherheit (f)	betiχut	בְּטִיחוּת (נ)
Gefahr (f)	sakana	סַכָּנָה (נ)
gefährlich	mesukan	מְסוּכָּן

sich entflammen	lehidalek	לְהִידָלֵק
Explosion (f)	piţsuţs	פִּיצוּץ (ז)
in Brand stecken	lehaţsit	לְהַצִּית
Brandstifter (m)	maţsit	מַצִּית (ז)
Brandstiftung (f)	haţsata	הַצָּתָה (נ)

flammen (vi)	liv'or	לִבְעוֹר
brennen (vi)	la'alot be'eʃ	לַעֲלוֹת בָּאֵשׁ
verbrennen (vi)	lehisaref	לְהִישָׂרֵף

die Feuerwehr rufen	lehazmin meχabei eʃ	לְהַזְמִין מְכַבֵּי אֵשׁ
Feuerwehrmann (m)	kabai	כַּבַּאי (ז)
Feuerwehrauto (n)	'reχev kibui	רֶכֶב כִּיבּוּי (ז)
Feuerwehr (f)	meχabei eʃ	מְכַבֵּי אֵשׁ (ז"ר)
Drehleiter (f)	sulam kaba'im	סוּלָם כַּבָּאִים (ז)

Feuerwehrschlauch (m)	zarnuk	זַרְנוּק (ז)
Feuerlöscher (m)	mataf	מַטָף (ז)
Helm (m)	kasda	קַסְדָה (נ)
Sirene (f)	ţsofar	צוֹפָר (ז)

schreien (vi)	liţs'ok	לִצְעוֹק
um Hilfe rufen	likro le'ezra	לִקְרוֹא לְעֶזְרָה
Retter (m)	maţsil	מַצִּיל (ז)
retten (vt)	lehaţsil	לְהַצִּיל

ankommen (vi)	leha'gi'a	לְהַגִּיעַ
löschen (vt)	leχabot	לְכַבּוֹת
Wasser (n)	'mayim	מַיִם (ז"ר)

Sand (m)	χol	חוֹל (ז)
Trümmer (pl)	χoravot	חוֹרָבוֹת (נ"ר)
zusammenbrechen (vi)	likros	לקרוֹס
einfallen (vi)	likros	לקרוֹס
einstürzen (Decke)	lehitmotet	להתמוֹטט

| Bruchstück (n) | pisat χoravot | פִּיסַת חוֹרָבוֹת (נ) |
| Asche (f) | 'efer | אֵפֶר (ז) |

| ersticken (vi) | lehiχanek | להיחָנק |
| ums Leben kommen | lehihareg | להיהָרג |

AKTIVITÄTEN DES MENSCHEN

Beruf. Geschäft. Teil 1

97. Bankgeschäft

Bank (f)	bank	בַּנק (ז)
Filiale (f)	snif	סְנִיף (ז)
Berater (m)	yo'ets	יוֹעֵץ (ז)
Leiter (m)	menahel	מְנַהֵל (ז)
Konto (n)	xeʃbon	חֶשְׁבּוֹן (ז)
Kontonummer (f)	mispar xeʃbon	מִסְפַּר חֶשְׁבּוֹן (ז)
Kontokorrent (n)	xeʃbon over vaʃav	חֶשְׁבּוֹן עוֹבֵר וָשָׁב (ז)
Sparkonto (n)	xeʃbon xisaxon	חֶשְׁבּוֹן חִסָכוֹן (ז)
ein Konto eröffnen	liftoax xeʃbon	לִפְתוֹחַ חֶשְׁבּוֹן
das Konto schließen	lisgor xeʃbon	לִסְגוֹר חֶשְׁבּוֹן
einzahlen (vt)	lehafkid lexeʃbon	לְהַפְקִיד לְחֶשְׁבּוֹן
abheben (vt)	limʃox mexeʃbon	לִמְשׁוֹך מֵחֶשְׁבּוֹן
Einzahlung (f)	pikadon	פִּיקָדוֹן (ז)
eine Einzahlung machen	lehafkid	לְהַפְקִיד
Überweisung (f)	ha'avara banka'it	הַעֲבָרָה בַּנקָאִית (נ)
überweisen (vt)	leha'avir 'kesef	לְהַעֲבִיר כֶּסֶף
Summe (f)	sxum	סְכוּם (ז)
Wieviel?	'kama?	כַּמָה?
Unterschrift (f)	xatima	חֲתִימָה (נ)
unterschreiben (vt)	laxtom	לַחְתוֹם
Kreditkarte (f)	kartis aʃrai	כַּרְטִיס אַשְׁרַאי (ז)
Code (m)	kod	קוֹד (ז)
Kreditkartennummer (f)	mispar kartis aʃrai	מִסְפַּר כַּרְטִיס אַשְׁרַאי (ז)
Geldautomat (m)	kaspomat	כַּספּוֹמָט (ז)
Scheck (m)	tʃek	צֶ'ק (ז)
einen Scheck schreiben	lixtov tʃek	לִכְתוֹב צֶ'ק
Scheckbuch (n)	pinkas 'tʃekim	פִּנקָס צֶ'קִים (ז)
Darlehen (m)	halva'a	הַלוָאָה (נ)
ein Darlehen beantragen	levakeʃ halva'a	לְבַקֵשׁ הַלוָאָה
ein Darlehen aufnehmen	lekabel halva'a	לְקַבֵּל הַלוָאָה
ein Darlehen geben	lehalvot	לְהַלווֹת
Sicherheit (f)	arvut	עַרְבוּת (נ)

98. Telefon. Telefongespräche

Telefon (n)	'telefon	טֶלֶפוֹן (ז)
Mobiltelefon (n)	'telefon nayad	טֶלֶפוֹן נַיָּיד (ז)
Anrufbeantworter (m)	meʃivon	מְשִׁיבוֹן (ז)
anrufen (vt)	letsaltsel	לְצַלְצֵל
Anruf (m)	siχat 'telefon	שִׂיחַת טֶלֶפוֹן (נ)
eine Nummer wählen	leχayeg mispar	לְחַיֵּיג מִסְפָּר
Hallo!	'halo!	הַלוֹ!
fragen (vt)	liʃ'ol	לִשְׁאוֹל
antworten (vi)	la'anot	לַעֲנוֹת
hören (vt)	liʃ'mo'a	לִשְׁמוֹעַ
gut (~ aussehen)	tov	טוֹב
schlecht (Adv)	lo tov	לֹא טוֹב
Störungen (pl)	hafra'ot	הַפְרָעוֹת (נ"ר)
Hörer (m)	ʃfo'feret	שְׁפוֹפֶרֶת (נ)
den Hörer abnehmen	leharim ʃfo'feret	לְהָרִים שְׁפוֹפֶרֶת
auflegen (den Hörer ~)	leha'niaχ ʃfo'feret	לְהָנִּיחַ שְׁפוֹפֶרֶת
besetzt	tafus	תָּפוּס
läuten (vi)	letsaltsel	לְצַלְצֵל
Telefonbuch (n)	'sefer tele'fonim	סֵפֶר טֶלֶפוֹנִים (ז)
Orts-	mekomi	מְקוֹמִי
Ortsgespräch (n)	siχa mekomit	שִׂיחָה מְקוֹמִית (נ)
Auslands-	benle'umi	בֵּינְלְאוּמִי
Auslandsgespräch (n)	siχa benle'umit	שִׂיחָה בֵּינְלְאוּמִית (נ)
Fern-	bein ironi	בֵּין עִירוֹנִי
Ferngespräch (n)	siχa bein ironit	שִׂיחָה בֵּין עִירוֹנִית (נ)

99. Mobiltelefon

Mobiltelefon (n)	'telefon nayad	טֶלֶפוֹן נַיָּיד (ז)
Display (n)	masaχ	מָסָךְ (ז)
Knopf (m)	kaftor	כַּפְתּוֹר (ז)
SIM-Karte (f)	kartis sim	כַּרְטִיס סִים (ז)
Batterie (f)	solela	סוֹלְלָה (נ)
leer sein (Batterie)	lehitroken	לְהִתְרוֹקֵן
Ladegerät (n)	mit'an	מִטְעָן (ז)
Menü (n)	tafrit	תַּפְרִיט (ז)
Einstellungen (pl)	hagdarot	הַגְדָּרוֹת (נ"ר)
Melodie (f)	mangina	מַנְגִּינָה (נ)
auswählen (vt)	livχor	לִבְחוֹר
Rechner (m)	maχʃevon	מַחְשְׁבוֹן (ז)
Anrufbeantworter (m)	ta koli	תָּא קוֹלִי (ז)
Wecker (m)	ʃa'on me'orer	שְׁעוֹן מְעוֹרֵר (ז)

Kontakte (pl)	anʃei 'keʃer	אַנְשֵׁי קֶשֶׁר (ז"ר)
SMS-Nachricht (f)	misron	מִסְרוֹן (ז)
Teilnehmer (m)	manui	מָנוּי (ז)

100. Bürobedarf

| Kugelschreiber (m) | et kaduri | עֵט כַּדּוּרִי (ז) |
| Federhalter (m) | et no've'a | עֵט נוֹבֵעַ (ז) |

Bleistift (m)	iparon	עִיפָּרוֹן (ז)
Faserschreiber (m)	'marker	מַרְקֵר (ז)
Filzstift (m)	tuʃ	טוּשׁ (ז)

| Notizblock (m) | pinkas | פִּנְקָס (ז) |
| Terminkalender (m) | yoman | יוֹמָן (ז) |

Lineal (n)	sargel	סַרְגֵּל (ז)
Rechner (m)	maxʃevon	מַחְשְׁבוֹן (ז)
Radiergummi (m)	'maxak	מַחַק (ז)
Reißzwecke (f)	'na'ats	נַעַץ (ז)
Heftklammer (f)	mehadek	מְהַדֵּק (ז)

Klebstoff (m)	'devek	דֶּבֶק (ז)
Hefter (m)	ʃadxan	שַׁדְכָן (ז)
Locher (m)	menakev	מְנַקֵּב (ז)
Bleistiftspitzer (m)	maxded	מַחְדֵּד (ז)

Arbeit. Geschäft. Teil 2

101. Massenmedien

Zeitung (f)	iton	עִיתּוֹן (ז)
Zeitschrift (f)	ʒurnal	זׄ'וּרְנָל (ז)
Presse (f)	itonut	עִיתּוֹנוּת (נ)
Rundfunk (m)	'radyo	רַדְיוֹ (ז)
Rundfunkstation (f)	taχanat 'radyo	תַּחֲנַת רַדְיוֹ (נ)
Fernsehen (n)	tele'vizya	טֶלֶוִיזְיָה (נ)

Moderator (m)	manχe	מַנְחֶה (ז)
Sprecher (m)	karyan	קַרְיָן (ז)
Kommentator (m)	parʃan	פַּרְשָׁן (ז)

Journalist (m)	itonai	עִיתּוֹנַאי (ז)
Korrespondent (m)	katav	כַּתָּב (ז)
Bildberichterstatter (m)	tsalam itonut	צַלָּם עִיתּוֹנוּת (ז)
Reporter (m)	katav	כַּתָּב (ז)

| Redakteur (m) | oreχ | עוֹרֵךְ (ז) |
| Chefredakteur (m) | oreχ raʃi | עוֹרֵךְ רָאשִׁי (ז) |

abonnieren (vt)	lehasdir manui	לְהַסְדִּיר מָנוּי
Abonnement (n)	minui	מָנוּי (ז)
Abonnent (m)	manui	מָנוּי (ז)
lesen (vi, vt)	likro	לִקְרוֹא
Leser (m)	kore	קוֹרֵא (ז)

Auflage (f)	tfutsa	תְּפוּצָה (נ)
monatlich (Adj)	χodʃi	חוֹדְשִׁי
wöchentlich (Adj)	ʃvu'i	שְׁבוּעִי
Ausgabe (Zeitschrift)	gilayon	גִּילָיוֹן (ז)
neueste (~ Ausgabe)	tari	טָרִי

Titel (m)	ko'teret	כּוֹתֶרֶת (נ)
Notiz (f)	katava ktsara	כַּתָּבָה קְצָרָה (נ)
Rubrik (f)	tur	טוּר (ז)
Artikel (m)	ma'amar	מַאֲמָר (ז)
Seite (f)	amud	עַמּוּד (ז)

Reportage (f)	katava	כַּתָּבָה (נ)
Ereignis (n)	ei'ru'a	אֵירוּעַ (ז)
Sensation (f)	sen'satsya	סֶנְסַצְיָה (נ)
Skandal (m)	ʃa'aruriya	שַׁעֲרוּרִיָה (נ)
skandalös	meviʃ	מֵבִישׁ
groß (-er Skandal)	gadol	גָּדוֹל

| Sendung (f) | toχnit | תּוֹכְנִית (נ) |
| Interview (n) | ra'ayon | רַאֲיוֹן (ז) |

| Live-Übertragung (f) | ʃidur χai | שִׁידוּר חַי (ז) |
| Kanal (m) | aruts | עָרוּץ (ז) |

102. Landwirtschaft

Landwirtschaft (f)	χakla'ut	חַקְלָאוּת (נ)
Bauer (m)	ikar	אִיכָּר (ז)
Bäuerin (f)	χakla'ut	חַקְלָאִית (נ)
Farmer (m)	χavai	חַוַּאי (ז)

| Traktor (m) | 'traktor | טְרַקְטוֹר (ז) |
| Mähdrescher (m) | kombain | קוֹמְבַּיִין (ז) |

Pflug (m)	maχreʃa	מַחְרֵשָׁה (נ)
pflügen (vt)	laχaroʃ	לַחֲרוֹשׁ
Acker (m)	sade χaruʃ	שָׂדֶה חָרוּשׁ (ז)
Furche (f)	'telem	תֶּלֶם (ז)

säen (vt)	liz'ro'a	לִזְרוֹעַ
Sämaschine (f)	mazre'a	מַזְרֵעָה (נ)
Saat (f)	zri'a	זְרִיעָה (נ)

| Sense (f) | χermeʃ | חֶרְמֵשׁ (ז) |
| mähen (vt) | liktsor | לִקְצוֹר |

| Schaufel (f) | et | אֵת (ז) |
| graben (vt) | leta'teaχ | לְתַחֵחַ |

Hacke (f)	ma'ader	מַעְדֵּר (ז)
jäten (vt)	lenakeʃ	לְנַכֵּשׁ
Unkraut (n)	'esev ʃote	עֵשֶׂב שׁוֹטֶה (ז)

Gießkanne (f)	maʃpeχ	מַשְׁפֵּךְ (ז)
gießen (vt)	lehaʃkot	לְהַשְׁקוֹת
Bewässerung (f)	haʃkaya	הַשְׁקָיָה (נ)

| Heugabel (f) | kilʃon | קִלְשׁוֹן (ז) |
| Rechen (m) | magrefa | מַגְרֵפָה (נ) |

Dünger (m)	'deʃen	דֶּשֶׁן (ז)
düngen (vt)	ledaʃen	לְדַשֵׁן
Mist (m)	'zevel	זֶבֶל (ז)

Feld (n)	sade	שָׂדֶה (ז)
Wiese (f)	aχu	אָחוּ (ז)
Gemüsegarten (m)	gan yarak	גַּן יָרָק (ז)
Obstgarten (m)	bustan	בּוּסְתָּן (ז)

weiden (vt)	lir'ot	לִרְעוֹת
Hirt (m)	ro'e tson	רוֹעֵה צֹאן (ז)
Weide (f)	mir'e	מִרְעֶה (ז)

| Viehzucht (f) | gidul bakar | גִּידוּל בָּקָר (ז) |
| Schafzucht (f) | gidul kvasim | גִּידוּל כְּבָשִׂים (ז) |

Plantage (f)	mata	מָטָע (ז)
Beet (n)	aruga	עֲרוּגָה (נ)
Treibhaus (n)	χamama	חֲמָמָה (נ)

| Dürre (f) | ba'tsoret | בַּצּוֹרֶת (נ) |
| dürr, trocken | yaveʃ | יָבֵשׁ |

Getreide (n)	tvu'a	תְּבוּאָה (נ)
Getreidepflanzen (pl)	gidulei dagan	גִּדּוּלֵי דָגָן (ז"ר)
ernten (vt)	liktof	לִקְטוֹף

Müller (m)	toχen	טוֹחֵן (ז)
Mühle (f)	taχanat 'kemaχ	טַחֲנַת קֶמַח (נ)
mahlen (vt)	litχon	לִטְחוֹן
Mehl (n)	'kemaχ	קֶמַח (ז)
Stroh (n)	kaʃ	קַשׁ (ז)

103. Gebäude. Bauabwicklung

Baustelle (f)	atar bniya	אֲתַר בְּנִיָּה (ז)
bauen (vt)	livnot	לִבְנוֹת
Bauarbeiter (m)	banai	בַּנַּאי (ז)

Projekt (n)	proyekt	פְּרוֹיֶקְט (ז)
Architekt (m)	adriχal	אַדְרִיכָל (ז)
Arbeiter (m)	po'el	פּוֹעֵל (ז)

Fundament (n)	yesodot	יְסוֹדוֹת (ז"ר)
Dach (n)	gag	גַּג (ז)
Pfahl (m)	amud yesod	עַמּוּד יְסוֹד (ז)
Wand (f)	kir	קִיר (ז)

| Bewehrungsstahl (m) | mot χizuk | מוֹט חִזּוּק (ז) |
| Gerüst (n) | pigumim | פִּיגוּמִים (ז"ר) |

Beton (m)	beton	בֶּטוֹן (ז)
Granit (m)	granit	גְרָנִיט (ז)
Stein (m)	'even	אֶבֶן (נ)
Ziegel (m)	levena	לְבֵנָה (נ)

Sand (m)	χol	חוֹל (ז)
Zement (m)	'melet	מֶלֶט (ז)
Putz (m)	'tiaχ	טִיחַ (ז)
verputzen (vt)	leta'yeaχ	לְטַיֵּחַ
Farbe (f)	'tseva	צֶבַע (ז)
färben (vt)	lits'bo'a	לִצְבּוֹעַ
Fass (n), Tonne (f)	χavit	חָבִית (נ)

Kran (m)	aguran	עֲגוּרָן (ז)
aufheben (vt)	lehanif	לְהָנִיף
herunterlassen (vt)	lehorid	לְהוֹרִיד

| Planierraupe (f) | daχpor | דַּחְפּוֹר (ז) |
| Bagger (m) | maχper | מַחְפֵּר (ז) |

Baggerschaufel (f)	ʃa'ov	שָׁאוֹב (ז)
graben (vt)	laχpor	לַחְפּוֹר
Schutzhelm (m)	kasda	קַסְדָּה (נ)

Berufe und Tätigkeiten

104. Arbeitsuche. Kündigung

Arbeit (f), Stelle (f)	avoda	עֲבוֹדָה (נ)
Belegschaft (f)	'segel	סֶגֶל (ז)
Personal (n)	'segel	סֶגֶל (ז)

Karriere (f)	kar'yera	קַרְיֶירָה (נ)
Perspektive (f)	efʃaruyot	אֶפְשָׁרֻיּוֹת (נ"ר)
Können (n)	meyumanut	מְיֻמָּנוּת (נ)

Auswahl (f)	sinun	סִינוּן (ז)
Personalagentur (f)	soχnut 'koaχ adam	סוֹכְנוּת כּוֹחַ אָדָם (נ)
Lebenslauf (m)	korot χayim	קוֹרוֹת חַיִּים (נ"ר)
Vorstellungsgespräch (n)	ra'ayon avoda	רַאֲיוֹן עֲבוֹדָה (ז)
Vakanz (f)	misra pnuya	מִשְׂרָה פְּנוּיָה (נ)

Gehalt (n)	mas'koret	מַשְׂכֹּרֶת (נ)
festes Gehalt (n)	mas'koret kvuʿa	מַשְׂכֹּרֶת קְבוּעָה (נ)
Arbeitslohn (m)	taʃlum	תַּשְׁלוּם (ז)

Stellung (f)	tafkid	תַּפְקִיד (ז)
Pflicht (f)	χova	חוֹבָה (נ)
Aufgabenspektrum (n)	tχum aχrayut	תְּחוּם אַחְרָיוּת (ז)
beschäftigt	asuk	עָסוּק

kündigen (vt)	lefater	לְפַטֵּר
Kündigung (f)	pitur	פִּיטוּר (ז)

Arbeitslosigkeit (f)	avtala	אַבְטָלָה (נ)
Arbeitslose (m)	muvtal	מוּבְטָל (ז)
Rente (f), Ruhestand (m)	'pensya	פֶּנְסְיָה (נ)
in Rente gehen	latset legimla'ot	לָצֵאת לְגִימְלָאוֹת

105. Geschäftsleute

Direktor (m)	menahel	מְנַהֵל (ז)
Leiter (m)	menahel	מְנַהֵל (ז)
Boss (m)	bos	בּוֹס (ז)

Vorgesetzte (m)	memune	מְמוּנֶה (ז)
Vorgesetzten (pl)	memunim	מְמוּנִים (ז"ר)
Präsident (m)	nasi	נָשִׂיא (ז)
Vorsitzende (m)	yoʃev roʃ	יוֹשֵׁב רֹאשׁ (ז)

Stellvertreter (m)	sgan	סְגָן (ז)
Helfer (m)	ozer	עוֹזֵר (ז)

Sekretär (m)	mazkir	מַזְכִּיר (ז)
Privatsekretär (m)	mazkir iʃi	מַזְכִּיר אִישִׁי (ז)
Geschäftsmann (m)	iʃ asakim	אִישׁ עֲסָקִים (ז)
Unternehmer (m)	yazam	יָזָם (ז)
Gründer (m)	meyased	מְיַיסֵד (ז)
gründen (vt)	leyased	לְייַסֵד
Gründungsmitglied (n)	meχonen	מְכוֹנֵן (ז)
Partner (m)	ʃutaf	שׁוּתָף (ז)
Aktionär (m)	'ba'al menayot	בַּעַל מְנָיוֹת (ז)
Millionär (m)	milyoner	מִילְיוֹנֶר (ז)
Milliardär (m)	milyarder	מִילְיַארְדֶר (ז)
Besitzer (m)	be'alim	בְּעָלִים (ז)
Landbesitzer (m)	'ba'al adamot	בַּעַל אֲדָמוֹת (ז)
Kunde (m)	la'koaχ	לָקוֹחַ (ז)
Stammkunde (m)	la'koaχ ka'vu'a	לָקוֹחַ קָבוּעַ (ז)
Käufer (m)	kone	קוֹנֶה (ז)
Besucher (m)	mevaker	מְבַקֵר (ז)
Fachmann (m)	miktso'an	מִקְצוֹעָן (ז)
Experte (m)	mumχe	מוּמְחֶה (ז)
Spezialist (m)	mumχe	מוּמְחֶה (ז)
Bankier (m)	bankai	בַּנְקַאי (ז)
Makler (m)	soχen	סוֹכֵן (ז)
Kassierer (m)	kupai	קוּפַּאי (ז)
Buchhalter (m)	menahel χeʃbonot	מְנָהֵל חֶשְׁבּוֹנוֹת (ז)
Wächter (m)	ʃomer	שׁוֹמֵר (ז)
Investor (m)	maʃ'ki'a	מַשְׁקִיעַ (ז)
Schuldner (m)	'ba'al χov	בַּעַל חוֹב (ז)
Gläubiger (m)	malve	מַלְוֶוה (ז)
Kreditnehmer (m)	love	לוֹוֶה (ז)
Importeur (m)	yevu'an	יְבוּאָן (ז)
Exporteur (m)	yetsu'an	יְצוּאָן (ז)
Hersteller (m)	yatsran	יַצְרָן (ז)
Distributor (m)	mefits	מֵפִיץ (ז)
Vermittler (m)	metaveχ	מְתַווֵך (ז)
Berater (m)	yo'ets	יוֹעֵץ (ז)
Vertreter (m)	natsig meχirot	נָצִיג מְכִירוֹת (ז)
Agent (m)	soχen	סוֹכֵן (ז)
Versicherungsagent (m)	soχen bi'tuaχ	סוֹכֵן בִּיטוּחַ (ז)

106. Dienstleistungsberufe

Koch (m)	tabaχ	טַבָּח (ז)
Chefkoch (m)	ʃef	שֶׁף (ז)

Bäcker (m)	ofe	אוֹפֶה (ז)
Barmixer (m)	'barmen	בַּרְמֶן (ז)
Kellner (m)	meltsar	מֶלְצָר (ז)
Kellnerin (f)	meltsarit	מֶלְצָרִית (נ)

Rechtsanwalt (m)	orex din	עוֹרֵךְ דִּין (ז)
Jurist (m)	orex din	עוֹרֵךְ דִּין (ז)
Notar (m)	notaryon	נוֹטַרְיוֹן (ז)

Elektriker (m)	xaʃmalai	חַשְׁמַלַאי (ז)
Klempner (m)	ʃravrav	שְׁרַבְרָב (ז)
Zimmermann (m)	nagar	נַגָּר (ז)

Masseur (m)	ma'ase	מְעַסֶּה (ז)
Masseurin (f)	masa'ʒistit	מְסַזְ'יסְטִית (נ)
Arzt (m)	rofe	רוֹפֵא (ז)

Taxifahrer (m)	nahag monit	נַהַג מוֹנִית (ז)
Fahrer (m)	nahag	נַהַג (ז)
Ausfahrer (m)	ʃa'liax	שַׁלִּיחַ (ז)

Zimmermädchen (n)	xadranit	חַדְרָנִית (נ)
Wächter (m)	ʃomer	שׁוֹמֵר (ז)
Flugbegleiterin (f)	da'yelet	דַּיֶּלֶת (נ)

Lehrer (m)	more	מוֹרֶה (ז)
Bibliothekar (m)	safran	סַפְרָן (ז)
Übersetzer (m)	metargem	מְתַרְגֵּם (ז)
Dolmetscher (m)	meturgeman	מְתוּרְגְּמָן (ז)
Fremdenführer (m)	madrix tiyulim	מַדְרִיךְ טִיּוּלִים (ז)

Friseur (m)	sapar	סַפָּר (ז)
Briefträger (m)	davar	דַּוָּר (ז)
Verkäufer (m)	moxer	מוֹכֵר (ז)

Gärtner (m)	ganan	גַּנָּן (ז)
Diener (m)	meʃaret	מְשָׁרֵת (ז)
Magd (f)	meʃa'retet	מְשָׁרֶתֶת (נ)
Putzfrau (f)	menaka	מְנַקָּה (נ)

107. Militärdienst und Ränge

einfacher Soldat (m)	turai	טוּרַאי (ז)
Feldwebel (m)	samal	סַמָּל (ז)
Leutnant (m)	'segen	סֶגֶן (ז)
Hauptmann (m)	'seren	סֶרֶן (ז)

Major (m)	rav 'seren	רַב־סֶרֶן (ז)
Oberst (m)	aluf miʃne	אַלּוּף מִשְׁנֶה (ז)
General (m)	aluf	אַלּוּף (ז)
Marschall (m)	'marʃal	מַרְשָׁל (ז)
Admiral (m)	admiral	אַדְמִירָל (ז)
Militärperson (f)	iʃ tsava	אִישׁ צָבָא (ז)
Soldat (m)	xayal	חַיָּל (ז)

| Offizier (m) | katsin | קָצִין (ז) |
| Kommandeur (m) | mefaked | מְפַקֵּד (ז) |

Grenzsoldat (m)	ʃomer gvul	שׁוֹמֵר גְּבוּל (ז)
Funker (m)	alχutai	אַלְחוּטַאי (ז)
Aufklärer (m)	iʃ modi'in kravi	אִישׁ מוֹדִיעִין קְרָבִי (ז)
Pionier (m)	χablan	חַבְּלָן (ז)
Schütze (m)	tsalaf	צַלָּף (ז)
Steuermann (m)	navat	נַוָּט (ז)

108. Beamte. Priester

| König (m) | 'meleχ | מֶלֶךְ (ז) |
| Königin (f) | malka | מַלְכָּה (נ) |

| Prinz (m) | nasiχ | נָסִיךְ (ז) |
| Prinzessin (f) | nesiχa | נְסִיכָה (נ) |

| Zar (m) | tsar | צָאר (ז) |
| Zarin (f) | tsa'rina | צָארִינָה (נ) |

Präsident (m)	nasi	נָשִׂיא (ז)
Minister (m)	sar	שַׂר (ז)
Ministerpräsident (m)	roʃ memʃala	רֹאשׁ מֶמְשָׁלָה (ז)
Senator (m)	se'nator	סֶנָאטוֹר (ז)

Diplomat (m)	diplomat	דִּיפְּלוֹמָט (ז)
Konsul (m)	'konsul	קוֹנְסוּל (ז)
Botschafter (m)	ʃagrir	שַׁגְרִיר (ז)
Ratgeber (m)	yo'ets	יוֹעֵץ (ז)

Beamte (m)	pakid	פָּקִיד (ז)
Präfekt (m)	prefekt	פְּרֶפֶקְט (ז)
Bürgermeister (m)	roʃ ha'ir	רֹאשׁ הָעִיר (ז)

| Richter (m) | ʃofet | שׁוֹפֵט (ז) |
| Staatsanwalt (m) | to've'a | תּוֹבֵעַ (ז) |

Missionar (m)	misyoner	מִיסִיוֹנֶר (ז)
Mönch (m)	nazir	נָזִיר (ז)
Abt (m)	roʃ minzar ka'toli	רֹאשׁ מִנְזָר קָתוֹלִי (ז)
Rabbiner (m)	rav	רַב (ז)

Wesir (m)	vazir	וָזִיר (ז)
Schah (n)	ʃaχ	שָׁאח (ז)
Scheich (m)	ʃeiχ	שֵׁיח (ז)

109. Landwirtschaftliche Berufe

Bienenzüchter (m)	kavran	כַּוְּרָן (ז)
Hirt (m)	ro'e tson	רוֹעֶה צֹאן (ז)
Agronom (m)	agronom	אַגְרוֹנוֹם (ז)

| Viehzüchter (m) | megadel bakar | מְגַדֵּל בָּקָר (ז) |
| Tierarzt (m) | veterinar | וֶטֶרִינָר (ז) |

Farmer (m)	χavai	חַוַּאי (ז)
Winzer (m)	yeinan	יֵינָן (ז)
Zoologe (m)	zo'olog	זוֹאוֹלוֹג (ז)
Cowboy (m)	'ka'uboi	קָאוּבּוֹי (ז)

110. Künstler

| Schauspieler (m) | saχkan | שַׂחְקָן (ז) |
| Schauspielerin (f) | saχkanit | שַׂחְקָנִית (נ) |

| Sänger (m) | zamar | זַמָּר (ז) |
| Sängerin (f) | za'meret | זַמֶּרֶת (נ) |

| Tänzer (m) | rakdan | רַקְדָן (ז) |
| Tänzerin (f) | rakdanit | רַקְדָנִית (נ) |

| Künstler (m) | saχkan | שַׂחְקָן (ז) |
| Künstlerin (f) | saχkanit | שַׂחְקָנִית (נ) |

Musiker (m)	muzikai	מוּזִיקַאי (ז)
Pianist (m)	psantran	פְּסַנְתְּרָן (ז)
Gitarrist (m)	nagan gi'tara	נַגָּן גִּיטָרָה (ז)

Dirigent (m)	mena'tseaχ	מְנַצֵּחַ (ז)
Komponist (m)	malχin	מַלְחִין (ז)
Manager (m)	amargan	אֲמַרְגָּן (ז)

Regisseur (m)	bamai	בַּמַאי (ז)
Produzent (m)	mefik	מֵפִיק (ז)
Drehbuchautor (m)	tasritai	תַּסְרִיטַאי (ז)
Kritiker (m)	mevaker	מְבַקֵּר (ז)

Schriftsteller (m)	sofer	סוֹפֵר (ז)
Dichter (m)	meʃorer	מְשׁוֹרֵר (ז)
Bildhauer (m)	pasal	פַּסָּל (ז)
Maler (m)	tsayar	צַיָּר (ז)

Jongleur (m)	lahatutan	לַהֲטוּטָן (ז)
Clown (m)	leitsan	לֵיצָן (ז)
Akrobat (m)	akrobat	אַקְרוֹבָּט (ז)
Zauberkünstler (m)	kosem	קוֹסֵם (ז)

111. Verschiedene Berufe

Arzt (m)	rofe	רוֹפֵא (ז)
Krankenschwester (f)	aχot	אָחוֹת (נ)
Psychiater (m)	psiχi"ater	פְּסִיכְיָאטֶר (ז)
Zahnarzt (m)	rofe ʃi'nayim	רוֹפֵא שִׁינַיִים (ז)
Chirurg (m)	kirurg	כִּירוּרג (ז)

Astronaut (m)	astro'na'ut	אַסטרוֹנָאוּט (ז)
Astronom (m)	astronom	אַסטרוֹנוֹם (ז)
Pilot (m)	tayas	טַיָס (ז)

Fahrer (Taxi-)	nahag	נֶהָג (ז)
Lokomotivführer (m)	nahag ra'kevet	נֶהָג רַכֶּבֶת (ז)
Mechaniker (m)	meχonai	מְכוֹנַאי (ז)

Bergarbeiter (m)	kore	כּוֹרֶה (ז)
Arbeiter (m)	po'el	פּוֹעֵל (ז)
Schlosser (m)	misgad	מַסגֵד (ז)
Tischler (m)	nagar	נַגָר (ז)
Dreher (m)	χarat	חָרָט (ז)
Bauarbeiter (m)	banai	בַּנַאי (ז)
Schweißer (m)	rataχ	רַתָּך (ז)

Professor (m)	pro'fesor	פּרוֹפֶסוֹר (ז)
Architekt (m)	adriχal	אַדרִיכָל (ז)
Historiker (m)	historyon	הִיסטוֹרִיוֹן (ז)
Wissenschaftler (m)	mad'an	מַדעָן (ז)
Physiker (m)	fizikai	פִיזִיקַאי (ז)
Chemiker (m)	χimai	כִימַאי (ז)

Archäologe (m)	arχe'olog	אַרכֵיאוֹלוֹג (ז)
Geologe (m)	ge'olog	גֵיאוֹלוֹג (ז)
Forscher (m)	χoker	חוֹקֵר (ז)

| Kinderfrau (f) | ʃmartaf | שׁמַרטַף (ז) |
| Lehrer (m) | more, meχaneχ | מוֹרֶה, מְחַנֵך (ז) |

Redakteur (m)	oreχ	עוֹרֵך (ז)
Chefredakteur (m)	oreχ raʃi	עוֹרֵך רָאשִׁי (ז)
Korrespondent (m)	katav	כַּתָב (ז)
Schreibkraft (f)	kaldanit	קַלדָנִית (נ)

Designer (m)	me'atsev	מְעַצֵב (ז)
Computerspezialist (m)	mumχe maχʃevim	מוּמחֶה מַחשְׁבִים (ז)
Programmierer (m)	metaχnet	מְתַכנֵת (ז)
Ingenieur (m)	mehandes	מְהַנדֵס (ז)

Seemann (m)	yamai	יַמַאי (ז)
Matrose (m)	malaχ	מַלָח (ז)
Retter (m)	matsil	מַצִיל (ז)

Feuerwehrmann (m)	kabai	כַּבַּאי (ז)
Polizist (m)	ʃoter	שׁוֹטֵר (ז)
Nachtwächter (m)	ʃomer	שׁוֹמֵר (ז)
Detektiv (m)	balaʃ	בַּלָש (ז)

Zollbeamter (m)	pakid 'meχes	פָּקִיד מֶכֶס (ז)
Leibwächter (m)	ʃomer roʃ	שׁוֹמֵר רֹאש (ז)
Gefängniswärter (m)	soher	סוֹהֵר (ז)
Inspektor (m)	mefa'keaχ	מְפַקֵח (ז)

| Sportler (m) | sportai | ספּוֹרטַאי (ז) |
| Trainer (m) | me'amen | מְאַמֵן (ז) |

Fleischer (m)	katsav	קַצָּב (ז)
Schuster (m)	sandlar	סַנְדְּלָר (ז)
Geschäftsmann (m)	soχer	סוֹחֵר (ז)
Ladearbeiter (m)	sabal	סַבָּל (ז)
Modedesigner (m)	me'atsev ofna	מְעַצֵּב אוֹפְנָה (ז)
Modell (n)	dugmanit	דּוּגְמָנִית (נ)

112. Beschäftigung. Sozialstatus

Schüler (m)	talmid	תַּלְמִיד (ז)
Student (m)	student	סְטוּדֶנְט (ז)
Philosoph (m)	filosof	פִּילוֹסוֹף (ז)
Ökonom (m)	kalkelan	כַּלְכְּלָן (ז)
Erfinder (m)	mamtsi	מַמְצִיא (ז)
Arbeitslose (m)	muvtal	מוּבְטָל (ז)
Rentner (m)	pensyoner	פֶּנְסְיוֹנֵר (ז)
Spion (m)	meragel	מְרַגֵּל (ז)
Gefangene (m)	asir	אָסִיר (ז)
Streikender (m)	ʃovet	שׁוֹבֵת (ז)
Bürokrat (m)	birokrat	בִּירוֹקְרָט (ז)
Reisende (m)	metayel	מְטַיֵּל (ז)
Homosexuelle (m)	'lesbit, 'homo	לֶסְבִּית (נ), הוֹמוֹ (ז)
Hacker (m)	'haker	הָאקֶר (ז)
Hippie (m)	'hipi	הִיפִּי (ז)
Bandit (m)	ʃoded	שׁוֹדֵד (ז)
Killer (m)	ro'tseaχ saχir	רוֹצֵחַ שָׂכִיר (ז)
Drogenabhängiger (m)	narkoman	נַרְקוֹמָן (ז)
Drogenhändler (m)	soχer samim	סוֹחֵר סַמִּים (ז)
Prostituierte (f)	zona	זוֹנָה (נ)
Zuhälter (m)	sarsur	סַרְסוּר (ז)
Zauberer (m)	meχaʃef	מְכַשֵּׁף (ז)
Zauberin (f)	maχʃefa	מְכַשֵּׁפָה (נ)
Seeräuber (m)	ʃoded yam	שׁוֹדֵד יָם (ז)
Sklave (m)	ʃifχa, 'eved	שִׁפְחָה (נ), עֶבֶד (ז)
Samurai (m)	samurai	סָמוּרַאי (ז)
Wilde (m)	'pere adam	פֶּרֶא אָדָם (ז)

Sport

113. Sportarten. Persönlichkeiten des Sports

Sportler (m)	sportai	ספורטאי (ז)
Sportart (f)	anaf sport	עָנָף סְפּוֹרְט (ז)
Basketball (m)	kadursal	כַּדוּרְסַל (ז)
Basketballspieler (m)	kadursalan	כַּדוּרְסַלָן (ז)
Baseball (m, n)	'beisbol	בֵּייסְבּוֹל (ז)
Baseballspieler (m)	saxkan 'beisbol	שַׂחְקָן בֵּייסְבּוֹל (ז)
Fußball (m)	kadu'regel	כַּדוּרֶגֶל (ז)
Fußballspieler (m)	kaduraglan	כַּדוּרַגְלָן (ז)
Torwart (m)	ʃoʻer	שׁוֹעֵר (ז)
Eishockey (n)	'hoki	הוֹקִי (ז)
Eishockeyspieler (m)	saxkan 'hoki	שַׂחְקָן הוֹקִי (ז)
Volleyball (m)	kadurʻaf	כַּדוּרְעָף (ז)
Volleyballspieler (m)	saxkan kadurʻaf	שַׂחְקָן כַּדוּרְעָף (ז)
Boxen (n)	igruf	אִיגְרוּף (ז)
Boxer (m)	mit'agref	מִתְאַגְרֵף (ז)
Ringen (n)	he'avkut	הֵיאָבְקוּת (נ)
Ringkämpfer (m)	mit'abek	מִתְאַבֵּק (ז)
Karate (n)	karate	קָרָטֶה (ז)
Karatekämpfer (m)	karatist	קָרָטִיסְט (ז)
Judo (n)	'dʒudo	ג'וּדוֹ (ז)
Judoka (m)	dʒudai	ג'וּדַאי (ז)
Tennis (n)	'tenis	טֶנִיס (ז)
Tennisspieler (m)	tenisai	טֶנִיסַאי (ז)
Schwimmen (n)	sxiya	שְׂחִייָה (נ)
Schwimmer (m)	saxyan	שַׂחְייָן (ז)
Fechten (n)	'sayif	סַיִף (ז)
Fechter (m)	sayaf	סַייָף (ז)
Schach (n)	'ʃaxmat	שַׁחְמָט (ז)
Schachspieler (m)	ʃaxmetai	שַׁחְמְטַאי (ז)
Bergsteigen (n)	tipus harim	טִיפּוּס הָרִים (ז)
Bergsteiger (m)	metapes harim	מְטַפֵּס הָרִים (ז)
Lauf (m)	ritsa	רִיצָה (נ)

Läufer (m)	atsan	אַצָּן (ז)
Leichtathletik (f)	at'letika kala	אַתְלֶטִיקָה קַלָה (נ)
Athlet (m)	atlet	אַתְלֵט (ז)

| Pferdesport (m) | reχiva al sus | רְכִיבָה עַל סוּס (נ) |
| Reiter (m) | paraʃ | פָּרָשׁ (ז) |

Eiskunstlauf (m)	haχlaka omanutit	הַחְלָקָה אוֹמָנוּתִית (נ)
Eiskunstläufer (m)	maχlik amanuti	מַחְלִיק אָמָנוּתִי (ז)
Eiskunstläuferin (f)	maχlika amanutit	מַחְלִיקָה אָמָנוּתִית (נ)

| Gewichtheben (n) | haramat miʃkolot | הֲרָמַת מִשְׁקוֹלוֹת (נ) |
| Gewichtheber (m) | miʃkolan | מִשְׁקוֹלָן (ז) |

| Autorennen (n) | merots meχoniyot | מֵירוֹץ מְכוֹנִיּוֹת (ז) |
| Rennfahrer (m) | nahag merotsim | נַהַג מְרוֹצִים (ז) |

| Radfahren (n) | reχiva al ofa'nayim | רְכִיבָה עַל אוֹפַנַּיִם (נ) |
| Radfahrer (m) | roχev ofa'nayim | רוֹכֵב אוֹפַנַּיִים (ז) |

Weitsprung (m)	kfitsa la'roχav	קְפִיצָה לָרוֹחַק (נ)
Stabhochsprung (m)	kfitsa bemot	קְפִיצָה בָּמוֹט (נ)
Springer (m)	kofets	קוֹפֵץ (ז)

114. Sportarten. Verschiedenes

American Football (m)	'futbol	פוּטבּוֹל (ז)
Federballspiel (n)	notsit	נוֹצִית (נ)
Biathlon (n)	bi'atlon	בִּיאַתְלוֹן (ז)
Billard (n)	bilyard	בִּילְיַאׁרְד (ז)

Bob (m)	miz'χelet	מִזְחֶלֶת (נ)
Bodybuilding (n)	pi'tuaχ guf	פִּיתוּחַ גוּף (ז)
Wasserballspiel (n)	polo 'mayim	פּוֹלוֹ מַיִם (ז)
Handball (m)	kadur yad	כַּדוּר-יָד (ז)
Golf (n)	golf	גּוֹלְף (ז)

Rudern (n)	χatira	חֲתִירָה (נ)
Tauchen (n)	tslila	צְלִילָה (נ)
Skilanglauf (m)	ski bemiʃor	סְקִי בַּמִישׁוֹר (ז)
Tischtennis (n)	'tenis ʃulχan	טֶנִיס שׁוּלְחָן (ז)

Segelsport (m)	'ʃayit	שַׁיִט (ז)
Rallye (f, n)	'rali	רָאלִי (ז)
Rugby (n)	'rogbi	רוֹגְבִּי (ז)
Snowboard (n)	gliʃat 'ʃeleg	גְלִישַׁת שֶׁלֶג (נ)
Bogenschießen (n)	kaʃatut	קַשָׁתוּת (נ)

115. Fitnessstudio

| Hantel (f) | miʃ'kolet | מִשְׁקוֹלָת (נ) |
| Hanteln (pl) | miʃkolot | מִשְׁקוֹלוֹת (נ"ר) |

Trainingsgerät (n)	maxʃir 'koʃer	מַכְשִׁיר כּוֹשֶׁר (ז)
Fahrradtrainer (m)	ofanei 'koʃer	אוֹפְנֵי כּוֹשֶׁר (ז"ר)
Laufband (n)	halixon	הֲלִיכוֹן (ז)

Reck (n)	'metax	מָתַח (ז)
Barren (m)	makbilim	מַקְבִּילִים (ז"ר)
Sprungpferd (n)	sus	סוּס (ז)
Matte (f)	mizron	מִזְרוֹן (ז)

Sprungseil (n)	dalgit	דַלְגִית (נ)
Aerobic (n)	ei'robika	אֵירוֹבִּיקָה (ז)
Yoga (m)	'yoga	יוֹגָה (נ)

116. Sport. Verschiedenes

Olympische Spiele (pl)	hamisxakim ha'o'limpiyim	הַמִשְׂחָקִים הָאוֹלִימְפִּיִים (ז"ר)
Sieger (m)	mena'tseax	מְנַצֵחַ (ז)
siegen (vi)	lena'tseax	לְנַצֵחַ
gewinnen (Sieger sein)	lena'tseax	לְנַצֵחַ

| Tabellenführer (m) | manhig | מַנְהִיג (ז) |
| führen (vi) | lehovil | לְהוֹבִיל |

der erste Platz	makom riʃon	מָקוֹם רִאשׁוֹן (ז)
der zweite Platz	makom ʃeni	מָקוֹם שֵׁנִי (ז)
der dritte Platz	makom ʃliʃi	מָקוֹם שְׁלִישִׁי (ז)

Medaille (f)	me'dalya	מֶדַלְיָה (נ)
Trophäe (f)	pras	פְּרָס (ז)
Pokal (m)	ga'vi'a nitsaxon	גָבִיעַ נִיצָחוֹן (ז)
Siegerpreis m (m)	pras	פְּרָס (ז)
Hauptpreis (m)	pras riʃon	פְּרָס רִאשׁוֹן (ז)

| Rekord (m) | si | שִׂיא (ז) |
| einen Rekord aufstellen | lik'bo'a si | לִקְבּוֹעַ שִׂיא |

| Finale (n) | gmar | גְמָר (ז) |
| Final- | ʃel hagmar | שֶׁל הַגְמָר |

| Meister (m) | aluf | אַלוּף (ז) |
| Meisterschaft (f) | alifut | אַלִיפוּת (נ) |

Stadion (n)	itstadyon	אָצְטַדְיוֹן (ז)
Tribüne (f)	bama	בָּמָה (נ)
Fan (m)	ohed	אוֹהֵד (ז)
Gegner (m)	yariv	יָרִיב (ז)

| Start (m) | kav zinuk | קַו זִינוּק (ז) |
| Ziel (n), Finish (n) | kav hagmar | קַו הַגְמָר (ז) |

Niederlage (f)	tvusa	תְבוּסָה (נ)
verlieren (vt)	lehafsid	לְהַפְסִיד
Schiedsrichter (m)	ʃofet	שׁוֹפֵט (ז)
Jury (f)	xaver ʃoftim	חָבֶר שׁוֹפְטִים (ז)

Ergebnis (n)	totsa'a	תּוֹצָאָה (נ)
Unentschieden (n)	'teku	תֵּיקוּ (ז)
unentschieden spielen	lesayem be'teku	לְסַיֵּם בְּתֵיקוּ
Punkt (m)	nekuda	נְקוּדָה (נ)
Ergebnis (n)	totsa'a	תּוֹצָאָה (נ)

Spielabschnitt (m)	sivuv	סִיבוּב (ז)
Halbzeit (f), Pause (f)	hafsaka	הַפְסָקָה (נ)
Doping (n)	sam	סַם (ז)
bestrafen (vt)	leha'aniſ	לְהַעֲנִישׁ
disqualifizieren (vt)	lefsol	לִפְסוֹל

Sportgerät (n)	maxſir	מַכְשִׁיר (ז)
Speer (m)	kidon	כִּידוֹן (ז)
Kugel (im Kugelstoßen)	kadur barzel	כַּדּוּר בַּרְזֶל (ז)
Kugel (f), Ball (m)	kadur	כַּדּוּר (ז)

Ziel (n)	matara	מַטָּרָה (נ)
Zielscheibe (f)	matara	מַטָּרָה (נ)
schießen (vi)	lirot	לִירוֹת
genau (Adj)	meduyak	מְדוּיָק

Trainer (m)	me'amen	מְאַמֵּן (ז)
trainieren (vt)	le'amen	לְאַמֵּן
trainieren (vi)	lehit'amen	לְהִתְאַמֵּן
Training (n)	imun	אִימוּן (ז)

Turnhalle (f)	'xeder 'koſer	חֶדֶר כּוֹשֶׁר (ז)
Übung (f)	imun	אִימוּן (ז)
Aufwärmen (n)	ximum	חִימוּם (ז)

Ausbildung

117. Schule

Schule (f)	beit 'sefer	בֵּית סֵפֶר (ז)
Schulleiter (m)	menahel beit 'sefer	מְנַהֵל בֵּית סֵפֶר (ז)
Schüler (m)	talmid	תַּלְמִיד (ז)
Schülerin (f)	talmida	תַּלְמִידָה (נ)
Schuljunge (m)	talmid	תַּלְמִיד (ז)
Schulmädchen (f)	talmida	תַּלְמִידָה (נ)
lehren (vt)	lelamed	לְלַמֵּד
lernen (Englisch ~)	lilmod	לִלְמוֹד
auswendig lernen	lilmod be'al pe	לִלְמוֹד בְּעַל פֶּה
lernen (vi)	lilmod	לִלְמוֹד
in der Schule sein	lilmod	לִלְמוֹד
die Schule besuchen	la'leχet le'beit 'sefer	לָלֶכֶת לְבֵית סֵפֶר
Alphabet (n)	alefbeit	אָלֶפְבֵּית (ז)
Fach (n)	mik'tso'a	מִקְצוֹעַ (ז)
Klassenraum (m)	kita	כִּיתָה (נ)
Stunde (f)	ʃi'ur	שִׁיעוּר (ז)
Pause (f)	hafsaka	הַפְסָקָה (נ)
Schulglocke (f)	pa'amon	פַּעֲמוֹן (ז)
Schulbank (f)	ʃulχan limudim	שׁוּלְחַן לִימוּדִים (ז)
Tafel (f)	'luaχ	לוּחַ (ז)
Note (f)	tsiyun	צִיּוּן (ז)
gute Note (f)	tsiyun tov	צִיּוּן טוֹב (ז)
schlechte Note (f)	tsiyun ga'ru'a	צִיּוּן גָּרוּעַ (ז)
eine Note geben	latet tsiyun	לָתֵת צִיּוּן
Fehler (m)	ta'ut	טָעוּת (נ)
Fehler machen	la'asot ta'uyot	לַעֲשׂוֹת טָעוּיוֹת
korrigieren (vt)	letaken	לְתַקֵּן
Spickzettel (m)	ʃlif	שְׁלִיף (ז)
Hausaufgabe (f)	ʃi'urei 'bayit	שִׁיעוּרֵי בַּיִת (ז"ר)
Übung (f)	targil	תַּרְגִּיל (ז)
anwesend sein	lihyot no'χeaχ	לִהְיוֹת נוֹכֵחַ
fehlen (in der Schule ~)	lehe'ader	לְהֵיעָדֵר
versäumen (Schule ~)	lehaχsir	לְהַחְסִיר
bestrafen (vt)	leha'aniʃ	לְהַעֲנִישׁ
Strafe (f)	'oneʃ	עוֹנֶשׁ (ז)
Benehmen (n)	hitnahagut	הִתְנַהֲגוּת (נ)

Zeugnis (n)	yoman beit 'sefer	יוֹמָן בֵּית סֵפֶר (ז)
Bleistift (m)	iparon	עִפָּרוֹן (ז)
Radiergummi (m)	'maxak	מַחַק (ז)
Kreide (f)	gir	גִּיר (ז)
Federkasten (m)	kalmar	קַלְמָר (ז)

Schulranzen (m)	yalkut	יַלְקוּט (ז)
Kugelschreiber, Stift (m)	et	עֵט (ז)
Heft (n)	max'beret	מַחְבֶּרֶת (נ)
Lehrbuch (n)	'sefer limud	סֵפֶר לִימּוּד (ז)
Zirkel (m)	mexuga	מְחוּגָה (נ)

| zeichnen (vt) | lesartet | לְשַׂרְטֵט |
| Zeichnung (f) | sirtut | שִׂרְטוּט (ז) |

Gedicht (n)	ʃir	שִׁיר (ז)
auswendig (Adv)	be'al pe	בְּעַל פֶּה
auswendig lernen	lilmod be'al pe	לִלְמוֹד בְּעַל פֶּה

Ferien (pl)	xufʃa	חוּפְשָׁה (נ)
in den Ferien sein	lihyot bexufʃa	לִהְיוֹת בְּחוּפְשָׁה
Ferien verbringen	leha'avir 'xofeʃ	לְהַעֲבִיר חוֹפֶשׁ

Test (m), Prüfung (f)	mivxan	מִבְחָן (ז)
Aufsatz (m)	xibur	חִיבּוּר (ז)
Diktat (n)	haxtava	הַכְתָּבָה (נ)
Prüfung (f)	bxina	בְּחִינָה (נ)
Prüfungen ablegen	lehibaxen	לְהִיבָּחֵן
Experiment (n)	nisui	נִיסוּי (ז)

118. Hochschule. Universität

Akademie (f)	aka'demya	אָקָדֶמְיָה (נ)
Universität (f)	uni'versita	אוּנִיבֶרְסִיטָה (נ)
Fakultät (f)	fa'kulta	פָקוּלְטָה (נ)

Student (m)	student	סְטוּדֶנְט (ז)
Studentin (f)	stu'dentit	סְטוּדֶנְטִית (נ)
Lehrer (m)	martse	מַרְצֶה (ז)

| Hörsaal (m) | ulam hartsa'ot | אוּלַם הַרְצָאוֹת (ז) |
| Hochschulabsolvent (m) | boger | בּוֹגֵר (ז) |

| Diplom (n) | di'ploma | דִיפְלוֹמָה (נ) |
| Dissertation (f) | diser'tatsya | דִיסֶרְטַצִיָה (נ) |

| Forschung (f) | mexkar | מֶחְקָר (ז) |
| Labor (n) | ma'abada | מַעֲבָּדָה (נ) |

| Vorlesung (f) | hartsa'a | הַרְצָאָה (נ) |
| Kommilitone (m) | xaver lelimudim | חָבֵר לְלִימּוּדִים (ז) |

| Stipendium (n) | milga | מִלְגָה (נ) |
| akademischer Grad (m) | 'to'ar aka'demi | תּוֹאַר אָקָדֶמִי (ז) |

119. Naturwissenschaften. Fächer

Mathematik (f)	mate'matika	מָתֶמָטִיקָה (נ)
Algebra (f)	'algebra	אַלְגֶּבְּרָה (נ)
Geometrie (f)	ge'o'metriya	גֵּיאוֹמֶטְרְיָה (נ)
Astronomie (f)	astro'nomya	אַסְטְרוֹנוֹמְיָה (נ)
Biologie (f)	bio'logya	בִּיוֹלוֹגְיָה (נ)
Erdkunde (f)	ge'o'grafya	גֵּיאוֹגְרַפְיָה (נ)
Geologie (f)	ge'o'logya	גֵּיאוֹלוֹגְיָה (נ)
Geschichte (f)	his'torya	הִיסְטוֹרְיָה (נ)
Medizin (f)	refu'a	רְפוּאָה (נ)
Pädagogik (f)	χinuχ	חִינוּךְ (ז)
Recht (n)	miʃpatim	מִשְׁפָּטִים (ז"ר)
Physik (f)	'fizika	פִיזִיקָה (נ)
Chemie (f)	'χimya	כִימְיָה (נ)
Philosophie (f)	filo'sofya	פִילוֹסוֹפְיָה (נ)
Psychologie (f)	psiχo'logya	פְּסִיכוֹלוֹגְיָה (נ)

120. Schrift Rechtschreibung

Grammatik (f)	dikduk	דִּקְדוּק (ז)
Lexik (f)	oʦar milim	אוֹצַר מִילִים (ז)
Phonetik (f)	torat ha'hege	תּוֹרַת הַהֶגֶה (נ)
Substantiv (n)	ʃem 'eʦem	שֵׁם עֶצֶם (ז)
Adjektiv (n)	ʃem 'to'ar	שֵׁם תּוֹאַר (ז)
Verb (n)	po'el	פּוֹעַל (ז)
Adverb (n)	'to'ar 'po'al	תּוֹאַר פּוֹעַל (ז)
Pronomen (n)	ʃem guf	שֵׁם גּוּף (ז)
Interjektion (f)	milat kri'a	מִילַת קְרִיאָה (נ)
Präposition (f)	milat 'yaχas	מִילַת יַחַס (נ)
Wurzel (f)	'ʃoreʃ	שׁוֹרֶשׁ (ז)
Endung (f)	si'yomet	סִיוֹמֶת (נ)
Vorsilbe (f)	tχilit	תְּחִילִית (נ)
Silbe (f)	havara	הֲבָרָה (נ)
Suffix (n), Nachsilbe (f)	si'yomet	סִיוֹמֶת (נ)
Betonung (f)	'ta'am	טַעַם (ז)
Apostroph (m)	'gereʃ	גֶּרֶשׁ (ז)
Punkt (m)	nekuda	נְקוּדָה (נ)
Komma (n)	psik	פְּסִיק (ז)
Semikolon (n)	nekuda ufsik	נְקוּדָה וּפְסִיק (ז)
Doppelpunkt (m)	nekudo'tayim	נְקוּדוֹתַיִים (ז"ר)
Auslassungspunkte (pl)	ʃaloʃ nekudot	שָׁלוֹשׁ נְקוּדוֹת (נ"ר)
Fragezeichen (n)	siman ʃe'ela	סִימָן שְׁאֵלָה (ז)
Ausrufezeichen (n)	siman kri'a	סִימָן קְרִיאָה (ז)

Anführungszeichen (pl)	merχa'ot	מֵרְכָאוֹת (ז"ר)
in Anführungszeichen	bemerχa'ot	בְּמֵרְכָאוֹת
runde Klammern (pl)	sog'rayim	סוֹגְרַיִם (ז"ר)
in Klammern	besog'rayim	בְּסוֹגְרַיִם

Bindestrich (m)	makaf	מַקָּף (ז)
Gedankenstrich (m)	kav mafrid	קַו מַפְרִיד (ז)
Leerzeichen (n)	'revaχ	רֶוַח (ז)

| Buchstabe (m) | ot | אוֹת (נ) |
| Großbuchstabe (m) | ot gdola | אוֹת גְּדוֹלָה (נ) |

| Vokal (m) | tnu'a | תְּנוּעָה (נ) |
| Konsonant (m) | itsur | עִיצוּר (ז) |

Satz (m)	miʃpat	מִשְׁפָּט (ז)
Subjekt (n)	nose	נוֹשֵׂא (ז)
Prädikat (n)	nasu	נָשׂוּא (ז)

Zeile (f)	ʃura	שׁוּרָה (נ)
in einer neuen Zeile	beʃura χadaʃa	בְּשׁוּרָה חֲדָשָׁה
Absatz (m)	piska	פְּסְקָה (נ)

Wort (n)	mila	מִילָה (נ)
Wortverbindung (f)	tsiruf milim	צֵירוּף מִילִים (ז)
Redensart (f)	bitui	בִּיטוּי (ז)
Synonym (n)	mila nir'defet	מִילָה נִרְדֶּפֶת (נ)
Antonym (n)	'hefeχ	הֵפֶךְ (ז)

Regel (f)	klal	כְּלָל (ז)
Ausnahme (f)	yotse min haklal	יוֹצֵא מִן הַכְּלָל (ז)
richtig (Adj)	naχon	נָכוֹן

Konjugation (f)	hataya	הַטָּיָה (נ)
Deklination (f)	hataya	הַטָּיָה (נ)
Kasus (m)	yaχasa	יַחֲסָה (נ)
Frage (f)	ʃe'ela	שְׁאֵלָה (נ)
unterstreichen (vt)	lehadgiʃ	לְהַדְגִּישׁ
punktierte Linie (f)	kav nakud	קַו נָקוּד (ז)

121. Fremdsprachen

Sprache (f)	safa	שָׂפָה (נ)
Fremd-	zar	זָר
Fremdsprache (f)	safa zara	שָׂפָה זָרָה (נ)
studieren (z.B. Jura ~)	lilmod	לִלְמוֹד
lernen (Englisch ~)	lilmod	לִלְמוֹד

lesen (vi, vt)	likro	לִקְרוֹא
sprechen (vi, vt)	ledaber	לְדַבֵּר
verstehen (vt)	lehavin	לְהָבִין
schreiben (vi, vt)	liχtov	לִכְתּוֹב
schnell (Adv)	maher	מַהֵר
langsam (Adv)	le'at	לְאַט

fließend (Adv)	χoffi	חוֹפְשִׁי
Regeln (pl)	klalim	כְּלָלִים (ז"ר)
Grammatik (f)	dikduk	דִקְדוּק (ז)
Vokabular (n)	otsar milim	אוֹצַר מִילִים (ז)
Phonetik (f)	torat ha'hege	תוֹרַת הַהֶגֶה (נ)

Lehrbuch (n)	'sefer limud	סֵפֶר לִימוּד (ז)
Wörterbuch (n)	milon	מִילוֹן (ז)
Selbstlernbuch (n)	'sefer lelimud atsmi	סֵפֶר לְלִימוּד עַצְמִי (ז)
Sprachführer (m)	siχon	שִׂיחוֹן (ז)

Kassette (f)	ka'letet	קַלֶטֶת (נ)
Videokassette (f)	ka'letet 'vide'o	קַלֶטֶת וִידֵיאוֹ (נ)
CD (f)	taklitor	תַקְלִיטוֹר (ז)
DVD (f)	di vi di	דִי. וִי. דִי. (ז)

Alphabet (n)	alefbeit	אָלֶפְבֵּית (ז)
buchstabieren (vt)	le'ayet	לְאַיֵת
Aussprache (f)	hagiya	הַגִיָה (נ)

Akzent (m)	mivta	מִבְטָא (ז)
mit Akzent	im mivta	עִם מִבְטָא
ohne Akzent	bli mivta	בְּלִי מִבְטָא

| Wort (n) | mila | מִילָה (נ) |
| Bedeutung (f) | maʃma'ut | מַשְׁמָעוּת (נ) |

Kurse (pl)	kurs	קוּרְס (ז)
sich einschreiben	leheraʃem lekurs	לְהֵירָשֵׁם לְקוּרְס
Lehrer (m)	more	מוֹרֶה (ז)

Übertragung (f)	tirgum	תַרְגוּם (ז)
Übersetzung (f)	tirgum	תַרְגוּם (ז)
Übersetzer (m)	metargem	מְתַרְגֵם (ז)
Dolmetscher (m)	meturgeman	מְתוּרְגְמָן (ז)

| Polyglott (m, f) | poliglot | פּוֹלִיגְלוֹט (ז) |
| Gedächtnis (n) | zikaron | זִיכָּרוֹן (ז) |

122. Märchenfiguren

Weihnachtsmann (m)	'santa 'kla'us	סַנְטָה קלָאוּס (ז)
Aschenputtel (n)	sinde'rela	סִינְדְרֶלָה
Nixe (f)	bat yam, betulat hayam	בַּת יָם, בְּתוּלַת הַיָם (נ)
Neptun (m)	neptun	נֶפְטוּן (ז)

Zauberer (m)	kosem	קוֹסֵם (ז)
Zauberin (f)	'feya	פֵיָה (נ)
magisch, Zauber-	kasum	קָסוּם
Zauberstab (m)	ʃarvit 'kesem	שַׁרְבִיט קֶסֶם (ז)

Märchen (n)	agada	אַגָדָה (נ)
Wunder (n)	nes	נֵס (ז)
Zwerg (m)	gamad	גַמָד (ז)

sich verwandeln in …	lahafox le…	…לַהֲפֹךְ לְ
Geist (m)	'ruax refa"im	רוּחַ רְפָאִים (נ)
Gespenst (n)	'ruax refa"im	רוּחַ רְפָאִים (נ)
Ungeheuer (n)	mif'letset	מִפְלֶצֶת (נ)
Drache (m)	drakon	דְּרָקוֹן (ז)
Riese (m)	anak	עֲנָק (ז)

123. Sternzeichen

Widder (m)	tale	טָלֶה (ז)
Stier (m)	ʃor	שׁוֹר (ז)
Zwillinge (pl)	te'omim	תְאוֹמִים (ז"ר)
Krebs (m)	sartan	סַרְטָן (ז)
Löwe (m)	arye	אַרְיֵה (ז)
Jungfrau (f)	betula	בְּתוּלָה (נ)

Waage (f)	moz'nayim	מֹאזְנַיִם (ז"ר)
Skorpion (m)	akrav	עַקְרָב (ז)
Schütze (m)	kaʃat	קַשָׁת (ז)
Steinbock (m)	gdi	גְדִי (ז)
Wassermann (m)	dli	דְלִי (ז)
Fische (pl)	dagim	דָגִים (ז"ר)

Charakter (m)	'ofi	אוֹפִי (ז)
Charakterzüge (pl)	txunot 'ofi	תְכוּנוֹת אוֹפִי (נ"ר)
Benehmen (n)	hitnahagut	הִתְנַהֲגוּת (נ)
wahrsagen (vt)	lenabe et ha'atid	לְנַבֵּא אֶת הֶעָתִיד
Wahrsagerin (f)	ma'gedet atidot	מַגֶדֶת עֲתִידוֹת (נ)
Horoskop (n)	horoskop	הוֹרוֹסְקוֹפּ (ז)

Kunst

124. Theater

Theater (n)	te'atron	תֵּיאַטְרוֹן (ז)
Oper (f)	'opera	אוֹפֵּרָה (נ)
Operette (f)	ope'reta	אוֹפֵּרֶטָה (נ)
Ballett (n)	balet	בֵּלֶט (ז)

Theaterplakat (n)	kraza	כְּרָזָה (נ)
Truppe (f)	lahaka	לַהֲקָה (נ)
Tournee (f)	masa hofa'ot	מַסַע הוֹפָעוֹת (ז)
auf Tournee sein	latset lemasa hofa'ot	לָצֵאת לְמַסַע הוֹפָעוֹת
proben (vt)	la'aroχ χazara	לַעֲרוֹךְ חֲזָרָה
Probe (f)	χazara	חֲזָרָה (נ)
Spielplan (m)	repertu'ar	רֶפֶּרְטוּאָר (ז)

Aufführung (f)	hofa'a	הוֹפָעָה (נ)
Vorstellung (f)	hatsaga	הַצָּגָה (נ)
Theaterstück (n)	maχaze	מַחֲזֶה (ז)

Karte (f)	kartis	כַּרְטִיס (ז)
Theaterkasse (f)	kupa	קוּפָּה (נ)
Halle (f)	'lobi	לוֹבִּי (ז)
Garderobe (f)	meltaχa	מֶלְתָּחָה (נ)
Garderobennummer (f)	mispar meltaχa	מִסְפַּר מֶלְתָּחָה (ז)
Opernglas (n)	miʃ'kefet	מִשְׁקֶפֶת (נ)
Platzanweiser (m)	sadran	סַדְרָן (ז)

Parkett (n)	parter	פַּרְטֶר (ז)
Balkon (m)	mir'peset	מִרְפֶּסֶת (נ)
der erste Rang	ya'tsi'a	יָצִיעַ (ז)
Loge (f)	ta	תָּא (ז)
Reihe (f)	ʃura	שׁוּרָה (נ)
Platz (m)	moʃav	מוֹשָׁב (ז)

Publikum (n)	'kahal	קָהָל (ז)
Zuschauer (m)	tsofe	צוֹפֶה (ז)
klatschen (vi)	limχo ka'payim	לִמְחוֹא כַּפַּיִים
Applaus (m)	meχi'ot ka'payim	מְחִיאוֹת כַּפַּיִים (נ"ר)
Ovation (f)	tʃu'ot	תְּשׁוּאוֹת (נ"ר)

Bühne (f)	bama	בָּמָה (נ)
Vorhang (m)	masaχ	מָסָךְ (ז)
Dekoration (f)	taf'ura	תַּפְאוּרָה (נ)
Kulissen (pl)	klayim	קְלָעִים

Szene (f)	'stsena	סְצֵינָה (נ)
Akt (m)	ma'araχa	מַעֲרָכָה (נ)
Pause (f)	hafsaka	הַפְסָקָה (נ)

125. Kino

| Schauspieler (m) | saχkan | שַׂחְקָן (ז) |
| Schauspielerin (f) | saχkanit | שַׂחְקָנִית (נ) |

Kino (n)	kol'no'a	קוֹלְנוֹעַ (ז)
Film (m)	'seret	סֶרֶט (ז)
Folge (f)	epi'zoda	אֶפִּיזוֹדָה (נ)

Krimi (m)	'seret balaʃi	סֶרֶט בַּלָשִׁי (ז)
Actionfilm (m)	ma'arvon	מַעֲרְבוֹן (ז)
Abenteuerfilm (m)	'seret harpatka'ot	סֶרֶט הַרְפַּתְקָאוֹת (ז)
Science-Fiction-Film (m)	'seret mada bidyoni	סֶרֶט מַדָּע בִּדְיוֹנִי (ז)
Horrorfilm (m)	'seret eima	סֶרֶט אֵימָה (ז)

Komödie (f)	ko'medya	קוֹמֶדְיָה (נ)
Melodrama (n)	melo'drama	מֶלוֹדְרָמָה (נ)
Drama (n)	'drama	דְרָמָה (נ)

Spielfilm (m)	'seret alilati	סֶרֶט עֲלִילָתִי (ז)
Dokumentarfilm (m)	'seret ti'udi	סֶרֶט תִּיעוּדִי (ז)
Zeichentrickfilm (m)	'seret ani'matsya	סֶרֶט אֲנִימַצְיָה (ז)
Stummfilm (m)	sratim ilmim	סְרָטִים אִילְמִים (ז"ר)

Rolle (f)	tafkid	תַּפְקִיד (ז)
Hauptrolle (f)	tafkid raʃi	תַּפְקִיד רָאשִׁי (ז)
spielen (Schauspieler)	lesaχek	לְשַׂחֵק

Filmstar (m)	koχav kol'no'a	כּוֹכַב קוֹלְנוֹעַ (ז)
bekannt	mefursam	מְפוּרְסָם
berühmt	mefursam	מְפוּרְסָם
populär	popu'lari	פּוֹפּוּלָרִי

Drehbuch (n)	tasrit	תַּסְרִיט (ז)
Drehbuchautor (m)	tasritai	תַּסְרִיטַאי (ז)
Regisseur (m)	bamai	בַּמַאי (ז)
Produzent (m)	mefik	מֵפִיק (ז)
Assistent (m)	ozer	עוֹזֵר (ז)
Kameramann (m)	tsalam	צַלָּם (ז)
Stuntman (m)	pa'alulan	פַּעֲלוּלָן (ז)
Double (n)	saχkan maχlif	שַׂחְקָן מַחֲלִיף (ז)

einen Film drehen	letsalem 'seret	לְצַלֵּם סֶרֶט
Probe (f)	mivdak	מִבְדָּק (ז)
Dreharbeiten (pl)	hasrata	הַסְרָטָה (נ)
Filmteam (n)	'tsevet ha'seret	צֶווֶת הַסֶּרֶט (ז)
Filmset (m)	atar hatsilum	אֲתַר הַצִּילוּם (ז)
Filmkamera (f)	matslema	מַצְלֵמָה (נ)

Kino (n)	beit kol'no'a	בֵּית קוֹלְנוֹעַ (ז)
Leinwand (f)	masaχ	מָסָך (ז)
einen Film zeigen	lehar'ot 'seret	לְהַרְאוֹת סֶרֶט

| Tonspur (f) | paskol | פַּסְקוֹל (ז) |
| Spezialeffekte (pl) | e'fektim meyuχadim | אֶפֶקְטִים מְיוּחָדִים (ז"ר) |

Untertitel (pl)	ktuviyot	כְּתוּבִיּוֹת (ג"ר)
Abspann (m)	ktuviyot	כְּתוּבִיּוֹת (ג"ר)
Übersetzung (f)	tirgum	תִּרְגּוּם (ז)

126. Gemälde

Kunst (f)	amanut	אָמָנוּת (נ)
schönen Künste (pl)	omanuyot yafot	אוֹמָנוּיוֹת יָפוֹת (נ"ר)
Kunstgalerie (f)	ga'lerya le'amanut	גָּלֶרְיָה לְאָמָנוּת (נ)
Kunstausstellung (f)	ta'aruxat amanut	תַּעֲרוּכַת אָמָנוּת (נ)

Malerei (f)	tsiyur	צִיּוּר (ז)
Graphik (f)	'grafika	גְּרָפִיקָה (נ)
abstrakte Kunst (f)	amanut muf'fetet	אָמָנוּת מוּפְשֶׁטֶת (נ)
Impressionismus (m)	impresyonizm	אִימְפְּרֶסְיוֹנִיזְם (ז)

Bild (n)	tmuna	תְּמוּנָה (נ)
Zeichnung (Kohle- usw.)	tsiyur	צִיּוּר (ז)
Plakat (n)	'poster	פּוֹסְטֶר (ז)

Illustration (f)	iyur	אִיּוּר (ז)
Miniatur (f)	minya'tura	מִינְיָאטוּרָה (נ)
Kopie (f)	he'etek	הֶעְתֵּק (ז)
Reproduktion (f)	fi'atuk	שִׁיעֲתוּק (ז)

Mosaik (n)	psefas	פְּסֵיפָס (ז)
Glasmalerei (f)	vitraʒ	וִיטְרָאז' (ז)
Fresko (n)	fresko	פְרֶסְקוֹ (ז)
Gravüre (f)	taxrit	תַּחְרִיט (ז)

Büste (f)	pro'toma	פְּרוֹטוֹמָה (נ)
Skulptur (f)	'pesel	פֶּסֶל (ז)
Statue (f)	'pesel	פֶּסֶל (ז)
Gips (m)	'geves	גֶּבֶס (ז)
aus Gips	mi'geves	מִגֶּבֶס

Porträt (n)	dyukan	דְּיוֹקָן (ז)
Selbstporträt (n)	dyukan atsmi	דְּיוֹקָן עַצְמִי (ז)
Landschaftsbild (n)	tsiyur nof	צִיּוּר נוֹף (ז)
Stillleben (n)	'teva domem	טֶבַע דּוֹמֵם (ז)
Karikatur (f)	karika'tura	קָרִיקָטוּרָה (נ)
Entwurf (m)	tarfim	תַּרְשִׁים (ז)

Farbe (f)	'tseva	צֶבַע (ז)
Aquarellfarbe (f)	'tseva 'mayim	צֶבַע מַיִם (ז)
Öl (n)	'femen	שֶׁמֶן (ז)
Bleistift (m)	iparon	עִיפָּרוֹן (ז)
Tusche (f)	tuf	טוּשׁ (ז)
Kohle (f)	pexam	פֶּחָם (ז)

zeichnen (vt)	letsayer	לְצַיֵּיר
malen (vi, vt)	letsayer	לְצַיֵּיר
Modell stehen	ledagmen	לְדַגְמֵן
Modell (Mask.)	dugman eirom	דּוּגְמָן עֵירוֹם (ז)

Modell (Fem.)	dugmanit erom	דוּגְמָנִית עֵירוֹם (נ)
Maler (m)	tsayar	צַיָּר (ז)
Kunstwerk (n)	yetsirat amanut	יְצִירַת אָמָנוּת (נ)
Meisterwerk (n)	yetsirat mofet	יְצִירַת מוֹפֵת (נ)
Atelier (n), Werkstatt (f)	'studyo	סְטוּדְיוֹ (ז)

Leinwand (f)	bad piʃtan	בַּד פִּשְׁתָּן (ז)
Staffelei (f)	kan tsiyur	כַּן צִיּוּר (ז)
Palette (f)	'plata	פָּלֶטָה (נ)

Rahmen (m)	mis'geret	מִסְגֶּרֶת (נ)
Restauration (f)	ʃiχzur	שִׁחְזוּר (ז)
restaurieren (vt)	leʃaχzer	לְשַׁחְזֵר

127. Literatur und Dichtkunst

Literatur (f)	sifrut	סִפְרוּת (נ)
Autor (m)	sofer	סוֹפֵר (ז)
Pseudonym (n)	ʃem badui	שֵׁם בָּדוּי (ז)

Buch (n)	'sefer	סֵפֶר (ז)
Band (m)	'kereχ	כֶּרֶךְ (ז)
Inhaltsverzeichnis (n)	'toχen inyanim	תּוֹכֶן עִנְיָנִים (ז)
Seite (f)	amud	עַמּוּד (ז)
Hauptperson (f)	hagibor haraʃi	הַגִּבּוֹר הָרָאשִׁי (ז)
Autogramm (n)	χatima	חֲתִימָה (נ)

Kurzgeschichte (f)	sipur katsar	סִיפּוּר קָצָר (ז)
Erzählung (f)	sipur	סִיפּוּר (ז)
Roman (m)	roman	רוֹמָן (ז)
Werk (Buch usw.)	χibur	חִיבּוּר (ז)
Fabel (f)	maʃal	מָשָׁל (ז)
Krimi (m)	roman balaʃi	רוֹמָן בַּלָּשִׁי (ז)

Gedicht (n)	ʃir	שִׁיר (ז)
Dichtung (f), Poesie (f)	ʃira	שִׁירָה (נ)
Gedicht (n)	po"ema	פּוֹאֵמָה (נ)
Dichter (m)	meʃorer	מְשׁוֹרֵר (ז)

schöne Literatur (f)	sifrut yafa	סִפְרוּת יָפָה (נ)
Science-Fiction (f)	mada bidyoni	מַדָּע בִּדְיוֹנִי (ז)
Abenteuer (n)	harpatka'ot	הַרְפַּתְקָאוֹת (נ"ר)
Schülerliteratur (pl)	sifrut limudit	סִפְרוּת לִימּוּדִית (נ)
Kinderliteratur (f)	sifrut yeladim	סִפְרוּת יְלָדִים (נ)

128. Zirkus

Zirkus (m)	kirkas	קִרְקָס (ז)
Wanderzirkus (m)	kirkas nayad	קִרְקָס נַיָּד (ז)
Programm (n)	toχnit	תּוֹכְנִית (נ)
Vorstellung (f)	hofa'a	הוֹפָעָה (נ)
Nummer (f)	hofa'a	הוֹפָעָה (נ)

Manege (f)	zira	זִירָה (נ)
Pantomime (f)	panto'mima	פַּנְטוֹמִימָה (נ)
Clown (m)	leitsan	לֵיצָן (ז)

Akrobat (m)	akrobat	אַקְרוֹבָּט (ז)
Akrobatik (f)	akro'batika	אַקְרוֹבָּטִיקָה (נ)
Turner (m)	mit'amel	מִתְעַמֵל (ז)
Turnen (n)	hit'amlut	הִתְעַמְלוּת (נ)
Salto (m)	'salta	סַלְטָה (נ)

Kraftmensch (m)	atlet	אַתְלֵט (ז)
Bändiger, Dompteur (m)	me'alef	מְאַלֵף (ז)
Reiter (m)	roxev	רוֹכֵב (ז)
Assistent (m)	ozer	עוֹזֵר (ז)

Trick (m)	pa'alul	פַּעֲלוּל (ז)
Zaubertrick (m)	'kesem	קֶסֶם (ז)
Zauberkünstler (m)	kosem	קוֹסֵם (ז)

Jongleur (m)	lahatutan	לַהֲטוּטָן (ז)
jonglieren (vi)	lelahtet	לְלַהֵט
Dresseur (m)	me'alef hayot	מְאַלֵף חַיוֹת (ז)
Dressur (f)	iluf xayot	אִילוּף חַיוֹת (ז)
dressieren (vt)	le'alef	לְאַלֵף

129. Musik. Popmusik

Musik (f)	'muzika	מוּזִיקָה (נ)
Musiker (m)	muzikai	מוּזִיקַאי (ז)
Musikinstrument (n)	kli negina	כְּלִי נְגִינָה (ז)
spielen (auf der Gitarre ~)	lenagen be…	לְנַגֵן בְּ…

Gitarre (f)	gi'tara	גִיטָרָה (נ)
Geige (f)	kinor	כִּינוֹר (ז)
Cello (n)	'tʃelo	צֶ'לוֹ (ז)
Kontrabass (m)	kontrabas	קוֹנְטְרַבָּס (ז)
Harfe (f)	'nevel	נֵבֶל (ז)

Klavier (n)	psanter	פְּסַנְתֵר (ז)
Flügel (m)	psanter kanaf	פְּסַנְתֵר כָּנָף (ז)
Orgel (f)	ugav	עוּגָב (ז)

Blasinstrumente (pl)	klei neʃifa	כְּלֵי נְשִיפָה (ז"ר)
Oboe (f)	abuv	אַבּוּב (ז)
Saxophon (n)	saksofon	סַקְסוֹפוֹן (ז)
Klarinette (f)	klarinet	קְלָרִינֵט (ז)
Flöte (f)	xalil	חָלִיל (ז)
Trompete (f)	xatsotsra	חֲצוֹצְרָה (נ)

Akkordeon (n)	akordyon	אָקוֹרְדִיוֹן (ז)
Trommel (f)	tof	תוֹף (ז)

Duo (n)	'du'o	דוּאוֹ (ז)
Trio (n)	ʃliʃiya	שְלִישִיָה (נ)

Quartett (n)	revi'iya	רְבִיעִיָּה (נ)
Chor (m)	makhela	מַקְהֵלָה (נ)
Orchester (n)	tiz'moret	תִּזְמֹרֶת (נ)

Popmusik (f)	'muzikat pop	מוּזִיקַת פּוֹפּ (נ)
Rockmusik (f)	'muzikat rok	מוּזִיקַת רוֹק (נ)
Rockgruppe (f)	lehakat rok	לַהֲקַת רוֹק (נ)
Jazz (m)	dʒez	גָ'ז (ז)

| Idol (n) | koχav | כּוֹכָב (ז) |
| Verehrer (m) | ohed | אוֹהֵד (ז) |

Konzert (n)	kontsert	קוֹנְצֶרְט (ז)
Sinfonie (f)	si'fonya	סִימְפוֹנְיָה (נ)
Komposition (f)	yetsira	יְצִירָה (נ)
komponieren (vt)	leχaber	לְחַבֵּר

Gesang (m)	ʃira	שִׁירָה (נ)
Lied (n)	ʃir	שִׁיר (ז)
Melodie (f)	mangina	מַנְגִּינָה (נ)
Rhythmus (m)	'ketsev	קֶצֶב (ז)
Blues (m)	bluz	בְּלוּז (ז)

Noten (pl)	tavim	תָּוִים (ז"ר)
Taktstock (m)	ʃarvit ni'tsuaχ	שַׁרְבִיט נִיצּוּחַ (ז)
Bogen (m)	'keʃet	קֶשֶׁת (נ)
Saite (f)	meitar	מֵיתָר (ז)
Koffer (Violinen-)	nartik	נַרְתִּיק (ז)

Erholung. Unterhaltung. Reisen

130. Ausflug. Reisen

Tourismus (m)	tayarut	תַּיָירוּת (נ)
Tourist (m)	tayar	תַּיָיר (ז)
Reise (f)	tiyul	טִיוּל (ז)
Abenteuer (n)	harpatka	הַרְפַּתְקָה (נ)
Fahrt (f)	nesi'a	נְסִיעָה (נ)
Urlaub (m)	χuʃʃa	חוּפְשָׁה (נ)
auf Urlaub sein	lihyot beχuʃʃa	לִהְיוֹת בְּחוּפְשָׁה
Erholung (f)	menuχa	מְנוּחָה (נ)
Zug (m)	ra'kevet	רַכֶּבֶת (נ)
mit dem Zug	bera'kevet	בְּרַכֶּבֶת
Flugzeug (n)	matos	מָטוֹס (ז)
mit dem Flugzeug	bematos	בְּמָטוֹס
mit dem Auto	bemeχonit	בִּמְכוֹנִית
mit dem Schiff	be'oniya	בָּאוֹנִייָה
Gepäck (n)	mit'an	מִטְעָן (ז)
Koffer (m)	mizvada	מִזְווָדָה (נ)
Gepäckwagen (m)	eglat mit'an	עֶגְלַת מִטְעָן (נ)
Pass (m)	darkon	דַרְכּוֹן (ז)
Visum (n)	'viza, aʃra	וִיזָה, אַשְׁרָה (נ)
Fahrkarte (f)	kartis	כַּרְטִיס (ז)
Flugticket (n)	kartis tisa	כַּרְטִיס טִיסָה (ז)
Reiseführer (m)	madriχ	מַדְרִיךְ (ז)
Landkarte (f)	mapa	מַפָּה (נ)
Gegend (f)	ezor	אֵזוֹר (ז)
Ort (wunderbarer ~)	makom	מָקוֹם (ז)
Exotika (pl)	ek'zotika	אֶקְזוֹטִיקָה (נ)
exotisch	ek'zoti	אֶקְזוֹטִי
erstaunlich (Adj)	nifla	נִפְלָא
Gruppe (f)	kvutsa	קְבוּצָה (נ)
Ausflug (m)	tiyul	טִיוּל (ז)
Reiseleiter (m)	madriχ tiyulim	מַדְרִיךְ טִיוּלִים (ז)

131. Hotel

Hotel (n), Gasthaus (n)	malon	מָלוֹן (ז)
Motel (n)	motel	מוֹטֶל (ז)
drei Sterne	ʃloʃa koχavim	שְׁלוֹשָׁה כּוֹכָבִים

| fünf Sterne | χamiʃa koχavim | חֲמִישָׁה כּוֹכָבִים |
| absteigen (vi) | lehit'aχsen | לְהִתְאַכְסֵן |

Hotelzimmer (n)	'χeder	חֶדֶר (ז)
Einzelzimmer (n)	'χeder yaχid	חֶדֶר יָחִיד (ז)
Zweibettzimmer (n)	'χeder zugi	חֶדֶר זוּגִי (ז)
reservieren (vt)	lehazmin 'χeder	לְהַזְמִין חֶדֶר

| Halbpension (f) | χatsi pensiyon | חֲצִי פֶּנְסִיוֹן (ז) |
| Vollpension (f) | pensyon male | פֶּנְסִיוֹן מָלֵא (ז) |

mit Bad	im am'batya	עִם אַמְבַּטְיָה
mit Dusche	im mik'laχat	עִם מִקְלַחַת
Satellitenfernsehen (n)	tele'vizya bekvalim	טֶלֶוִויזְיָה בְּכְּבָלִים (נ)
Klimaanlage (f)	mazgan	מַזְגָּן (ז)
Handtuch (n)	ma'gevet	מַגֶּבֶת (נ)
Schlüssel (m)	maf'teaχ	מַפְתֵּחַ (ז)

Verwalter (m)	amarkal	אֲמַרְכָּל (ז)
Zimmermädchen (n)	χadranit	חַדְרָנִית (נ)
Träger (m)	sabal	סַבָּל (ז)
Portier (m)	pakid kabala	פְּקִיד קַבָּלָה (ז)

Restaurant (n)	mis'ada	מִסְעָדָה (נ)
Bar (f)	bar	בָּר (ז)
Frühstück (n)	aruχat 'boker	אֲרוּחַת בּוֹקֶר (נ)
Abendessen (n)	aruχat 'erev	אֲרוּחַת עֶרֶב (נ)
Buffet (n)	miznon	מִזְנוֹן (ז)

| Foyer (n) | 'lobi | לוֹבִּי (ז) |
| Aufzug (m), Fahrstuhl (m) | ma'alit | מַעֲלִית (נ) |

| BITTE NICHT STÖREN! | lo lehaf'ri'a | לֹא לְהַפְרִיעַ |
| RAUCHEN VERBOTEN! | asur le'aʃen! | אָסוּר לְעַשֵׁן! |

132. Bücher. Lesen

Buch (n)	'sefer	סֵפֶר (ז)
Autor (m)	sofer	סוֹפֵר (ז)
Schriftsteller (m)	sofer	סוֹפֵר (ז)
verfassen (vt)	liχtov	לִכְתוֹב

Leser (m)	kore	קוֹרֵא (ז)
lesen (vi, vt)	likro	לִקְרוֹא
Lesen (n)	kri'a	קְרִיאָה (נ)

| still (~ lesen) | belev, be'ʃeket | בְּלֵב, בְּשֶׁקֶט |
| laut (Adv) | bekol ram | בְּקוֹל רָם |

verlegen (vt)	lehotsi la'or	לְהוֹצִיא לָאוֹר
Ausgabe (f)	hotsa'a la'or	הוֹצָאָה לָאוֹר (נ)
Herausgeber (m)	motsi le'or	מוֹצִיא לְאוֹר (ז)
Verlag (m)	hotsa'a la'or	הוֹצָאָה לָאוֹר (נ)
erscheinen (Buch)	latset le'or	לָצֵאת לָאוֹר

| Erscheinen (n) | hafatsa | הַפָצָה (נ) |
| Auflage (f) | tfutsa | תְּפוּצָה (נ) |

| Buchhandlung (f) | χanut sfarim | חֲנוּת סְפָרִים (נ) |
| Bibliothek (f) | sifriya | סִפְרִיָּה (נ) |

Erzählung (f)	sipur	סִיפּוּר (ז)
Kurzgeschichte (f)	sipur katsar	סִיפּוּר קָצָר (ז)
Roman (m)	roman	רוֹמָן (ז)
Krimi (m)	roman balaʃi	רוֹמָן בַּלָשִׁי (ז)

Memoiren (pl)	ziχronot	זִיכְרוֹנוֹת (ז"ר)
Legende (f)	agada	אַגָדָה (נ)
Mythos (m)	'mitos	מִיתוֹס (ז)

Gedichte (pl)	ʃirim	שִׁירִים (ז"ר)
Autobiographie (f)	otobio'grafya	אוֹטוֹבִּיוֹגְרַפִיָה (נ)
ausgewählte Werke (pl)	mivχar ktavim	מִבְחָר כְּתָבִים (ז)
Science-Fiction (f)	mada bidyoni	מַדָע בְּדִיוֹנִי (ז)

Titel (m)	kotar	כּוֹתָר (ז)
Einleitung (f)	mavo	מָבוֹא (ז)
Titelseite (f)	amud ha'ʃa'ar	עַמוּד הַשַעַר (ז)

Kapitel (n)	'perek	פֶּרֶק (ז)
Auszug (m)	'keta	קֶטַע (ז)
Episode (f)	epi'zoda	אֶפִּיזוֹדָה (נ)

Sujet (n)	alila	עֲלִילָה (נ)
Inhalt (m)	'toχen	תּוֹכֶן (ז)
Inhaltsverzeichnis (n)	'toχen inyanim	תּוֹכֶן עִנְיָנִים (ז)
Hauptperson (f)	hagibor haraʃi	הַגִיבּוֹר הָרָאשִׁי (ז)

Band (m)	'kereχ	כֶּרֶךְ (ז)
Buchdecke (f)	kriχa	כְּרִיכָה (נ)
Einband (m)	kriχa	כְּרִיכָה (נ)
Lesezeichen (n)	simaniya	סִימָנִיָה (נ)

Seite (f)	amud	עַמוּד (ז)
blättern (vi)	ledafdef	לְדַפְדֵף
Ränder (pl)	ʃu'layim	שׁוּלַיִים (ז"ר)
Notiz (f)	he'ara	הֶעָרָה (נ)
Anmerkung (f)	he'arat ʃu'layim	הֶעָרַת שׁוּלַיִים (נ)

Text (m)	tekst	טֶקְסְט (ז)
Schrift (f)	gufan	גוּפָן (ז)
Druckfehler (m)	ta'ut dfus	טָעוּת דְפוּס (נ)

Übersetzung (f)	tirgum	תִּרְגוּם (ז)
übersetzen (vt)	letargem	לְתַרְגֵם
Original (n)	makor	מָקוֹר (ז)

berühmt	mefursam	מְפוּרְסָם
unbekannt	lo ya'du'a	לֹא יָדוּעַ
interessant	me'anyen	מְעַנְיֵין
Bestseller (m)	rav 'meχer	רַב-מֶכֶר (ז)

Wörterbuch (n)	milon	מִילוֹן (ז)
Lehrbuch (n)	'sefer limud	סֵפֶר לִימוּד (ז)
Enzyklopädie (f)	entsiklo'pedya	אֶנְצִיקְלוֹפֶּדְיָה (נ)

133. Jagen. Fischen

Jagd (f)	'tsayid	צַיִד (ז)
jagen (vi)	latsud	לָצוּד
Jäger (m)	tsayad	צַיָּד (ז)

schießen (vi)	lirot	לִירוֹת
Gewehr (n)	rove	רוֹבֶה (ז)
Patrone (f)	kadur	כַּדּוּר (ז)
Schrot (n)	kaduriyot	כַּדּוּרִיּוֹת (נ"ר)

Falle (f)	mal'kodet	מַלְכּוֹדֶת (נ)
Schlinge (f)	mal'kodet	מַלְכּוֹדֶת (נ)
in die Falle gehen	lehilaxed bemal'kodet	לְהִילָכֵד בְּמַלְכּוֹדֶת
eine Falle stellen	leha'niax mal'kodet	לְהָנִיחַ מַלְכּוֹדֶת

Wilddieb (m)	tsayad lelo reʃut	צַיָּד לְלֹא רְשׁוּת (ז)
Wild (n)	xayot bar	חַיּוֹת בָּר (נ"ר)
Jagdhund (m)	'kelev 'tsayid	כֶּלֶב צַיִד (ז)
Safari (f)	sa'fari	סָפָארִי (ז)
ausgestopftes Tier (n)	puxlats	פּוּחְלָץ (ז)

Fischer (m)	dayag	דַּיָּג (ז)
Fischen (n)	'dayig	דַּיִג (ז)
angeln, fischen (vt)	ladug	לָדוּג

Angel (f)	xaka	חַכָּה (נ)
Angelschnur (f)	xut haxaka	חוּט הַחַכָּה (ז)
Haken (m)	'keres	קֶרֶס (ז)

| Schwimmer (m) | matsof | מָצוֹף (ז) |
| Köder (m) | pitayon | פִּיתָיוֹן (ז) |

| die Angel auswerfen | lizrok et haxaka | לִזְרוֹק אֶת הַחַכָּה |
| anbeißen (vi) | liv'lo'a pitayon | לִבְלוֹעַ פִּיתָיוֹן |

| Fang (m) | ʃlal 'dayig | שְׁלַל דַּיִג (ז) |
| Eisloch (n) | mivka 'kerax | מִבְקַע קֶרַח (ז) |

Netz (n)	'reʃet dayagim	רֶשֶׁת דַּיָּגִים (נ)
Boot (n)	sira	סִירָה (נ)
mit dem Netz fangen	ladug be'reʃet	לָדוּג בְּרֶשֶׁת
das Netz hineinwerfen	lizrok 'reʃet	לִזְרוֹק רֶשֶׁת

| das Netz einholen | ligror 'reʃet | לִגְרוֹר רֶשֶׁת |
| ins Netz gehen | lehilaxed be'reʃet | לְהִילָכֵד בְּרֶשֶׁת |

Walfänger (m)	tsayad livyatanim	צַיָּד לְוְויָתָנִים (ז)
Walfangschiff (n)	sfinat tseid livyetanim	סְפִינַת צֵיד לְוְויָתָנִית (נ)
Harpune (f)	tsiltsal	צִלְצָל (ז)

134. Spiele. Billard

Billard (n)	bilyard	בִּילְיַארְד (ז)
Billardzimmer (n)	'xeder bilyard	חֶדֶר בִּילְיַארְד (ז)
Billardkugel (f)	kadur bilyard	כַּדּוּר בִּילְיַארְד (ז)

eine Kugel einlochen	lehaxnis kadur lekis	לְהַכְנִיס כַּדּוּר לְכִּיס
Queue (n)	makel bilyard	מַקֵּל בִּילְיַארְד (ז)
Tasche (f), Loch (n)	kis	כִּיס (ז)

135. Spiele. Kartenspiele

Karo (n)	yahalom	יַהֲלוֹם (ז)
Pik (n)	ale	עָלֶה (ז)
Herz (n)	lev	לֵב (ז)
Kreuz (n)	tiltan	תִּלְתָּן (ז)

As (n)	as	אָס (ז)
König (m)	'melex	מֶלֶךְ (ז)
Dame (f)	malka	מַלְכָּה (נ)
Bube (m)	nasix	נָסִיךְ (ז)

Spielkarte (f)	klaf	קְלָף (ז)
Karten (pl)	klafim	קְלָפִים (ז"ר)
Trumpf (m)	klaf nitsaxon	קְלָף נִיצָחוֹן (ז)
Kartenspiel (abgenutztes ~)	xafisat klafim	חֲפִיסַת קְלָפִים (נ)

Punkt (m)	nekuda	נְקוּדָה (נ)
ausgeben (vt)	lexalek klafim	לְחַלֵּק קְלָפִים
mischen (vt)	litrof	לִטְרוֹף
Zug (m)	tor	תּוֹר (ז)
Falschspieler (m)	noxel klafim	נוֹכֵל קְלָפִים (ז)

136. Erholung. Spiele. Verschiedenes

spazieren gehen (vi)	letayel ba'regel	לְטַיֵּל בָּרֶגֶל
Spaziergang (m)	tiyul ragli	טִיּוּל רַגְלִי (ז)
Fahrt (im Wagen)	nesi'a bamexonit	נְסִיעָה בָּמְכוֹנִית (נ)
Abenteuer (n)	harpatka	הַרְפַּתְקָה (נ)
Picknick (n)	'piknik	פִּיקְנִיק (ז)

Spiel (n)	misxak	מִשְׂחָק (ז)
Spieler (m)	saxkan	שַׂחְקָן (ז)
Partie (f)	misxak	מִשְׂחָק (ז)

Sammler (m)	asfan	אַסְפָן (ז)
sammeln (vt)	le'esof	לֶאֱסוֹף
Sammlung (f)	'osef	אוֹסֶף (ז)

| Kreuzworträtsel (n) | taʃbets | תַּשְׁבֵּץ (ז) |
| Rennbahn (f) | hipodrom | הִיפּוֹדְרוֹם (ז) |

Diskothek (f)	diskotek	דִיסקוֹטֶק (ז)
Sauna (f)	'sa'una	סָאוּנָה (נ)
Lotterie (f)	'loto	לוֹטוֹ (ז)

Wanderung (f)	tiyul maxana'ut	טִיוּל מַחֲנָאוּת (ז)
Lager (n)	maxane	מַחֲנֶה (ז)
Zelt (n)	'ohel	אוֹהֶל (ז)
Kompass (m)	matspen	מַצְפֵּן (ז)
Tourist (m)	maxnai	מַחְנָאִי (ז)

fernsehen (vi)	lir'ot	לִרְאוֹת
Fernsehzuschauer (m)	tsofe	צוֹפֶה (ז)
Fernsehsendung (f)	toxnit tele'vizya	תוֹכְנִית טֶלֶוִיזְיָה (נ)

137. Fotografie

| Kamera (f) | matslema | מַצְלֵמָה (נ) |
| Foto (n) | tmuna | תְמוּנָה (נ) |

Fotograf (m)	tsalam	צַלָם (ז)
Fotostudio (n)	'studyo letsilum	סְטוּדִיוֹ לְצִילוּם (ז)
Fotoalbum (n)	albom tmunot	אַלְבּוֹם תְמוּנוֹת (ז)

Objektiv (n)	adaʃa	עֲדָשָׁה (נ)
Teleobjektiv (n)	a'deʃet teleskop	עֲדֶשֶׁת טֶלֶסְקוֹפ (נ)
Filter (n)	masnen	מַסְנֵן (ז)
Linse (f)	adaʃa	עֲדָשָׁה (נ)

Optik (f)	'optika	אוֹפְּטִיקָה (נ)
Blende (f)	tsamtsam	צַמְצָם (ז)
Belichtungszeit (f)	zman hahe'ara	זְמַן הַהָאָרָה (ז)
Sucher (m)	einit	עֵינִית (נ)

Digitalkamera (f)	matslema digi'talit	מַצְלֵמָה דִיגִיטָלִית (נ)
Stativ (n)	xatsuva	חֲצוּבָה (נ)
Blitzgerät (n)	mavzek	מַבְזֵק (ז)

fotografieren (vt)	letsalem	לְצַלֵם
aufnehmen (vt)	letsalem	לְצַלֵם
sich fotografieren lassen	lehitstalem	לְהִצְטַלֵם

Fokus (m)	moked	מוֹקֵד (ז)
den Fokus einstellen	lemaked	לְמַקֵד
scharf (~ abgebildet)	xad, memukad	חַד, מְמוּקָד
Schärfe (f)	xadut	חַדוּת (נ)

| Kontrast (m) | nigud | נִיגוּד (ז) |
| kontrastreich | menugad | מְנוּגָד |

Aufnahme (f)	tmuna	תְמוּנָה (נ)
Negativ (n)	taʃlil	תַשְׁלִיל (ז)
Rollfilm (m)	'seret	סֶרֶט (ז)
Einzelbild (n)	freim	פְרֵיים (ז)
drucken (vt)	lehadpis	לְהַדְפִּיס

138. Strand. Schwimmen

Strand (m)	χof yam	חוֹף יָם (ז)
Sand (m)	χol	חוֹל (ז)
menschenleer	ʃomem	שׁוֹמֵם
Bräune (f)	ʃizuf	שִׁיזוּף (ז)
sich bräunen	lehiʃtazef	לְהִשְׁתַּזֵּף
gebräunt	ʃazuf	שָׁזוּף
Sonnencreme (f)	krem hagana	קְרֶם הֲגָנָה (ז)
Bikini (m)	bi'kini	בִּיקִינִי (ז)
Badeanzug (m)	'beged yam	בֶּגֶד יָם (ז)
Badehose (f)	'beged yam	בֶּגֶד יָם (ז)
Schwimmbad (n)	breχa	בְּרֵיכָה (נ)
schwimmen (vi)	lisχot	לִשְׂחוֹת
Dusche (f)	mik'laχat	מִקְלַחַת (נ)
sich umkleiden	lehaχlif bgadim	לְהַחֲלִיף בְּגָדִים
Handtuch (n)	ma'gevet	מַגֶּבֶת (נ)
Boot (n)	sira	סִירָה (נ)
Motorboot (n)	sirat ma'no'a	סִירַת מָנוֹעַ (נ)
Wasserski (m)	ski 'mayim	סְקִי מַיִם (ז)
Tretboot (n)	sirat pe'dalim	סִירַת פֶּדָלִים (נ)
Surfen (n)	gliʃat galim	גְּלִישַׁת גַּלִים
Surfer (m)	goleʃ	גּוֹלֵשׁ (ז)
Tauchgerät (n)	'skuba	סְקוּבָּה (נ)
Schwimmflossen (pl)	snapirim	סְנַפִּירִים (ז"ר)
Maske (f)	maseχa	מַסֵכָה (נ)
Taucher (m)	tsolelan	צוֹלְלָן (ז)
tauchen (vi)	litslol	לְצְלוֹל
unter Wasser	mi'taχat lifnei ha'mayim	מִתַּחַת לִפְנֵי הַמַּיִם
Sonnenschirm (m)	ʃimʃiya	שִׁמְשִׁיָּה (נ)
Liege (f)	kise 'noaχ	כִּיסֵא נוֹחַ (ז)
Sonnenbrille (f)	miʃkefei 'ʃemeʃ	מִשְׁקְפֵי שֶׁמֶשׁ (ז"ר)
Schwimmmatratze (f)	mizron mitna'peaχ	מִזְרוֹן מִתְנַפֵּחַ (ז)
spielen (vi, vt)	lesaχek	לְשַׂחֵק
schwimmen gehen	lehitraχets	לְהִתְרַחֵץ
Ball (m)	kadur yam	כַּדּוּר יָם (ז)
aufblasen (vt)	lena'peaχ	לְנַפֵּחַ
aufblasbar	menupaχ	מְנוּפָּח
Welle (f)	gal	גַּל (ז)
Boje (f)	matsof	מָצוֹף (ז)
ertrinken (vi)	lit'bo'a	לִטְבּוֹעַ
retten (vt)	lehatsil	לְהַצִּיל
Schwimmweste (f)	χagorat hatsala	חֲגוֹרַת הַצָּלָה (נ)
beobachten (vt)	litspot, lehaʃkif	לִצְפּוֹת, לְהַשְׁקִיף
Bademeister (m)	matsil	מַצִּיל (ז)

TECHNISCHES ZUBEHÖR. TRANSPORT

Technisches Zubehör

139. Computer

Computer (m)	maxʃev	מַחְשֵׁב (ז)
Laptop (m), Notebook (n)	maxʃev nayad	מַחְשֵׁב נַיָּד (ז)
einschalten (vt)	lehadlik	לְהַדְלִיק
abstellen (vt)	lexabot	לְכַבּוֹת
Tastatur (f)	mik'ledet	מִקְלֶדֶת (נ)
Taste (f)	makaʃ	מַקָּשׁ (ז)
Maus (f)	axbar	עַכְבָּר (ז)
Mousepad (n)	ʃa'tiax le'axbar	שְׁטִיחַ לְעַכְבָּר (ז)
Knopf (m)	kaftor	כַּפְתּוֹר (ז)
Cursor (m)	saman	סַמָּן (ז)
Monitor (m)	masax	מָסָךְ (ז)
Schirm (m)	tsag	צַג (ז)
Festplatte (f)	disk ka'ʃiax	דִּיסְק קָשִׁיחַ (ז)
Festplattengröße (f)	'nefax disk ka'ʃiax	נֶפַח דִּיסְק קָשִׁיחַ (ז)
Speicher (m)	zikaron	זִיכָּרוֹן (ז)
Arbeitsspeicher (m)	zikaron giʃa akra'it	זִיכָּרוֹן גִּישָׁה אַקְרָאִית (ז)
Datei (f)	'kovets	קוֹבֶץ (ז)
Ordner (m)	tikiya	תִּיקִייָה (נ)
öffnen (vt)	lif'toax	לִפְתּוֹחַ
schließen (vt)	lisgor	לִסְגּוֹר
speichern (vt)	liʃmor	לִשְׁמוֹר
löschen (vt)	limxok	לִמְחוֹק
kopieren (vt)	leha'atik	לְהַעְתִּיק
sortieren (vt)	lemayen	לְמַייֵן
transferieren (vt)	leha'avir	לְהַעֲבִיר
Programm (n)	toxna	תּוֹכְנָה (נ)
Software (f)	toxna	תּוֹכְנָה (נ)
Programmierer (m)	metaxnet	מְתַכְנֵת (ז)
programmieren (vt)	letaxnet	לְתַכְנֵת
Hacker (m)	'haker	הָאקֶר (ז)
Kennwort (n)	sisma	סִיסְמָה (נ)
Virus (m, n)	'virus	וִירוּס (ז)
entdecken (vt)	limtso, le'ater	לִמְצוֹא, לְאַתֵּר
Byte (n)	bait	בַּייְט (ז)

Megabyte (n)	megabait	מֶגַבַּיְט (ז)
Daten (pl)	netunim	נְתוּנִים (ז"ר)
Datenbank (f)	bsis netunim	בְּסִיס נְתוּנִים (ז)

Kabel (n)	'kevel	כֶּבֶל (ז)
trennen (vt)	lenatek	לְנַתֵּק
anschließen (vt)	leχaber	לְחַבֵּר

140. Internet. E-Mail

Internet (n)	'internet	אִינְטֶרְנֶט (ז)
Browser (m)	dafdefan	דַפְדְּפָן (ז)
Suchmaschine (f)	ma'no'a χipus	מָנוֹעַ חִיפּוּשׁ (ז)
Provider (m)	sapak	סַפָּק (ז)

Webmaster (m)	menahel ha'atar	מְנַהֵל הָאֲתָר (ז)
Website (f)	atar	אֲתָר (ז)
Webseite (f)	daf 'internet	דַף אִינְטֶרְנֶט (ז)

| Adresse (f) | 'ktovet | כְּתוֹבֶת (נ) |
| Adressbuch (n) | 'sefer ktovot | סֵפֶר כְּתוֹבוֹת (ז) |

Mailbox (f)	teivat 'do'ar	תֵּיבַת דּוֹאַר (נ)
Post (f)	'do'ar, 'do'al	דּוֹאַר (ז), דּוֹא"ל (ז)
überfüllt (-er Briefkasten)	gaduʃ	גָדוּשׁ

Mitteilung (f)	hoda'a	הוֹדָעָה (נ)
eingehenden Nachrichten	hoda'ot niχnasot	הוֹדָעוֹת נִכְנָסוֹת (נ"ר)
ausgehenden Nachrichten	hoda'ot yots'ot	הוֹדָעוֹת יוֹצְאוֹת (נ"ר)
Absender (m)	ʃo'leaχ	שׁוֹלֵחַ (ז)
senden (vt)	liʃ'loaχ	לִשְׁלוֹחַ
Absendung (f)	ʃliχa	שְׁלִיחָה (נ)
Empfänger (m)	nim'an	נִמְעָן (ז)
empfangen (vt)	lekabel	לְקַבֵּל

| Briefwechsel (m) | hitkatvut | הִתְכַּתְּבוּת (נ) |
| im Briefwechsel stehen | lehitkatev | לְהִתְכַּתֵּב |

Datei (f)	'kovets	קוֹבֶץ (ז)
herunterladen (vt)	lehorid	לְהוֹרִיד
schaffen (vt)	litsor	לִיצוֹר
löschen (vt)	limχok	לִמְחוֹק
gelöscht (Datei)	maχuk	מָחוּק

Verbindung (f)	χibur	חִיבּוּר (ז)
Geschwindigkeit (f)	mehirut	מְהִירוּת (נ)
Modem (n)	'modem	מוֹדֶם (ז)
Zugang (m)	giʃa	גִישָׁה (נ)
Port (m)	port	פּוֹרְט (ז)

Anschluss (m)	χibur	חִיבּוּר (ז)
sich anschließen	lehitχaber	לְהִתְחַבֵּר
auswählen (vt)	livχor	לִבְחוֹר
suchen (vt)	leχapes	לְחַפֵּשׂ

Transport

141. Flugzeug

Flugzeug (n)	matos	מָטוֹס (ז)
Flugticket (n)	kartis tisa	כַּרְטִיס טִיסָה (ז)
Fluggesellschaft (f)	xevrat te'ufa	חֶבְרַת תְּעוּפָה (נ)
Flughafen (m)	nemal te'ufa	נְמַל תְּעוּפָה (ז)
Überschall-	al koli	עַל קוֹלִי

Flugkapitän (m)	kabarnit	קַבַּרְנִיט (ז)
Besatzung (f)	'tsevet	צֶוֶת (ז)
Pilot (m)	tayas	טַיָּס (ז)
Flugbegleiterin (f)	da'yelet	דַּיֶּלֶת (נ)
Steuermann (m)	navat	נַוָּט (ז)

Flügel (pl)	kna'fayim	כְּנָפַיִם (נ"ר)
Schwanz (m)	zanav	זָנָב (ז)
Kabine (f)	'kokpit	קוֹקְפִּיט (ז)
Motor (m)	ma'no'a	מָנוֹעַ (ז)
Fahrgestell (n)	kan nesi'a	כַּן נְסִיעָה (ז)
Turbine (f)	tur'bina	טוּרְבִּינָה (נ)

Propeller (m)	madxef	מַדְחֵף (ז)
Flugschreiber (m)	kufsa ʃxora	קוּפְסָה שְׁחוֹרָה (נ)
Steuerrad (n)	'hege	הֶגֶה (ז)
Treibstoff (m)	'delek	דֶּלֶק (ז)

Sicherheitskarte (f)	hora'ot betixut	הוֹרָאוֹת בְּטִיחוּת (נ"ר)
Sauerstoffmaske (f)	masexat xamtsan	מַסֵּכַת חַמְצָן (נ)
Uniform (f)	madim	מַדִּים (ז"ר)

Rettungsweste (f)	xagorat hatsala	חֲגוֹרַת הַצָּלָה (נ)
Fallschirm (m)	mitsnax	מִצְנָח (ז)

Abflug, Start (m)	hamra'a	הַמְרָאָה (נ)
starten (vi)	lehamri	לְהַמְרִיא
Startbahn (f)	maslul hamra'a	מַסְלוּל הַמְרָאָה (ז)

Sicht (f)	re'ut	רְאוּת (נ)
Flug (m)	tisa	טִיסָה (נ)

Höhe (f)	'gova	גוֹבַהּ (ז)
Luftloch (n)	kis avir	כִּיס אֲוִויר (ז)

Platz (m)	moʃav	מוֹשָׁב (ז)
Kopfhörer (m)	ozniyot	אוֹזְנִיּוֹת (נ"ר)
Klapptisch (m)	magaʃ mitkapel	מַגָּשׁ מִתְקַפֵּל (ז)
Bullauge (n)	tsohar	צוֹהַר (ז)
Durchgang (m)	ma'avar	מַעֲבָר (ז)

142. Zug

Zug (m)	ra'kevet	רַכֶּבֶת (נ)
elektrischer Zug (m)	ra'kevet parvarim	רַכֶּבֶת פַּרְבָּרִים (נ)
Schnellzug (m)	ra'kevet mehira	רַכֶּבֶת מְהִירָה (נ)
Diesellok (f)	katar 'dizel	קַטָר דִיזֶל (ז)
Dampflok (f)	katar	קַטָר (ז)

Personenwagen (m)	karon	קָרוֹן (ז)
Speisewagen (m)	kron mis'ada	קרוֹן מִסְעָדָה (ז)

Schienen (pl)	mesilot	מְסִילוֹת (נ"ר)
Eisenbahn (f)	mesilat barzel	מְסִילַת בַּרְזֶל (נ)
Bahnschwelle (f)	'eden	אֶדֶן (ז)

Bahnsteig (m)	ratsif	רָצִיף (ז)
Gleis (n)	mesila	מְסִילָה (נ)
Eisenbahnsignal (n)	ramzor	רַמְזוֹר (ז)
Station (f)	taxana	תַחֲנָה (נ)

Lokomotivführer (m)	nahag ra'kevet	נַהַג רַכֶּבֶת (ז)
Träger (m)	sabal	סַבָּל (ז)
Schaffner (m)	sadran ra'kevet	סַדְרָן רַכֶּבֶת (ז)
Fahrgast (m)	no'se'a	נוֹסֵעַ (ז)
Fahrkartenkontrolleur (m)	bodek	בּוֹדֵק (ז)

Flur (m)	prozdor	פְּרוֹזְדוֹר (ז)
Notbremse (f)	ma'atsar xirum	מַעֲצַר חִירוּם (ז)

Abteil (n)	ta	תָא (ז)
Liegeplatz (m), Schlafkoje (f)	dargaʃ	דַרְגָש (ז)
oberer Liegeplatz (m)	dargaʃ elyon	דַרְגָש עֶלְיוֹן (ז)
unterer Liegeplatz (m)	dargaʃ taxton	דַרְגָש תַחְתוֹן (ז)
Bettwäsche (f)	matsa'im	מַצָעִים (ז"ר)

Fahrkarte (f)	kartis	כַּרְטִיס (ז)
Fahrplan (m)	'luax zmanim	לוּחַ זְמַנִים (ז)
Anzeigetafel (f)	'ʃelet meida	שֶׁלֶט מֵידָע (ז)

abfahren (der Zug)	latset	לָצֵאת
Abfahrt (f)	yetsi'a	יְצִיאָה (נ)

ankommen (der Zug)	leha'gi'a	לְהַגִיעַ
Ankunft (f)	haga'a	הַגָעָה (נ)

mit dem Zug kommen	leha'gi'a bera'kevet	לְהַגִיעַ בְּרַכֶּבֶת
in den Zug einsteigen	la'alot lera'kevet	לַעֲלוֹת לְרַכֶּבֶת
aus dem Zug aussteigen	la'redet mehara'kevet	לָרֶדֶת מֵהַרַכֶּבֶת

Zugunglück (n)	hitraskut	הִתְרַסְקוּת (נ)
entgleisen (vi)	la'redet mipasei ra'kevet	לָרֶדֶת מִפַּסֵי רַכֶּבֶת
Dampflok (f)	katar	קַטָר (ז)
Heizer (m)	masik	מַסִיק (ז)
Feuerbüchse (f)	kivʃan	כִּבְשָן (ז)
Kohle (f)	pexam	פֶּחָם (ז)

143. Schiff

Schiff (n)	sfina	סְפִינָה (נ)
Fahrzeug (n)	sfina	סְפִינָה (נ)
Dampfer (m)	oniyat kitor	אוֹנִיַת קִיטוֹר (נ)
Motorschiff (n)	sfinat nahar	סְפִינַת נָהָר (נ)
Kreuzfahrtschiff (n)	oniyat ta'anugot	אוֹנִיַת תַעֲנוּגוֹת (נ)
Kreuzer (m)	sa'yeret	סַיֶּרֶת (נ)
Jacht (f)	'yaxta	יַכְטָה (נ)
Schlepper (m)	go'reret	גוֹרֶרֶת (נ)
Lastkahn (m)	arba	אַרְבָּה (נ)
Fähre (f)	ma'a'boret	מַעֲבּוֹרֶת (נ)
Segelschiff (n)	sfinat mifras	סְפִינַת מִפְרָשׂ (נ)
Brigantine (f)	briganit	בְּרִיגָּנִית (נ)
Eisbrecher (m)	ʃo'veret 'kerax	שׁוֹבֶרֶת קֶרַח (נ)
U-Boot (n)	tso'lelet	צוֹלֶלֶת (נ)
Boot (n)	sira	סִירָה (נ)
Dingi (n), Beiboot (n)	sira	סִירָה (נ)
Rettungsboot (n)	sirat hatsala	סִירַת הַצָּלָה (נ)
Motorboot (n)	sirat ma'no'a	סִירַת מָנוֹעַ (נ)
Kapitän (m)	rav xovel	רַב־חוֹבֵל (ז)
Matrose (m)	malax	מַלָּח (ז)
Seemann (m)	yamai	יַמַּאי (ז)
Besatzung (f)	'tsevet	צֶוֶת (ז)
Bootsmann (m)	rav malaxim	רַב־מַלָּחִים (ז)
Schiffsjunge (m)	'na'ar sipun	נַעַר סִיפּוּן (ז)
Schiffskoch (m)	tabax	טַבָּח (ז)
Schiffsarzt (m)	rofe ha'oniya	רוֹפֵא הָאוֹנִיָּה (ז)
Deck (n)	sipun	סִיפּוּן (ז)
Mast (m)	'toren	תּוֹרֶן (ז)
Segel (n)	mifras	מִפְרָשׂ (ז)
Schiffsraum (m)	'beten oniya	בֶּטֶן אוֹנִיָּה (נ)
Bug (m)	xartom	חַרְטוֹם (ז)
Heck (n)	yarketei hasfina	יַרְכְּתֵי הַסְּפִינָה (ז"ר)
Ruder (n)	maʃot	מָשׁוֹט (ז)
Schraube (f)	madxef	מַדְחֵף (ז)
Kajüte (f)	ta	תָּא (ז)
Messe (f)	mo'adon ktsinim	מוֹעֲדוֹן קְצִינִים (ז)
Maschinenraum (m)	xadar mexonot	חֲדַר מְכוֹנוֹת (ז)
Kommandobrücke (f)	'geʃer hapikud	גֶּשֶׁר הַפִּיקוּד (ז)
Funkraum (m)	ta alxutan	תָּא אַלְחוּטָן (ז)
Radiowelle (f)	'teder	תֶּדֶר (ז)
Schiffstagebuch (n)	yoman ha'oniya	יוֹמַן הָאוֹנִיָּה (ז)
Fernrohr (n)	miʃ'kefet	מִשְׁקֶפֶת (נ)
Glocke (f)	pa'amon	פַּעֲמוֹן (ז)

Fahne (f)	'degel	דֶּגֶל (ז)
Seil (n)	avot ha'oniya	עֲבוֹת הָאוֹנִיָּה (נ)
Knoten (m)	'keʃer	קֶשֶׁר (ז)

| Geländer (n) | ma'ake hasipun | מַעֲקֵה הַסִּיפּוּן (ז) |
| Treppe (f) | 'keveʃ | כֶּבֶשׁ (ז) |

Anker (m)	'ogen	עוֹגֶן (ז)
den Anker lichten	leharim 'ogen	לְהָרִים עוֹגֶן
Anker werfen	la'agon	לַעֲגוֹן
Ankerkette (f)	ʃar'ʃeret ha'ogen	שַׁרְשֶׁרֶת הָעוֹגֶן (נ)

Hafen (m)	namal	נָמֵל (ז)
Anlegestelle (f)	'mezax	מֶזַח (ז)
anlegen (vi)	la'agon	לַעֲגוֹן
abstoßen (vt)	lehaflig	לְהַפְלִיג

Reise (f)	masa, tiyul	מַסָּע (ז), טִיּוּל (ז)
Kreuzfahrt (f)	'ʃayit	שַׁיִט (ז)
Kurs (m), Richtung (f)	kivun	כִּיוּוּן (ז)
Reiseroute (f)	nativ	נָתִיב (ז)

Fahrwasser (n)	nativ 'ʃayit	נְתִיב שַׁיִט (ז)
Untiefe (f)	sirton	שִׂרְטוֹן (ז)
stranden (vi)	la'alot al hasirton	לַעֲלוֹת עַל הַשִּׂרְטוֹן

Sturm (m)	sufa	סוּפָה (נ)
Signal (n)	ot	אוֹת (ז)
untergehen (vi)	lit'bo'a	לִטְבּוֹעַ
Mann über Bord!	adam ba'mayim!	אָדָם בַּמַּיִם!
SOS	kri'at hatsala	קְרִיאַת הַצָּלָה
Rettungsring (m)	galgal hatsala	גַּלְגַּל הַצָּלָה (ז)

144. Flughafen

Flughafen (m)	nemal te'ufa	נְמַל תְּעוּפָה (ז)
Flugzeug (n)	matos	מָטוֹס (ז)
Fluggesellschaft (f)	xevrat te'ufa	חֶבְרַת תְּעוּפָה (נ)
Fluglotse (m)	bakar tisa	בַּקָר טִיסָה (ז)

Abflug (m)	hamra'a	הַמְרָאָה (נ)
Ankunft (f)	nexita	נְחִיתָה (נ)
anfliegen (vi)	leha'gi'a betisa	לְהַגִּיעַ בְּטִיסָה

| Abflugzeit (f) | zman hamra'a | זְמַן הַמְרָאָה (ז) |
| Ankunftszeit (f) | zman nexita | זְמַן נְחִיתָה (ז) |

| sich verspäten | lehit'akev | לְהִתְעַכֵּב |
| Abflugverspätung (f) | ikuv hatisa | עִיכּוּב הַטִּיסָה (ז) |

Anzeigetafel (f)	'luax meida	לוּחַ מֵידַע (ז)
Information (f)	meida	מֵידַע (ז)
ankündigen (vt)	leho'dia	לְהוֹדִיעַ
Flug (m)	tisa	טִיסָה (נ)

Zollamt (n)	'meχes	מֶכֶס (ז)
Zollbeamter (m)	pakid 'meχes	פְּקִיד מֶכֶס (ז)

Zolldeklaration (f)	hatsharat meχes	הַצְהָרַת מֶכֶס (נ)
ausfüllen (vt)	lemale	לְמַלֵא
die Zollerklärung ausfüllen	lemale 'tofes hatshara	לְמַלֵא טוֹפֶס הַצהָרָה
Passkontrolle (f)	bdikat darkonim	בְּדִיקַת דַּרְכּוֹנִים (נ)

Gepäck (n)	kvuda	כְּבוּדָה (נ)
Handgepäck (n)	kvudat yad	כְּבוּדַת יָד (נ)
Kofferkuli (m)	eglat kvuda	עֶגְלַת כְּבוּדָה (נ)

Landung (f)	neχita	נְחִיתָה (נ)
Landebahn (f)	maslul neχita	מַסלוּל נְחִיתָה (ז)
landen (vi)	linχot	לִנחוֹת
Fluggasttreppe (f)	'keveʃ	כֶּבֶשׁ (ז)

Check-in (n)	tʃek in	צֶ'ק אִין (ז)
Check-in-Schalter (m)	dalpak tʃek in	דַּלְפַּק צֶ'ק אִין (ז)
sich registrieren lassen	leva'tse'a tʃek in	לְבַצֵּעַ צֶ'ק אִין
Bordkarte (f)	kartis aliya lematos	כַּרְטִיס עֲלָיָה לְמָטוֹס (ז)
Abfluggate (n)	'ʃa'ar yetsi'a	שַׁעַר יְצִיאָה (ז)

Transit (m)	ma'avar	מַעֲבָר (ז)
warten (vi)	lehamtin	לְהַמתִּין
Wartesaal (m)	traklin tisa	טְרַקְלִין טִיסָה (ז)
begleiten (vt)	lelavot	לְלַווֹת
sich verabschieden	lomar lehitra'ot	לוֹמַר לְהִתרָאוֹת

145. Fahrrad. Motorrad

Fahrrad (n)	ofa'nayim	אוֹפַנַּיִים (ז"ר)
Motorroller (m)	kat'no'a	קַטְנוֹעַ (ז)
Motorrad (n)	of'no'a	אוֹפנוֹעַ (ז)

Rad fahren	lirkov al ofa'nayim	לִרכּוֹב עַל אוֹפַנַּיִים
Lenkstange (f)	kidon	כִּידוֹן (ז)
Pedal (n)	davʃa	דַּווְשָׁה (נ)
Bremsen (pl)	blamim	בְּלָמִים (ז"ר)
Sattel (m)	ukaf	אוּכָּף (ז)

Pumpe (f)	maʃeva	מַשְׁאֵבָה (נ)
Gepäckträger (m)	sabal	סַבָּל (ז)
Scheinwerfer (m)	panas kidmi	פָּנָס קִדמִי (ז)
Helm (m)	kasda	קַסדָּה (נ)

Rad (n)	galgal	גַּלְגַּל (ז)
Schutzblech (n)	kanaf	כָּנָף (נ)
Felge (f)	χiʃuk	חִישׁוּק (ז)
Speiche (f)	χiʃur	חִישׁוּר (ז)

Autos

146. Autotypen

Auto (n)	meχonit	מְכוֹנִית (נ)
Sportwagen (m)	meχonit sport	מְכוֹנִית סְפּוֹרט (נ)
Limousine (f)	limu'zina	לִימוּזִינָה (נ)
Geländewagen (m)	'reχev 'ʃetaχ	רֶכֶב שֶׁטַח (ז)
Kabriolett (n)	meχonit gag niftaχ	מְכוֹנִית גַּג נִפְתָּח (נ)
Kleinbus (m)	'minibus	מִינִיבּוּס (ז)
Krankenwagen (m)	'ambulans	אַמְבּוּלַנְס (ז)
Schneepflug (m)	maf'leset 'ʃeleg	מַפְלֶסֶת שֶׁלֶג (נ)
Lastkraftwagen (m)	masa'it	מַשָּׂאִית (נ)
Tankwagen (m)	meχalit 'delek	מֵיכָלִית דֶּלֶק (נ)
Kastenwagen (m)	masa'it kala	מַשָּׂאִית קַלָּה (נ)
Sattelzug (m)	gorer	גּוֹרֵר (ז)
Anhänger (m)	garur	גָּרוּר (ז)
komfortabel	'noaχ	נוֹחַ
gebraucht	meʃumaʃ	מְשׁוּמָּשׁ

147. Autos. Karosserie

Motorhaube (f)	miχse hama'no'a	מִכְסֵה הַמָּנוֹעַ (ז)
Kotflügel (m)	kanaf	כָּנָף (נ)
Dach (n)	gag	גַּג (ז)
Windschutzscheibe (f)	ʃimʃa kidmit	שִׁמְשָׁה קִדְמִית (נ)
Rückspiegel (m)	mar'a aχorit	מַרְאָה אֲחוֹרִית (נ)
Scheibenwaschanlage (f)	mataz	מַתָז (ז)
Scheibenwischer (m)	magev	מַגֵּב (ז)
Seitenscheibe (f)	ʃimʃat tsad	שִׁמְשַׁת צַד (נ)
Fensterheber (m)	χalon χaʃmali	חַלוֹן חַשְׁמַלִי (ז)
Antenne (f)	an'tena	אַנְטֶנָה (נ)
Schiebedach (n)	χalon gag	חַלוֹן גַּג (ז)
Stoßstange (f)	pagoʃ	פָּגוֹשׁ (ז)
Kofferraum (m)	ta mit'an	תָא מִטְעָן (ז)
Dachgepäckträger (m)	gagon	גָּגוֹן (ז)
Wagenschlag (m)	'delet	דֶּלֶת (נ)
Türgriff (m)	yadit	יָדִית (נ)
Türschloss (n)	man'ul	מַנְעוּל (ז)
Nummernschild (n)	luχit riʃui	לוּחִית רִישׁוּי (נ)
Auspufftopf (m)	am'am	עַמְעָם (ז)

Benzintank (m)	meiχal 'delek	מֵיכָל דֶּלֶק (ז)
Auspuffrohr (n)	maflet	מַפְלֵט (ז)

Gas (n)	gaz	גָּז (ז)
Pedal (n)	davʃa	דַּוְושָׁה (נ)
Gaspedal (n)	davʃat gaz	דַּוְושַׁת גָּז (נ)

Bremse (f)	'belem	בֶּלֶם (ז)
Bremspedal (n)	davʃat hablamim	דַּוְושַׁת הַבְּלָמִים (נ)
bremsen (vi)	livlom	לִבְלוֹם
Handbremse (f)	'belem χaniya	בֶּלֶם חֲנָיָה (ז)

Kupplung (f)	matsmed	מַצְמֵד (ז)
Kupplungspedal (n)	davʃat hamatsmed	דַּוְושַׁת הַמַּצְמֵד (נ)
Kupplungsscheibe (f)	luχit hamatsmed	לוּחִית הַמַּצְמֵד (נ)
Stoßdämpfer (m)	bolem za'a'zu'a	בּוֹלֵם זַעֲזוּעִים (ז)

Rad (n)	galgal	גַּלְגַּל (ז)
Reserverad (n)	galgal χilufi	גַּלְגַּל חִילוּפִי (ז)
Reifen (m)	tsmig	צְמִיג (ז)
Radkappe (f)	tsa'laχat galgal	צַלַּחַת גַּלְגַּל (נ)

Triebräder (pl)	galgalim meni'im	גַּלְגַּלִּים מְנִיעִים (ז"ר)
mit Vorderantrieb	shel hana'a kidmit	שֶׁל הֲנָעָה קִדְמִית
mit Hinterradantrieb	shel hana'a aχorit	שֶׁל הֲנָעָה אֲחוֹרִית
mit Allradantrieb	shel hana'a male'a	שֶׁל הֲנָעָה מָלֵאָה

Getriebe (n)	teivat hiluχim	תֵּיבַת הִילּוּכִים (נ)
Automatik-	oto'mati	אוֹטוֹמָטִי
Schalt-	me'χani	מֶכָנִי
Schalthebel (m)	yadit hiluχim	יָדִית הִילּוּכִים (נ)

Scheinwerfer (m)	panas kidmi	פָּנָס קִדְמִי (ז)
Scheinwerfer (pl)	panasim	פָּנָסִים (ז"ר)

Abblendlicht (n)	or namuχ	אוֹר נָמוּךְ (ז)
Fernlicht (n)	or ga'voha	אוֹר גָּבוֹהַּ (ז)
Stopplicht (n)	or 'belem	אוֹר בֶּלֶם (ז)

Standlicht (n)	orot χanaya	אוֹרוֹת חֲנָיָה (ז"ר)
Warnblinker (m)	orot χerum	אוֹרוֹת חֵירוּם (ז"ר)
Nebelscheinwerfer (pl)	orot arafel	אוֹרוֹת עֲרָפֶל (ז"ר)
Blinker (m)	panas itut	פָּנָס אִיתּוּת (ז)
Rückfahrscheinwerfer (m)	orot revers	אוֹרוֹת רֶבֶרְס (ז"ר)

148. Autos. Fahrgastraum

Wageninnere (n)	ta hanos'im	תָּא הַנּוֹסְעִים (ז)
Leder-	asui me'or	עָשׂוּי מֵעוֹר
aus Velours	ktifati	קְטִיפָתִי
Polster (n)	ripud	רִיפּוּד (ז)

Instrument (n)	maχven	מַכְוֵון (ז)
Armaturenbrett (n)	'luaχ maχvenim	לוּחַ מַכְוֵונִים (ז)

Tachometer (m)	mad mehirut	מַד מְהִירוּת (ז)
Nadel (f)	'maχat	מַחַט (נ)

Kilometerzähler (m)	mad merχak	מַד מֶרְחָק (ז)
Anzeige (Temperatur-)	χaiʃan	חַיְשָׁן (ז)
Pegel (m)	ramat mi'lui	רָמַת מִילוּי (נ)
Kontrollleuchte (f)	nurat azhara	נוּרַת אַזְהָרָה (נ)

Steuerrad (n)	'hege	הֶגֶה (ז)
Hupe (f)	tsofar	צוֹפָר (ז)
Knopf (m)	kaftor	כַּפְתּוֹר (ז)
Umschalter (m)	'meteg	מֶתֶג (ז)

Sitz (m)	moʃav	מוֹשָׁב (ז)
Rückenlehne (f)	miʃ"enet	מִשְׁעֶנֶת (נ)
Kopfstütze (f)	miʃ"enet roʃ	מִשְׁעֶנֶת רֹאשׁ (נ)
Sicherheitsgurt (m)	χagorat betiχut	חֲגוֹרַת בְּטִיחוּת (נ)
sich anschnallen	lehadek χagora	לְהַדֵּק חֲגוֹרָה
Einstellung (f)	kivnun	כִּיוּוּנוּן (ז)

Airbag (m)	karit avir	כָּרִית אֲוִויר (נ)
Klimaanlage (f)	mazgan	מַזְגָן (ז)

Radio (n)	'radyo	רָדְיוֹ (ז)
CD-Spieler (m)	'diskmen	דִיסְקְמֶן (ז)
einschalten (vt)	lehadlik	לְהַדְלִיק
Antenne (f)	an'tena	אַנְטֶנָה (נ)
Handschuhfach (n)	ta kfafot	תָּא כְּפָפוֹת (ז)
Aschenbecher (m)	ma'afera	מַאֲפֵרָה (נ)

149. Autos. Motor

Triebwerk (n)	ma'no'a	מָנוֹעַ (ז)
Motor (m)	ma'no'a	מָנוֹעַ (ז)
Diesel-	shel 'dizel	שֶׁל דִיזֶל
Benzin-	'delek	דֶלֶק

Hubraum (m)	'nefaχ ma'no'a	נֶפַח מָנוֹעַ (ז)
Leistung (f)	otsma	עוֹצְמָה (נ)
Pferdestärke (f)	'koaχ sus	כּוֹחַ סוּס (ז)
Kolben (m)	buχna	בּוּכְנָה (נ)
Zylinder (m)	tsi'linder	צִילִינְדֶר (ז)
Ventil (n)	ʃastom	שַׁסְתּוֹם (ז)

Injektor (m)	mazrek	מַזְרֵק (ז)
Generator (m)	meχolel	מְחוֹלֵל (ז)
Vergaser (m)	me'ayed	מְאַיֵּד (ז)
Motoröl (n)	'ʃemen mano'im	שֶׁמֶן מָנוֹעִים (ז)

Kühler (m)	matsnen	מַצְנֵן (ז)
Kühlflüssigkeit (f)	nozel kirur	נוֹזֵל קִירוּר (ז)
Ventilator (m)	me'avrer	מְאַוְוֵרר (ז)
Autobatterie (f)	matsber	מַצְבֵּר (ז)
Anlasser (m)	mat'ne'a	מַתְנֵעַ (ז)

Zündung (f)	hatsata	הַצָּתָה (נ)
Zündkerze (f)	matset	מַצֵּת (ז)
Klemme (f)	'hedek	הֶדֵק (ז)
Pluspol (m)	'hedek χiyuvi	הֶדֵק חִיּוּבִי (ז)
Minuspol (m)	'hedek ʃlili	הֶדֵק שְׁלִילִי (ז)
Sicherung (f)	natiχ	נָתִיךְ (ז)
Luftfilter (m)	masnen avir	מַסְנֵן אֲוִיר (ז)
Ölfilter (m)	masnen 'ʃemen	מַסְנֵן שֶׁמֶן (ז)
Treibstofffilter (m)	masnen 'delek	מַסְנֵן דֶּלֶק (ז)

150. Autos. Unfall. Reparatur

Unfall (m)	te'una	תְּאוּנָה (נ)
Verkehrsunfall (m)	te'unat draχim	תְּאוּנַת דְּרָכִים (נ)
fahren gegen …	lehitnageʃ	לְהִתְנַגֵּשׁ
verunglücken (vi)	lehima'eχ	לְהִימָּעֵךְ
Schaden (m)	'nezek	נֶזֶק (ז)
heil (Adj)	ʃalem	שָׁלֵם
Panne (f)	takala	תַּקָּלָה (נ)
kaputtgehen (vi)	lehitkalkel	לְהִתְקַלְקֵל
Abschleppseil (n)	'χevel grar	חֶבֶל גְּרָר (ז)
Reifenpanne (f)	'teker	תֶּקֶר (ז)
platt sein	lehitpantʃer	לְהִתְפַּנְצֵ'ר
pumpen (vt)	lena'peaχ	לְנַפֵּחַ
Reifendruck (m)	'laχats	לַחַץ (ז)
prüfen (vt)	livdok	לִבְדֹּק
Reparatur (f)	ʃiputs	שִׁפּוּץ (ז)
Reparaturwerkstatt (f)	musaχ	מוּסָךְ (ז)
Ersatzteil (n)	'χelek χiluf	חֵלֶק חִילּוּף (ז)
Einzelteil (n)	'χelek	חֵלֶק (ז)
Bolzen (m)	'boreg	בֹּרֶג (ז)
Schraube (f)	'boreg	בֹּרֶג (ז)
Schraubenmutter (f)	om	אֹם (ז)
Scheibe (f)	diskit	דִּיסְקִית (נ)
Lager (n)	mesav	מֵסַב (ז)
Rohr (Abgas-)	tsinorit	צִינּוֹרִית (נ)
Dichtung (f)	'etem	אֶטֶם (ז)
Draht (m)	χut	חוּט (ז)
Wagenheber (m)	dʒek	גֵ'ק (ז)
Schraubenschlüssel (m)	maf'teaχ bragim	מַפְתֵּחַ בְּרָגִים (ז)
Hammer (m)	patiʃ	פַּטִישׁ (ז)
Pumpe (f)	maʃeva	מַשְׁאֵבָה (נ)
Schraubenzieher (m)	mavreg	מַבְרֵג (ז)
Feuerlöscher (m)	mataf	מַטָּף (ז)
Warndreieck (n)	meʃulaʃ χirum	מְשׁוּלָּשׁ חֵירוּם (ז)

abwürgen (Motor)	ledomem	לדומם
Anhalten (~ des Motors)	hadmama	הדממה (נ)
kaputt sein	lihyot ʃavur	להיות שבור

überhitzt werden (Motor)	lehitχamem yoter midai	להתחמם יותר מדי
verstopft sein	lehisatem	להיסתם
einfrieren (Schloss, Rohr)	likpo	לקפוא
zerplatzen (vi)	lehitpa'ke'a	להתפקע

Druck (m)	'laχats	לחץ (ז)
Pegel (m)	ramat mi'lui	רמת מילוי (נ)
schlaff (z.B. -e Riemen)	rafe	רפה

Delle (f)	dfika	דפיקה (נ)
Klopfen (n)	'ra'aʃ	רעש (ז)
Riß (m)	'sedek	סדק (ז)
Kratzer (m)	srita	שריטה (נ)

151. Autos. Straßen

Fahrbahn (f)	'dereχ	דרך (נ)
Schnellstraße (f)	kviʃ mahir	כביש מהיר (ז)
Autobahn (f)	kviʃ mahir	כביש מהיר (ז)
Richtung (f)	kivun	כיוון (ז)
Entfernung (f)	merχak	מרחק (ז)

Brücke (f)	'geʃer	גשר (ז)
Parkplatz (m)	χanaya	חנייה (נ)
Platz (m)	kikar	כיכר (נ)
Autobahnkreuz (n)	meχlaf	מחלף (ז)
Tunnel (m)	minhara	מנהרה (נ)

Tankstelle (f)	taχanat 'delek	תחנת דלק (נ)
Parkplatz (m)	migraʃ χanaya	מגרש חנייה (ז)
Zapfsäule (f)	maʃevat 'delek	משאבת דלק (נ)
Reparaturwerkstatt (f)	musaχ	מוסך (ז)
tanken (vt)	letadlek	לתדלק
Treibstoff (m)	'delek	דלק (ז)
Kanister (m)	'dʒerikan	ג'ריקן (ז)

Asphalt (m)	asfalt	אספלט (ז)
Markierung (f)	simun	סימון (ז)
Bordstein (m)	sfat midraχa	שפת מדרכה (נ)
Leitplanke (f)	ma'ake betiχut	מעקה בטיחות (ז)
Graben (m)	te'ala	תעלה (נ)
Straßenrand (m)	ʃulei ha'dereχ	שולי הדרך (ז"ר)
Straßenlaterne (f)	amud te'ura	עמוד תאורה (ז)

fahren (vt)	linhog	לנהוג
abbiegen (nach links ~)	lifnot	לפנות
umkehren (vi)	leva'tse'a pniyat parsa	לבצע פניית פרסה
Rückwärtsgang (m)	hiluχ aχori	הילוך אחורי (ז)
hupen (vi)	litspor	לצפור
Hupe (f)	tsfira	צפירה (נ)

stecken (im Schlamm ~)	lehitaka	לְהִיתָקַע
durchdrehen (Räder)	lesovev et hagalgal al rek	לְסוֹבֵב אֶת הַגַּלְגַּלִים עַל רֵיק
abstellen (Motor ~)	ledomem	לְדוֹמֵם
Geschwindigkeit (f)	mehirut	מְהִירוּת (נ)
Geschwindigkeit überschreiten	linhog bemehirut muf'rezet	לִנְהוֹג בִּמְהִירוּת מוּפְרֶזֶת
bestrafen (vt)	liknos	לִקְנוֹס
Ampel (f)	ramzor	רַמְזוֹר (ז)
Führerschein (m)	riʃyon nehiga	רִשָׁיוֹן נְהִיגָה (ז)
Bahnübergang (m)	ma'avar pasei ra'kevet	מַעֲבָר פַּסֵי רַכֶּבֶת (ז)
Straßenkreuzung (f)	'tsomet	צוֹמֶת (ז)
Fußgängerüberweg (m)	ma'avar xatsaya	מַעֲבָר חֲצָיָה (ז)
Kehre (f)	pniya	פְּנִיָּה (נ)
Fußgängerzone (f)	midreχov	מִדְרְחוֹב (ז)

MENSCHEN. LEBENSEREIGNISSE

Lebensereignisse

152. Feiertage. Ereignis

Fest (n)	χagiga	חֲגִיגָה (נ)
Nationalfeiertag (m)	χag le'umi	חַג לְאוֹמִי (ז)
Feiertag (m)	yom χag	יוֹם חַג (ז)
feiern (vt)	laχgog	לַחְגוֹג
Ereignis (n)	hitraχaʃut	הִתְרַחֲשׁוּת (נ)
Veranstaltung (f)	ei'ru'a	אֵירוּעַ (ז)
Bankett (n)	se'uda χagigit	סְעוּדָה חֲגִיגִית (נ)
Empfang (m)	ei'ruaχ	אֵירוּחַ (ז)
Festmahl (n)	miʃte	מִשְׁתֶּה (ז)
Jahrestag (m)	yom haʃana	יוֹם הַשָׁנָה (ז)
Jubiläumsfeier (f)	χag hayovel	חַג הַיוֹבֵל (ז)
begehen (vt)	laχgog	לַחְגוֹג
Neujahr (n)	ʃana χadaʃa	שָׁנָה חָדָשָׁה (נ)
Frohes Neues Jahr!	ʃana tova!	שָׁנָה טוֹבָה!
Weihnachtsmann (m)	'santa 'kla'us	סַנְטָה קְלָאוּס
Weihnachten (n)	χag hamolad	חַג הַמוֹלָד (ז)
Frohe Weihnachten!	χag hamolad sa'meaχ!	חַג הַמוֹלָד שָׂמֵחַ!
Tannenbaum (m)	ets χag hamolad	עֵץ חַג הַמוֹלָד (ז)
Feuerwerk (n)	zikukim	זִיקוּקִים (ז"ר)
Hochzeit (f)	χatuna	חֲתוּנָה (נ)
Bräutigam (m)	χatan	חָתָן (ז)
Braut (f)	kala	כַּלָה (נ)
einladen (vt)	lehazmin	לְהַזְמִין
Einladung (f)	hazmana	הַזְמָנָה (נ)
Gast (m)	o'reaχ	אוֹרֵחַ (ז)
besuchen (vt)	levaker	לְבַקֵר
Gäste empfangen	lekabel orχim	לְקַבֵּל אוֹרְחִים
Geschenk (n)	matana	מַתָּנָה (נ)
schenken (vt)	latet matana	לָתֵת מַתָּנָה
Geschenke bekommen	lekabel matanot	לְקַבֵּל מַתָּנוֹת
Blumenstrauß (m)	zer	זֵר (ז)
Glückwunsch (m)	braχa	בְּרָכָה (נ)
gratulieren (vi)	levareχ	לְבָרֵךְ
Glückwunschkarte (f)	kartis braχa	כַּרְטִיס בְּרָכָה (ז)

| eine Karte abschicken | liʃ'loaχ gluya | לִשְׁלוֹחַ גְּלוּיָה |
| eine Karte erhalten | lekabel gluya | לְקַבֵּל גְּלוּיָה |

Trinkspruch (m)	leharim kosit	לְהָרִים כּוֹסִית
anbieten (vt)	leχabed	לְכַבֵּד
Champagner (m)	ʃam'panya	שַׁמְפַּנְיָה (נ)

sich amüsieren	lehanot	לֵיהָנוֹת
Fröhlichkeit (f)	alitsut	עֲלִיצוּת (נ)
Freude (f)	simχa	שִׂמְחָה (נ)

| Tanz (m) | rikud | רִיקוּד (ז) |
| tanzen (vi, vt) | lirkod | לִרְקוֹד |

| Walzer (m) | vals | וַלְס (ז) |
| Tango (m) | 'tango | טַנְגּוֹ (ז) |

153. Bestattungen. Begräbnis

Friedhof (m)	beit kvarot	בֵּית קְבָרוֹת (ז)
Grab (n)	'kever	קֶבֶר (ז)
Kreuz (n)	tslav	צְלָב (ז)
Grabstein (m)	matseva	מַצֵּבָה (נ)
Zaun (m)	gader	גָּדֵר (נ)
Kapelle (f)	beit tfila	בֵּית תְּפִילָה (ז)

Tod (m)	'mavet	מָוֶת (ז)
sterben (vi)	lamut	לָמוּת
Verstorbene (m)	niftar	נִפְטָר (ז)
Trauer (f)	'evel	אֵבֶל (ז)

begraben (vt)	likbor	לִקְבּוֹר
Bestattungsinstitut (n)	beit levayot	בֵּית לְוָיוֹת (ז)
Begräbnis (n)	levaya	לְוָיָה (נ)

Kranz (m)	zer	זֵר (ז)
Sarg (m)	aron metim	אֲרוֹן מֵתִים (ז)
Katafalk (m)	kron hamet	קְרוֹן הַמֵּת (ז)
Totenhemd (n)	taχriχim	תַּכְרִיכִים (ז"ר)

Trauerzug (m)	tahaluχat 'evel	תַּהֲלוּכַת אֵבֶל (נ)
Urne (f)	kad 'efer	כַּד אֵפֶר (ז)
Krematorium (n)	misrafa	מִשְׂרָפָה (נ)

Nachruf (m)	moda'at 'evel	מוֹדָעַת אֵבֶל (נ)
weinen (vi)	livkot	לִבְכּוֹת
schluchzen (vi)	lehitya'peaχ	לְהִתְיַיפֵּחַ

154. Krieg. Soldaten

| Zug (m) | maχlaka | מַחְלָקָה (נ) |
| Kompanie (f) | pluga | פְּלוּגָה (נ) |

Regiment (n)	xativa	חֲטִיבָה (נ)
Armee (f)	tsava	צָבָא (ז)
Division (f)	ugda	אוּגְדָּה (נ)

| Abteilung (f) | kita | פִּיתָה (נ) |
| Heer (n) | 'xayil | חַיִל (ז) |

| Soldat (m) | xayal | חַיָּל (ז) |
| Offizier (m) | katsin | קָצִין (ז) |

Soldat (m)	turai	טוּרַאי (ז)
Feldwebel (m)	samal	סַמָּל (ז)
Leutnant (m)	'segen	סֶגֶן (ז)
Hauptmann (m)	'seren	סֶרֶן (ז)
Major (m)	rav 'seren	רַב־סֶרֶן (ז)
Oberst (m)	aluf miʃne	אַלּוּף מִשְׁנֶה (ז)
General (m)	aluf	אַלּוּף (ז)

Matrose (m)	yamai	יַמַּאי (ז)
Kapitän (m)	rav xovel	רַב־חוֹבֵל (ז)
Bootsmann (m)	rav malaxim	רַב־מַלָּחִים (ז)

Artillerist (m)	totxan	תּוֹתְחָן (ז)
Fallschirmjäger (m)	tsanxan	צַנְחָן (ז)
Pilot (m)	tayas	טַיָּס (ז)
Steuermann (m)	navat	נַוָּט (ז)
Mechaniker (m)	mexonai	מְכוֹנַאי (ז)

Pionier (m)	xablan	חַבְּלָן (ז)
Fallschirmspringer (m)	tsanxan	צַנְחָן (ז)
Aufklärer (m)	iʃ modi'in kravi	אִישׁ מוֹדִיעִין קְרָבִי (ז)
Scharfschütze (m)	tsalaf	צַלָּף (ז)

Patrouille (f)	siyur	סִיּוּר (ז)
patrouillieren (vi)	lefatrel	לְפַטְרֵל
Wache (f)	zakif	זָקִיף (ז)

| Krieger (m) | loxem | לוֹחֵם (ז) |
| Patriot (m) | patriyot | פַּטְרִיוֹט (ז) |

| Held (m) | gibor | גִּבּוֹר (ז) |
| Heldin (f) | gibora | גִּבּוֹרָה (נ) |

| Verräter (m) | boged | בּוֹגֵד (ז) |
| verraten (vt) | livgod | לִבְגּוֹד |

| Deserteur (m) | arik | עָרִיק (ז) |
| desertieren (vi) | la'arok | לַעֲרוֹק |

Söldner (m)	sxir 'xerev	שְׂכִיר חֶרֶב (ז)
Rekrut (m)	tiron	טִירוֹן (ז)
Freiwillige (m)	mitnadev	מִתְנַדֵּב (ז)

Getoetete (m)	harug	הָרוּג (ז)
Verwundete (m)	pa'tsu'a	פָּצוּעַ (ז)
Kriegsgefangene (m)	ʃavui	שָׁבוּי (ז)

155. Krieg. Militärische Aktionen. Teil 1

Krieg (m)	milχama	מִלְחָמָה (נ)
Krieg führen	lehilaχem	לְהִילָחֵם
Bürgerkrieg (m)	mil'χemet ezraχim	מִלְחֶמֶת אֶזְרָחִים (נ)
heimtückisch (Adv)	bogdani	בּוֹגְדָנִי
Kriegserklärung (f)	haχrazat milχama	הַכְרָזַת מִלְחָמָה (נ)
erklären (den Krieg ~)	lehaχriz	לְהַכְרִיז
Aggression (f)	tokfanut	תּוֹקְפָנוּת (נ)
einfallen (Staat usw.)	litkof	לִתְקוֹף
einfallen (in ein Land ~)	liχboʃ	לִכְבּוֹש
Invasoren (pl)	koveʃ	כּוֹבֵש (ז)
Eroberer (m), Sieger (m)	koveʃ	כּוֹבֵש (ז)
Verteidigung (f)	hagana	הֲגָנָה (נ)
verteidigen (vt)	lehagen al	לְהָגֵן עַל
sich verteidigen	lehitgonen	לְהִתְגּוֹנֵן
Feind (m)	oyev	אוֹיֵב (ז)
Gegner (m)	yariv	יָרִיב (ז)
Feind-	ʃel oyev	שֶל אוֹיֵב
Strategie (f)	astra'tegya	אַסְטְרָטֶגְיָה (נ)
Taktik (f)	'taktika	טַקְטִיקָה (נ)
Befehl (m)	pkuda	פְקוּדָה (נ)
Anordnung (f)	pkuda	פְקוּדָה (נ)
befehlen (vt)	lifkod	לִפְקוֹד
Auftrag (m)	mesima	מְשִימָה (נ)
geheim (Adj)	sodi	סוֹדִי
Gefecht (n)	krav	קְרָב (ז)
Schlacht (f)	ma'araχa	מַעֲרָכָה (נ)
Kampf (m)	krav	קְרָב (ז)
Angriff (m)	hatkafa	הַתְקָפָה (נ)
Sturm (m)	hista'arut	הִסְתָּעֲרוּת (נ)
stürmen (vt)	lehista'er	לְהִסְתָּעֵר
Belagerung (f)	matsor	מָצוֹר (ז)
Angriff (m)	mitkafa	מִתְקָפָה (נ)
angreifen (vt)	latset lemitkafa	לָצֵאת לְמִתְקָפָה
Rückzug (m)	nesiga	נְסִיגָה (נ)
sich zurückziehen	la'seget	לָסֶגֶת
Einkesselung (f)	kitur	כִּיתּוּר (ז)
einkesseln (vt)	leχater	לְכַתֵר
Bombenangriff (m)	haftsatsa	הַפְצָצָה (נ)
eine Bombe abwerfen	lehatil ptsatsa	לְהָטִיל פְצָצָה
bombardieren (vt)	lehaftsits	לְהַפְצִיץ
Explosion (f)	pitsuts	פִּיצוּץ (ז)

Schuss (m)	yeriya	יְרִיָּה (נ)
schießen (vt)	lirot	לִירוֹת
Schießerei (f)	'yeri	יֶרִי (ז)

zielen auf ...	leχaven 'neʃek	לְכַוֵּן נֶשֶׁק
richten (die Waffe)	leχaven	לְכַוֵּן
treffen (ins Schwarze ~)	lik'lo'a	לִקְלוֹעַ

versenken (vt)	lehat'bi'a	לְהַטְבִּיעַ
Loch (im Schiffsrumpf)	pirtsa	פִּרְצָה (נ)
versinken (Schiff)	lit'bo'a	לִטְבּוֹעַ

Front (f)	χazit	חֲזִית (נ)
Evakuierung (f)	pinui	פִּינּוּי (ז)
evakuieren (vt)	lefanot	לְפַנּוֹת

Schützengraben (m)	te'ala	תְּעָלָה (נ)
Stacheldraht (m)	'tayil dokrani	תַּיִל דּוֹקְרָנִי (ז)
Sperre (z.B. Panzersperre)	maχsom	מַחְסוֹם (ז)
Wachtturm (m)	migdal ʃmira	מִגְדַּל שְׁמִירָה (ז)

Lazarett (n)	beit χolim tsva'i	בֵּית חוֹלִים צְבָאִי (ז)
verwunden (vt)	lif'tso'a	לִפְצוֹעַ
Wunde (f)	'petsa	פֶּצַע (ז)
Verwundete (m)	pa'tsu'a	פָּצוּעַ (ז)
verletzt sein	lehipatsa	לְהִיפָּצַע
schwer (-e Verletzung)	kaʃe	קָשֶׁה

156. Waffen

Waffe (f)	'neʃek	נֶשֶׁק (ז)
Schusswaffe (f)	'neʃek χam	נֶשֶׁק חַם (ז)
blanke Waffe (f)	'neʃek kar	נֶשֶׁק קַר (ז)

chemischen Waffen (pl)	'neʃek 'χimi	נֶשֶׁק כִימִי (ז)
Kern-, Atom-	gar'ini	גַּרְעִינִי
Kernwaffe (f)	'neʃek gar'ini	נֶשֶׁק גַּרְעִינִי (ז)

| Bombe (f) | ptsatsa | פְּצָצָה (נ) |
| Atombombe (f) | ptsatsa a'tomit | פְּצָצָה אָטוֹמִית (נ) |

Pistole (f)	ekdaχ	אֶקְדָּח (ז)
Gewehr (n)	rove	רוֹבֶה (ז)
Maschinenpistole (f)	tat mak'le'a	תַּת-מַקְלֵעַ (ז)
Maschinengewehr (n)	mak'le'a	מַקְלֵעַ (ז)

Mündung (f)	kane	קָנֶה (ז)
Lauf (Gewehr-)	kane	קָנֶה (ז)
Kaliber (n)	ka'liber	קָלִיבֶּר (ז)

Abzug (m)	'hedek	הֶדֶק (ז)
Visier (n)	ka'venet	כַּוֶּנֶת (נ)
Magazin (n)	maχsanit	מַחְסָנִית (נ)
Kolben (m)	kat	קַת (נ)

143

| Handgranate (f) | rimon | רִימוֹן (ז) |
| Sprengstoff (m) | 'χomer 'nefets | חוֹמֶר נֶפֶץ (ז) |

Kugel (f)	ka'li'a	קְלִיעַ (ז)
Patrone (f)	kadur	כַּדוּר (ז)
Ladung (f)	te'ina	טְעִינָה (נ)
Munition (f)	taχ'moſet	תַּחְמוֹשֶׁת (נ)

Bomber (m)	maftsits	מַפְצִיץ (ז)
Kampfflugzeug (n)	metos krav	מְטוֹס קְרָב (ז)
Hubschrauber (m)	masok	מָסוֹק (ז)

Flugabwehrkanone (f)	totaχ 'neged metosim	תּוֹתָח נֶגֶד מְטוֹסִים (ז)
Panzer (m)	tank	טַנְק (ז)
Panzerkanone (f)	totaχ	תּוֹתָח (ז)

Artillerie (f)	arti'lerya	אַרְטִילֶרְיָה (נ)
Kanone (f)	totaχ	תּוֹתָח (ז)
richten (die Waffe)	leχaven	לְכַוֵּון

Geschoß (n)	pagaz	פֶּגֶז (ז)
Wurfgranate (f)	ptsatsat margema	פְּצָצַת מַרְגֵמָה (נ)
Granatwerfer (m)	margema	מַרְגֵמָה (נ)
Splitter (m)	resis	רְסִיס (ז)

U-Boot (n)	tso'lelet	צוֹלֶלֶת (נ)
Torpedo (m)	tor'pedo	טוֹרְפֶּדוֹ (ז)
Rakete (f)	til	טִיל (ז)

laden (Gewehr)	lit'on	לִטְעוֹן
schießen (vi)	lirot	לִירוֹת
zielen auf ...	leχaven	לְכַוֵּון
Bajonett (n)	kidon	כִּידוֹן (ז)

Degen (m)	'χerev	חֶרֶב (נ)
Säbel (m)	'χerev paraſim	חֶרֶב פָּרָשִׁים (ז)
Speer (m)	χanit	חֲנִית (נ)
Bogen (m)	'keſet	קֶשֶׁת (נ)
Pfeil (m)	χets	חֵץ (ז)
Muskete (f)	musket	מוּסְקֵט (ז)
Armbrust (f)	'keſet metsu'levet	קֶשֶׁת מְצוּלֶבֶת (נ)

157. Menschen der Antike

vorzeitlich	kadmon	קַדְמוֹן
prähistorisch	prehis'tori	פְּרֶהִיסְטוֹרִי
alt (antik)	atik	עַתִּיק

Steinzeit (f)	idan ha''even	עִידָן הָאֶבֶן (ז)
Bronzezeit (f)	idan ha'arad	עִידָן הָאָרָד (ז)
Eiszeit (f)	idan ha'keraχ	עִידָן הַקֶּרַח (ז)

| Stamm (m) | 'ſevet | שֶׁבֶט (ז) |
| Kannibale (m) | oχel adam | אוֹכֵל אָדָם (ז) |

Jäger (m)	tsayad	צַיָּד (ז)
jagen (vi)	latsud	לָצוּד
Mammut (n)	ma'muta	מָמוּטָה (נ)

Höhle (f)	me'ara	מְעָרָה (נ)
Feuer (n)	eʃ	אֵשׁ (נ)
Lagerfeuer (n)	medura	מְדוּרָה (נ)
Höhlenmalerei (f)	pet'roglif	פֶּטְרוֹגְלִיף (ז)

Werkzeug (n)	kli	כְּלִי (ז)
Speer (m)	χanit	חֲנִית (נ)
Steinbeil (n), Steinaxt (f)	garzen ha'even	גַּרְזֶן הָאֶבֶן (ז)
Krieg führen	lehilaχem	לְהִילָחֵם
domestizieren (vt)	levayet	לְבַיֵּת

Idol (n)	'pesel	פֶּסֶל (ז)
anbeten (vt)	la'avod et	לַעֲבוֹד אֶת
Aberglaube (m)	emuna tfela	אֱמוּנָה תְּפֵלָה (נ)
Brauch (m), Ritus (m)	'tekes	טֶקֶס (ז)

Evolution (f)	evo'lutsya	אֶבוֹלוּצְיָה (נ)
Entwicklung (f)	hitpatχut	הִתְפַּתְּחוּת (נ)
Verschwinden (n)	he'almut	הֵיעָלְמוּת (נ)
sich anpassen	lehistagel	לְהִסְתַּגֵּל

Archäologie (f)	arχe'o'logya	אַרְכֵיאוֹלוֹגְיָה (נ)
Archäologe (m)	arχe'olog	אַרְכֵיאוֹלוֹג (ז)
archäologisch	arχe'o'logi	אַרְכֵיאוֹלוֹגִי

Ausgrabungsstätte (f)	atar χafirot	אֲתַר חֲפִירוֹת (ז)
Ausgrabungen (pl)	χafirot	חֲפִירוֹת (נ"ר)
Fund (m)	mimtsa	מִמְצָא (ז)
Fragment (n)	resis	רְסִיס (ז)

158. Mittelalter

Volk (n)	am	עַם (ז)
Völker (pl)	amim	עַמִּים (ז"ר)
Stamm (m)	'ʃevet	שֵׁבֶט (ז)
Stämme (pl)	ʃvatim	שְׁבָטִים (ז"ר)

Barbaren (pl)	bar'barim	בַּרְבָּרִים (ז"ר)
Gallier (pl)	'galim	גָּאלִים (ז"ר)
Goten (pl)	'gotim	גוֹתִים (ז"ר)
Slawen (pl)	'slavim	סְלָאבִים (ז"ר)
Wikinger (pl)	'vikingim	וִיקִינְגִים (ז"ר)

| Römer (pl) | roma'im | רוֹמָאִים (ז"ר) |
| römisch | 'romi | רוֹמִי |

Byzantiner (pl)	bi'zantim	בִּיזַנְטִים (ז"ר)
Byzanz (n)	bizantion, bizants	בִּיזַנְטְיוֹן, בִּיזַנְץ (נ)
byzantinisch	bi'zanti	בִּיזַנְטִי
Kaiser (m)	keisar	קֵיסָר (ז)

145

Häuptling (m)	manhig	מַנְהִיג (ז)
mächtig (Kaiser usw.)	rav 'koaχ	רַב־כּוֹחַ
König (m)	'meleχ	מֶלֶךְ (ז)
Herrscher (Monarch)	ʃalit	שַׁלִּיט (ז)

Ritter (m)	abir	אַבִּיר (ז)
Feudalherr (m)	fe'odal	פֵּיאוֹדָל (ז)
feudal, Feudal-	fe'o'dali	פֵּיאוֹדָלִי
Vasall (m)	vasal	וָסָל (ז)

Herzog (m)	dukas	דּוּכָּס (ז)
Graf (m)	rozen	רוֹזֵן (ז)
Baron (m)	baron	בָּרוֹן (ז)
Bischof (m)	'biʃof	בִּישׁוֹף (ז)

Rüstung (f)	ʃiryon	שִׁרְיוֹן (ז)
Schild (m)	magen	מָגֵן (ז)
Schwert (n)	'χerev	חֶרֶב (נ)
Visier (n)	magen panim	מָגֵן פָּנִים (ז)
Panzerhemd (n)	ʃiryon kaskasim	שִׁרְיוֹן קַשְׂקַשִּׂים (ז)

Kreuzzug (m)	masa tslav	מַסָּע צְלָב (ז)
Kreuzritter (m)	tsalban	צַלְבָּן (ז)

Territorium (n)	'ʃetaχ	שֶׁטַח (ז)
einfallen (vt)	litkof	לִתְקוֹף
erobern (vt)	liχboʃ	לִכְבּוֹשׁ
besetzen (Land usw.)	lehiʃtalet	לְהִשְׁתַּלֵּט

Belagerung (f)	matsor	מָצוֹר (ז)
belagert	natsur	נָצוּר
belagern (vt)	latsur	לָצוּר

Inquisition (f)	inkvi'zitsya	אִינְקְווִיזִיצְיָה (נ)
Inquisitor (m)	inkvi'zitor	אִינְקְווִיזִיטוֹר (ז)
Folter (f)	inui	עִינּוּי (ז)
grausam (-e Folter)	aχzari	אַכְזָרִי
Häretiker (m)	kofer	כּוֹפֵר (ז)
Häresie (f)	kfira	כְּפִירָה (נ)

Seefahrt (f)	haflaga bayam	הַפְלָגָה בְּיָם (נ)
Seeräuber (m)	ʃoded yam	שׁוֹדֵד יָם (ז)
Seeräuberei (f)	pi'ratiyut	פִּירָטִיּוּת (נ)
Enterung (f)	la'alot al	לַעֲלוֹת עַל

Beute (f)	ʃalal	שָׁלָל (ז)
Schätze (pl)	otsarot	אוֹצָרוֹת (ז"ר)

Entdeckung (f)	taglit	תַּגְלִית (נ)
entdecken (vt)	legalot	לְגַלּוֹת
Expedition (f)	miʃ'laχat	מִשְׁלַחַת (נ)

Musketier (m)	musketer	מוּסְקֶטֶר (ז)
Kardinal (m)	χaʃman	חַשְׁמָן (ז)
Heraldik (f)	he'raldika	הֶרַלְדִּיקָה (נ)
heraldisch	he'raldi	הֶרַלְדִּי

159. Führungspersonen. Chef. Behörden

König (m)	'meleχ	מֶלֶךְ (ז)
Königin (f)	malka	מַלְכָּה (נ)
königlich	malχuti	מַלְכוּתִי
Königreich (n)	mamlaχa	מַמְלָכָה (נ)

| Prinz (m) | nasiχ | נָסִיךְ (ז) |
| Prinzessin (f) | nesiχa | נְסִיכָה (נ) |

Präsident (m)	nasi	נָשִׂיא (ז)
Vizepräsident (m)	sgan nasi	סְגַן נָשִׂיא (ז)
Senator (m)	se'nator	סֶנָאטוֹר (ז)

Monarch (m)	'meleχ	מֶלֶךְ (ז)
Herrscher (m)	ʃalit	שַׁלִּיט (ז)
Diktator (m)	rodan	רוֹדָן (ז)
Tyrann (m)	aruts	עָרוּץ (ז)
Magnat (m)	eil hon	אֵיל הוֹן (ז)

Direktor (m)	menahel	מְנַהֵל (ז)
Chef (m)	menahel, roʃ	מְנַהֵל (ז), רֹאשׁ (ז)
Leiter (einer Abteilung)	menahel	מְנַהֵל (ז)
Boss (m)	bos	בּוֹס (ז)
Eigentümer (m)	'ba‘al	בַּעַל (ז)

Führer (m)	manhig	מַנְהִיג (ז)
Leiter (Delegations-)	roʃ	רֹאשׁ (ז)
Behörden (pl)	ʃiltonot	שִׁלְטוֹנוֹת (ז"ר)
Vorgesetzten (pl)	memunim	מְמוּנִים (ז"ר)

Gouverneur (m)	moʃel	מוֹשֵׁל (ז)
Konsul (m)	'konsul	קוֹנְסוּל (ז)
Diplomat (m)	diplomat	דִּיפְּלוֹמָט (ז)
Bürgermeister (m)	roʃ ha'ir	רֹאשׁ הָעִיר (ז)
Sheriff (m)	ʃerif	שֶׁרִיף (ז)

Kaiser (m)	keisar	קֵיסָר (ז)
Zar (m)	tsar	צָאר (ז)
Pharao (m)	par‘o	פַּרְעֹה (ז)
Khan (m)	χan	חָאן (ז)

160. Gesetzesverstoß Verbrecher. Teil 1

Bandit (m)	ʃoded	שׁוֹדֵד (ז)
Verbrechen (n)	'peʃa	פֶּשַׁע (ז)
Verbrecher (m)	po'ʃe‘a	פּוֹשֵׁעַ (ז)

Dieb (m)	ganav	גַּנָּב (ז)
stehlen (vt)	lignov	לִגְנֹב
Diebstahl (Aktivität)	gneva	גְּנֵיבָה (נ)
Stehlen (n)	gneva	גְּנֵיבָה (נ)
kidnappen (vt)	laχatof	לַחֲטוֹף

147

Kidnapping (n)	χatifa	חֲטִיפָה (נ)
Kidnapper (m)	χotef	חוֹטֵף (ז)
Lösegeld (n)	'kofer	כּוֹפֶר (ז)
Lösegeld verlangen	lidroʃ 'kofer	לִדְרוֹשׁ כּוֹפֶר
rauben (vt)	liʃdod	לִשְׁדוֹד
Raub (m)	ʃod	שׁוֹד (ז)
Räuber (m)	ʃoded	שׁוֹדֵד (ז)
erpressen (vt)	lisχot	לִסְחוֹט
Erpresser (m)	saχtan	סַחְטָן (ז)
Erpressung (f)	saχtanut	סַחְטָנוּת (נ)
morden (vt)	lir'tsoaχ	לִרְצוֹחַ
Mord (m)	'retsaχ	רֶצַח (ז)
Mörder (m)	ro'tseaχ	רוֹצֵחַ (ז)
Schuss (m)	yeriya	יְרִיָּה (נ)
schießen (vt)	lirot	לִירוֹת
erschießen (vt)	lirot la'mavet	לִירוֹת לַמָוֶת
feuern (vi)	lirot	לִירוֹת
Schießerei (f)	'yeri	יֶרִי (ז)
Vorfall (m)	takrit	תַּקְרִית (נ)
Schlägerei (f)	ktata	קְטָטָה (נ)
Hilfe!	ha'tsilu!	הַצִּילוּ!
Opfer (n)	nifga	נִפְגָּע (ז)
beschädigen (vt)	lekalkel	לְקַלְקֵל
Schaden (m)	'nezek	נֶזֶק (ז)
Leiche (f)	gufa	גּוּפָה (נ)
schwer (-es Verbrechen)	χamur	חָמוּר
angreifen (vt)	litkof	לִתְקוֹף
schlagen (vt)	lehakot	לְהַכּוֹת
verprügeln (vt)	lehakot	לְהַכּוֹת
wegnehmen (vt)	la'kaχat be'koaχ	לָקַחַת בְּכוֹחַ
erstechen (vt)	lidkor le'mavet	לִדְקוֹר לָמָוֶת
verstümmeln (vt)	lehatil mum	לְהַטִּיל מוּם
verwunden (vt)	lif'tso'a	לִפְצוֹעַ
Erpressung (f)	saχtanut	סַחְטָנוּת (נ)
erpressen (vt)	lisχot	לִסְחוֹט
Erpresser (m)	saχtan	סַחְטָן (ז)
Schutzgelderpressung (f)	dmei χasut	דְּמֵי חָסוּת (ז"ר)
Erpresser (Racketeer)	gove χasut	גּוֹבֶה חָסוּת (ז)
Gangster (m)	'gangster	גַּנְגְּסְטֶר (ז)
Mafia (f)	'mafya	מָאפְיָה (נ)
Taschendieb (m)	kayas	כַּיָּס (ז)
Einbrecher (m)	porets	פּוֹרֵץ (ז)
Schmuggel (m)	havraχa	הַבְרָחָה (נ)
Schmuggler (m)	mav'riaχ	מַבְרִיחַ (ז)
Fälschung (f)	ziyuf	זִיּוּף (ז)

| fälschen (vt) | lezayef | לְזַיֵּף |
| gefälscht | mezuyaf | מְזוּיָף |

161. Gesetzesbruch. Verbrecher. Teil 2

Vergewaltigung (f)	'ones	אוֹנֶס (ז)
vergewaltigen (vt)	le'enos	לֶאֱנֹס
Gewalttäter (m)	anas	אַנָּס (ז)
Besessene (m)	'manyak	מַנְיָאק (ז)

Prostituierte (f)	zona	זוֹנָה (נ)
Prostitution (f)	znut	זְנוּת (נ)
Zuhälter (m)	sarsur	סַרְסוּר (ז)

| Drogenabhängiger (m) | narkoman | נַרְקוֹמָן (ז) |
| Drogenhändler (m) | soxer samim | סוֹחֵר סַמִּים (ז) |

sprengen (vt)	lefotsets	לְפוֹצֵץ
Explosion (f)	pitsuts	פִּיצוּץ (ז)
in Brand stecken	lehatsit	לְהַצִּית
Brandstifter (m)	matsit	מַצִּית (ז)

Terrorismus (m)	terorizm	טֵרוֹרִיזְם (ז)
Terrorist (m)	mexabel	מְחַבֵּל (ז)
Geisel (m, f)	ben aruba	בֶּן עֲרוּבָּה (ז)

betrügen (vt)	lehonot	לְהוֹנוֹת
Betrug (m)	hona'a	הוֹנָאָה (נ)
Betrüger (m)	ramai	רַמַאי (ז)

bestechen (vt)	lefaxed	לְשַׁחֵד
Bestechlichkeit (f)	'foxad	שׁוֹחַד (ז)
Bestechungsgeld (n)	'foxad	שׁוֹחַד (ז)

Gift (n)	'ra'al	רַעַל (ז)
vergiften (vt)	lehar'il	לְהַרְעִיל
sich vergiften	lehar'il et atsmo	לְהַרְעִיל אֶת עַצְמוֹ

| Selbstmord (m) | hit'abdut | הִתְאַבְּדוּת (נ) |
| Selbstmörder (m) | mit'abed | מִתְאַבֵּד (ז) |

drohen (vi)	le'ayem	לְאַיֵּם
Drohung (f)	iyum	אִיּוּם (ז)
versuchen (vt)	lehitnakef	לְהִתְנַקֵּשׁ
Attentat (n)	nisayon hitnakfut	נִיסָיוֹן הִתְנַקְּשׁוּת (ז)

| stehlen (Auto ~) | lignov | לִגְנוֹב |
| entführen (Flugzeug ~) | laxatof matos | לַחֲטוֹף מָטוֹס |

| Rache (f) | nekama | נְקָמָה (נ) |
| sich rächen | linkom | לִנְקוֹם |

| foltern (vt) | la'anot | לְעַנּוֹת |
| Folter (f) | inui | עִינּוּי (ז) |

quälen (vt)	leyaser	לְיַסֵּר
Seeräuber (m)	ʃoded yam	שׁוֹדֵד יָם (ז)
Rowdy (m)	χuligan	חוּלִיגָאן (ז)
bewaffnet	mezuyan	מְזוּיָן
Gewalt (f)	alimut	אֲלִימוּת (נ)
ungesetzlich	'bilti le'gali	בִּלְתִּי לֶגָלִי

Spionage (f)	rigul	רִיגוּל (ז)
spionieren (vi)	leragel	לְרַגֵּל

162. Polizei Recht. Teil 1

Justiz (f)	'tsedek	צֶדֶק (ז)
Gericht (n)	beit miʃpat	בֵּית מִשְׁפָּט (ז)

Richter (m)	ʃofet	שׁוֹפֵט (ז)
Geschworenen (pl)	muʃba'im	מוּשְׁבָּעִים (ז"ר)
Geschworenengericht (n)	χaver muʃba'im	חֶבֶר מוּשְׁבָּעִים (ז)
richten (vt)	liʃpot	לִשְׁפּוֹט

Rechtsanwalt (m)	oreχ din	עוֹרֵךְ דִּין (ז)
Angeklagte (m)	omed lemiʃpat	עוֹמֵד לְמִשְׁפָּט (ז)
Anklagebank (f)	safsal ne'eʃamim	סַפְסָל נֶאֱשָׁמִים (ז)

Anklage (f)	ha'aʃama	הָאֲשָׁמָה (נ)
Beschuldigte (m)	ne'eʃam	נֶאֱשָׁם (ז)

Urteil (n)	gzar din	גְּזַר דִּין (ז)
verurteilen (vt)	lifsok	לִפְסוֹק

Schuldige (m)	aʃem	אָשֵׁם (ז)
bestrafen (vt)	leha'aniʃ	לְהַעֲנִישׁ
Strafe (f)	'oneʃ	עוֹנֶשׁ (ז)

Geldstrafe (f)	knas	קְנָס (ז)
lebenslange Haft (f)	ma'asar olam	מַאֲסַר עוֹלָם (ז)
Todesstrafe (f)	'oneʃ 'mavet	עוֹנֶשׁ מָוֶת (ז)
elektrischer Stuhl (m)	kise χaʃmali	כִּיסֵא חַשְׁמַלִי (ז)
Galgen (m)	gardom	גַּרְדּוֹם (ז)

hinrichten (vt)	lehotsi la'horeg	לְהוֹצִיא לַהוֹרֶג
Hinrichtung (f)	hatsa'a le'horeg	הוֹצָאָה לְהוֹרֶג (נ)

Gefängnis (n)	beit 'sohar	בֵּית סוֹהַר (ז)
Zelle (f)	ta	תָּא (ז)

Eskorte (f)	miʃmar livui	מִשְׁמָר לִיוּוּי (ז)
Gefängniswärter (m)	soher	סוֹהַר (ז)
Gefangene (m)	asir	אָסִיר (ז)

Handschellen (pl)	azikim	אֲזִיקִים (ז"ר)
Handschellen anlegen	liχbol be'azikim	לִכְבּוֹל בָּאֲזִיקִים
Ausbruch (Flucht)	briχa	בְּרִיחָה (נ)
ausbrechen (vi)	liv'roaχ	לִבְרוֹחַ

verschwinden (vi)	lehe'alem	לְהֵיעָלֵם
aus … entlassen	leʃaxrer	לְשַׁחְרֵר
Amnestie (f)	xanina	חֲנִינָה (נ)

Polizei (f)	miʃtara	מִשְׁטָרָה (נ)
Polizist (m)	ʃoter	שׁוֹטֵר (ז)
Polizeiwache (f)	taxanat miʃtara	תַּחֲנַת מִשְׁטָרָה (נ)
Gummiknüppel (m)	ala	אַלָה (נ)
Sprachrohr (n)	megafon	מֶגָפוֹן (ז)

Streifenwagen (m)	na'yedet	נַיֶּדֶת (נ)
Sirene (f)	tsofar	צוֹפָר (ז)
die Sirene einschalten	lehaf'il tsofar	לְהַפְעִיל צוֹפָר
Sirenengeheul (n)	tsfira	צְפִירָה (נ)

Tatort (m)	zirat 'peʃa	זִירַת פֶּשַׁע (נ)
Zeuge (m)	ed	עֵד (ז)
Freiheit (f)	'xofeʃ	חוֹפֶשׁ (ז)
Komplize (m)	ʃutaf	שׁוּתָף (ז)
verschwinden (vi)	lehixave	לְהֵיחָבֵא
Spur (f)	akev	עָקֵב (ז)

163. Polizei. Recht. Teil 2

Fahndung (f)	xipus	חִיפּוּשׂ (ז)
suchen (vt)	lexapes	לְחַפֵּשׂ
Verdacht (m)	xaʃad	חָשָׁד (ז)
verdächtig (Adj)	xaʃud	חָשׁוּד
anhalten (Polizei)	la'atsor	לַעֲצוֹר
verhaften (vt)	la'atsor	לַעֲצוֹר

Fall (m), Klage (f)	tik	תִּיק (ז)
Untersuchung (f)	xakira	חֲקִירָה (נ)
Detektiv (m)	balaʃ	בַּלָּשׁ (ז)
Ermittlungsrichter (m)	xoker	חוֹקֵר (ז)
Version (f)	haʃara	הַשְׁעָרָה (נ)

Motiv (n)	me'ni'a	מֶנִיעַ (ז)
Verhör (n)	xakira	חֲקִירָה (נ)
verhören (vt)	laxkor	לַחְקוֹר
vernehmen (vt)	letaʃel	לְתַשְׁאֵל
Kontrolle (Personen-)	bdika	בְּדִיקָה (נ)

Razzia (f)	matsod	מָצוֹד (ז)
Durchsuchung (f)	xipus	חִיפּוּשׂ (ז)
Verfolgung (f)	mirdaf	מִרְדָּף (ז)
nachjagen (vi)	lirdof axarei	לִרְדּוֹף אַחֲרֵי
verfolgen (vt)	la'akov axarei	לַעֲקוֹב אַחֲרֵי

Verhaftung (f)	ma'asar	מַאֲסָר (ז)
verhaften (vt)	le'esor	לֶאֱסוֹר
fangen (vt)	lilkod	לִלְכּוֹד
Festnahme (f)	lexida	לְכִידָה (נ)
Dokument (n)	mismax	מִסְמָךְ (ז)

Beweis (m)	hoχaχa	הוֹכָחָה (נ)
beweisen (vt)	leho'χiaχ	לְהוֹכִיחַ
Fußspur (f)	akev	עָקֵב (ז)
Fingerabdrücke (pl)	tvi'ot etsba'ot	טְבִיעוֹת אֶצְבָּעוֹת (נ"ר)
Beweisstück (n)	re'aya	רְאָיָה (נ)

Alibi (n)	'alibi	אָלִיבִּי (ז)
unschuldig	χaf mi'peʃa	חַף מִפֶּשַׁע
Ungerechtigkeit (f)	i 'tsedek	אִי צֶדֶק (ז)
ungerecht	lo tsodek	לֹא צוֹדֵק

Kriminal-	plili	פְּלִילִי
beschlagnahmen (vt)	lehaχrim	לְהַחְרִים
Droge (f)	sam	סַם (ז)
Waffe (f)	'neʃek	נֶשֶׁק (ז)
entwaffnen (vt)	lifrok mi'neʃek	לְפָרוֹק מִנֶּשֶׁק
befehlen (vt)	lifkod	לִפְקוֹד
verschwinden (vi)	lehe'alem	לְהֵיעָלֵם

Gesetz (n)	χok	חוֹק (ז)
gesetzlich	χuki	חוּקִי
ungesetzlich	'bilti χuki	בִּלְתִּי חוּקִי

| Verantwortlichkeit (f) | aχrayut | אַחְרָיוּת (נ) |
| verantwortlich | aχrai | אַחְרַאי |

NATUR

Die Erde. Teil 1

164. Weltall

Kosmos (m)	χalal	חָלָל (ז)
kosmisch, Raum-	ʃel χalal	שֶׁל חָלָל
Weltraum (m)	χalal χitson	חָלָל חִיצוֹן (ז)
All (n)	olam	עוֹלָם (ז)
Universum (n)	yekum	יְקוּם (ז)
Galaxie (f)	ga'laksya	גָלַקְסִיָה (נ)
Stern (m)	koχav	כּוֹכָב (ז)
Gestirn (n)	tsvir koχavim	צְבִיר כּוֹכָבִים (ז)
Planet (m)	koχav 'leχet	כּוֹכָב לֶכֶת (ז)
Satellit (m)	lavyan	לַוְיָן (ז)
Meteorit (m)	mete'orit	מֶטְאוֹרִיט (ז)
Komet (m)	koχav ʃavit	כּוֹכָב שָׁבִיט (ז)
Asteroid (m)	aste'ro'id	אַסְטְרוֹאִיד (ז)
Umlaufbahn (f)	maslul	מַסְלוּל (ז)
sich drehen	lesovev	לְסוֹבֵב
Atmosphäre (f)	atmos'fera	אַטְמוֹסְפֶרָה (נ)
Sonne (f)	'ʃemeʃ	שֶׁמֶשׁ (נ)
Sonnensystem (n)	ma'a'reχet ha'ʃemeʃ	מַעֲרֶכֶת הַשֶּׁמֶשׁ (נ)
Sonnenfinsternis (f)	likui χama	לִיקוּי חַמָה (ז)
Erde (f)	kadur ha''arets	כַּדוּר הָאָרֶץ (ז)
Mond (m)	ya'reaχ	יָרֵחַ (ז)
Mars (m)	ma'adim	מַאֲדִים (ז)
Venus (f)	'noga	נוֹגַה (ז)
Jupiter (m)	'tsedek	צֶדֶק (ז)
Saturn (m)	ʃabtai	שַׁבְּתַאי (ז)
Merkur (m)	koχav χama	כּוֹכָב חַמָה (ז)
Uran (m)	u'ranus	אוּרָנוּס (ז)
Neptun (m)	neptun	נֶפְטוּן (ז)
Pluto (m)	'pluto	פְּלוּטוֹ (ז)
Milchstraße (f)	ʃvil haχalav	שְׁבִיל הֶחָלָב (ז)
Der Große Bär	duba gdola	דוּבָּה גְדוֹלָה (נ)
Polarstern (m)	koχav hatsafon	כּוֹכָב הַצָפוֹן (ז)
Marsbewohner (m)	toʃav ma'adim	תוֹשַׁב מַאֲדִים (ז)
Außerirdischer (m)	χutsan	חוּצָן (ז)

außerirdisches Wesen (n)	χaizar	חַייזָר (ז)
fliegende Untertasse (f)	tsa'laχat me'o'fefet	צַלַחַת מְעוֹפֶפֶת (נ)
Raumschiff (n)	χalalit	חֲלָלִית (נ)
Raumstation (f)	taχanat χalal	תַחֲנַת חָלָל (נ)
Raketenstart (m)	hamra'a	הַמְרָאָה (נ)
Triebwerk (n)	ma'no'a	מָנוֹעַ (ז)
Düse (f)	neχir	נְחִיר (ז)
Treibstoff (m)	'delek	דֶלֶק (ז)
Kabine (f)	'kokpit	קוֹקפִּיט (ז)
Antenne (f)	an'tena	אַנטֶנָה (נ)
Bullauge (n)	eʃnav	אֶשׁנָב (ז)
Sonnenbatterie (f)	'luaχ so'lari	לוּחַ סוֹלָרִי (ז)
Raumanzug (m)	χalifat χalal	חֲלִיפַת חָלָל (נ)
Schwerelosigkeit (f)	'χoser miʃkal	חוֹסֶר מִשׁקָל (ז)
Sauerstoff (m)	χamtsan	חַמצָן (ז)
Ankopplung (f)	agina	עֲגִינָה (נ)
koppeln (vi)	la'agon	לַעֲגוֹן
Observatorium (n)	mitspe koχavim	מִצפֶּה כּוֹכָבִים (ז)
Teleskop (n)	teleskop	טֶלֶסקוֹפּ (ז)
beobachten (vt)	litspot, lehaʃkif	לִצפּוֹת, לְהַשׁקִיף
erforschen (vt)	laχkor	לַחקוֹר

165. Die Erde

Erde (f)	kadur ha''arets	כַּדוּר הָאָרֶץ (ז)
Erdkugel (f)	kadur ha''arets	כַּדוּר הָאָרֶץ (ז)
Planet (m)	koχav 'leχet	כּוֹכַב לֶכֶת (ז)
Atmosphäre (f)	atmos'fera	אַטמוֹספֶרָה (נ)
Geographie (f)	ge'o'grafya	גִיאוֹגרַפיָה (נ)
Natur (f)	'teva	טֶבַע (ז)
Globus (m)	'globus	גלוֹבּוּס (ז)
Landkarte (f)	mapa	מַפָּה (נ)
Atlas (m)	'atlas	אַטלָס (ז)
Europa (n)	ei'ropa	אֵירוֹפָּה (נ)
Asien (n)	'asya	אַסיָה (נ)
Afrika (n)	'afrika	אַפרִיקָה (נ)
Australien (n)	ost'ralya	אוֹסטרַליָה (נ)
Amerika (n)	a'merika	אָמֶרִיקָה (נ)
Nordamerika (n)	a'merika hatsfonit	אָמֶרִיקָה הַצפוֹנִית (נ)
Südamerika (n)	a'merika hadromit	אָמֶרִיקָה הַדרוֹמִית (נ)
Antarktis (f)	ya'beʃet an'tarktika	יַבֶּשֶׁת אַנטַארקטִיקָה (נ)
Arktis (f)	'arktika	אַרקטִיקָה (נ)

166. Himmelsrichtungen

Norden (m)	tsafon	צָפוֹן (ז)
nach Norden	tsa'fona	צָפוֹנָה
im Norden	batsafon	בַּצָפוֹן
nördlich	tsfoni	צְפוֹנִי
Süden (m)	darom	דָּרוֹם (ז)
nach Süden	da'roma	דָּרוֹמָה
im Süden	badarom	בַּדָּרוֹם
südlich	dromi	דְּרוֹמִי
Westen (m)	ma'arav	מַעֲרָב (ז)
nach Westen	ma'a'rava	מַעֲרָבָה
im Westen	bama'arav	בַּמַּעֲרָב
westlich, West-	ma'aravi	מַעֲרָבִי
Osten (m)	mizrax	מִזְרָח (ז)
nach Osten	miz'raxa	מִזְרָחָה
im Osten	bamizrax	בַּמִּזְרָח
östlich	mizraxi	מִזְרָחִי

167. Meer. Ozean

Meer (n), See (f)	yam	יָם (ז)
Ozean (m)	ok'yanos	אוֹקְיָאנוֹס (ז)
Golf (m)	mifrats	מִפְרָץ (ז)
Meerenge (f)	meitsar	מֵיצָר (ז)
Festland (n)	yaba∫a	יַבָּשָׁה (נ)
Kontinent (m)	ya'be∫et	יַבֶּשֶׁת (נ)
Insel (f)	i	אִי (ז)
Halbinsel (f)	xatsi i	חֲצִי אִי (ז)
Archipel (m)	arxipelag	אַרְכִיפֶּלָג (ז)
Bucht (f)	mifrats	מִפְרָץ (ז)
Hafen (m)	namal	נָמֵל (ז)
Lagune (f)	la'guna	לָגוּנָה (נ)
Kap (n)	kef	כֵּף (ז)
Atoll (n)	atol	אָטוֹל (ז)
Riff (n)	∫unit	שׁוּנִית (נ)
Koralle (f)	almog	אַלְמֹג (ז)
Korallenriff (n)	∫unit almogim	שׁוּנִית אַלְמֹגִים (נ)
tief (Adj)	amok	עָמֹק
Tiefe (f)	'omek	עוֹמֶק (ז)
Abgrund (m)	tehom	תְּהוֹם (נ)
Graben (m)	maxte∫	מַכְתֵּשׁ (ז)
Strom (m)	'zerem	זֶרֶם (ז)
umspülen (vt)	lehakif	לְהַקִּיף
Ufer (n)	xof	חוֹף (ז)

Küste (f)	χof yam	חוֹף יָם (ז)
Flut (f)	ge'ut	גֵּאוּת (נ)
Ebbe (f)	'ʃefel	שֵׁפֶל (ז)
Sandbank (f)	sirton	שִׂרְטוֹן (ז)
Boden (m)	karka'it	קַרְקָעִית (נ)

Welle (f)	gal	גַּל (ז)
Wellenkamm (m)	pisgat hagal	פִּסְגַּת הַגַּל (נ)
Schaum (m)	'keʦef	קֶצֶף (ז)

Sturm (m)	sufa	סוּפָה (נ)
Orkan (m)	hurikan	הוֹרִיקָן (ז)
Tsunami (m)	ʦu'nami	צוּנָאמִי (ז)
Windstille (f)	'roga	רוֹגַע (ז)
ruhig	ʃalev	שָׁלֵו

Pol (m)	'kotev	קוֹטֶב (ז)
Polar-	kotbi	קוֹטְבִּי

Breite (f)	kav 'roχav	קַו רֹחַב (ז)
Länge (f)	kav 'oreχ	קַו אֹרֶךְ (ז)
Breitenkreis (m)	kav 'roχav	קַו רֹחַב (ז)
Äquator (m)	kav hamaʃve	קַו הַמַּשְׁוֶה (ז)

Himmel (m)	ʃa'mayim	שָׁמַיִם (ז"ר)
Horizont (m)	'ofek	אוֹפֶק (ז)
Luft (f)	avir	אֲוִיר (ז)

Leuchtturm (m)	migdalor	מִגְדַּלּוֹר (ז)
tauchen (vi)	liʦlol	לִצְלֹל
versinken (vi)	lit'bo'a	לִטְבּוֹעַ
Schätze (pl)	oʦarot	אוֹצָרוֹת (ז"ר)

168. Berge

Berg (m)	har	הַר (ז)
Gebirgskette (f)	'reχes harim	רֶכֶס הָרִים (ז)
Bergrücken (m)	'reχes har	רֶכֶס הַר (ז)

Gipfel (m)	pisga	פִּסְגָּה (נ)
Spitze (f)	pisga	פִּסְגָּה (נ)
Bergfuß (m)	margelot	מַרְגְּלוֹת (נ"ר)
Abhang (m)	midron	מִדְרוֹן (ז)

Vulkan (m)	har 'ga'aʃ	הַר גַּעַשׁ (ז)
tätiger Vulkan (m)	har 'ga'aʃ pa'il	הַר גַּעַשׁ פָּעִיל (ז)
schlafender Vulkan (m)	har 'ga'aʃ radum	הַר גַּעַשׁ רָדוּם (ז)

Ausbruch (m)	hitparʦut	הִתְפָּרְצוּת (נ)
Krater (m)	lo'a	לוֹעַ (ז)
Magma (n)	megama	מֶגְמָה (נ)
Lava (f)	'lava	לָאבָה (נ)
glühend heiß (-e Lava)	lohet	לוֹהֵט
Cañon (m)	kanyon	קַנְיוֹן (ז)

Schlucht (f)	gai	גַּיְא (ז)
Spalte (f)	'beka	בֶּקַע (ז)
Abgrund (m) (steiler ~)	tehom	תְּהוֹם (נ)

Gebirgspass (m)	ma'avar harim	מַעֲבַר הָרִים (ז)
Plateau (n)	rama	רָמָה (נ)
Fels (m)	tsuk	צוּק (ז)
Hügel (m)	giv'a	גִּבְעָה (נ)

Gletscher (m)	karχon	קַרְחוֹן (ז)
Wasserfall (m)	mapal 'mayim	מַפַּל מַיִם (ז)
Geiser (m)	'geizer	גֵּייזֶר (ז)
See (m)	agam	אֲגַם (ז)

Ebene (f)	miʃor	מִישׁוֹר (ז)
Landschaft (f)	nof	נוֹף (ז)
Echo (n)	hed	הֵד (ז)

Bergsteiger (m)	metapes harim	מְטַפֵּס הָרִים (ז)
Kletterer (m)	metapes sla'im	מְטַפֵּס סְלָעִים (ז)
bezwingen (vt)	liχboʃ	לִכְבּוֹשׁ
Aufstieg (m)	tipus	טִיפּוּס (ז)

169. Flüsse

Fluss (m)	nahar	נָהָר (ז)
Quelle (f)	ma'ayan	מַעְיָן (ז)
Flussbett (n)	afik	אָפִיק (ז)
Stromgebiet (n)	agan nahar	אֲגַן נָהָר (ז)
einmünden in ...	lehiʃapeχ	לְהִישָׁפֵךְ

| Nebenfluss (m) | yuval | יוֹבָל (ז) |
| Ufer (n) | χof | חוֹף (ז) |

Strom (m)	'zerem	זֶרֶם (ז)
stromabwärts	bemorad hanahar	בְּמוֹרַד הַנָּהָר
stromaufwärts	bema'ale hanahar	בְּמַעֲלֵה הַנָּהָר

Überschwemmung (f)	hatsafa	הַצָּפָה (נ)
Hochwasser (n)	ʃitafon	שִׁיטָפוֹן (ז)
aus den Ufern treten	la'alot al gdotav	לַעֲלוֹת עַל גְּדוֹתָיו
überfluten (vt)	lehatsif	לְהָצִיף

| Sandbank (f) | sirton | שִׂרְטוֹן (ז) |
| Stromschnelle (f) | 'eʃed | אֶשֶׁד (ז) |

Damm (m)	'seχer	סֶכֶר (ז)
Kanal (m)	te'ala	תְּעָלָה (נ)
Stausee (m)	ma'agar 'mayim	מַאֲגַר מַיִם (ז)
Schleuse (f)	ta 'ʃayit	תָּא שַׁיִט (ז)

Gewässer (n)	ma'agar 'mayim	מַאֲגַר מַיִם (ז)
Sumpf (m), Moor (n)	bitsa	בִּיצָה (נ)
Marsch (f)	bitsa	בִּיצָה (נ)

157

Strudel (m)	me'ar'bolet	מְעַרְבּוֹלֶת (נ)
Bach (m)	'naxal	נַחַל (ז)
Trink- (z.B. Trinkwasser)	ʃel ʃtiya	שֶׁל שְׁתִיָּיה
Süß- (Wasser)	metukim	מְתוּקִים

| Eis (n) | 'kerax | קֶרַח (ז) |
| zufrieren (vi) | likpo | לִקְפּוֹא |

170. Wald

| Wald (m) | 'ya'ar | יַעַר (ז) |
| Wald- | ʃel 'ya'ar | שֶׁל יַעַר |

Dickicht (n)	avi ha'ya'ar	עֲבִי הַיַּעַר (ז)
Gehölz (n)	xurʃa	חוּרְשָׁה (נ)
Lichtung (f)	ka'raxat 'ya'ar	קָרַחַת יַעַר (נ)

| Dickicht (n) | svax | סְבַךְ (ז) |
| Gebüsch (n) | 'siax | שִׂיחַ (ז) |

| Fußweg (m) | ʃvil | שְׁבִיל (ז) |
| Erosionsrinne (f) | 'emek tsar | עֵמֶק צַר (ז) |

Baum (m)	ets	עֵץ (ז)
Blatt (n)	ale	עָלֶה (ז)
Laub (n)	alva	עַלְוָוה (נ)

Laubfall (m)	ʃa'lexet	שַׁלֶּכֶת (נ)
fallen (Blätter)	linʃor	לִנְשׁוֹר
Wipfel (m)	tsa'meret	צַמֶּרֶת (נ)

Zweig (m)	anaf	עָנָף (ז)
Ast (m)	anaf ave	עָנָף עָבֶה (ז)
Knospe (f)	nitsan	נִיצָן (ז)
Nadel (f)	'maxat	מַחַט (נ)
Zapfen (m)	itstrubal	אִצְטְרוּבָּל (ז)

Höhlung (f)	xor ba'ets	חוֹר בָּעֵץ (ז)
Nest (n)	ken	קֵן (ז)
Höhle (f)	mexila	מְחִילָה (נ)

Stamm (m)	'geza	גֶּזַע (ז)
Wurzel (f)	'ʃoreʃ	שׁוֹרֶשׁ (ז)
Rinde (f)	klipa	קְלִיפָּה (נ)
Moos (n)	taxav	טַחַב (ז)

entwurzeln (vt)	la'akor	לַעֲקוֹר
fällen (vt)	lixrot	לִכְרוֹת
abholzen (vt)	levare	לְבָרֵא
Baumstumpf (m)	'gedem	גֶּדֶם (ז)

Lagerfeuer (n)	medura	מְדוּרָה (נ)
Waldbrand (m)	srefa	שְׂרֵיפָה (נ)
löschen (vt)	lexabot	לְכַבּוֹת

Förster (m)	ʃomer 'ya'ar	שׁוֹמֵר יַעַר (ז)
Schutz (m)	ʃmira	שְׁמִירָה (נ)
beschützen (vt)	liʃmor	לִשְׁמוֹר
Wilddieb (m)	tsayad lelo reʃut	צַיָּד לְלֹא רְשׁוּת (ז)
Falle (f)	mal'kodet	מַלְכּוֹדֶת (נ)

sammeln (Pilze ~)	lelaket	לְלַקֵּט
pflücken (Beeren ~)	lelaket	לְלַקֵּט
sich verirren	lit'ot	לִתְעוֹת

171. natürliche Lebensgrundlagen

Naturressourcen (pl)	otsarot 'teva	אוֹצְרוֹת טֶבַע (ז"ר)
Bodenschätze (pl)	mine'ralim	מִינֵרָלִים (ז"ר)
Vorkommen (n)	mirbats	מִרְבָּץ (ז)
Feld (Ölfeld usw.)	mirbats	מִרְבָּץ (ז)

gewinnen (vt)	lixrot	לִכְרוֹת
Gewinnung (f)	kriya	כְּרִיָּה (נ)
Erz (n)	afra	עַפְרָה (נ)
Bergwerk (n)	mixre	מִכְרֶה (ז)
Schacht (m)	pir	פִּיר (ז)
Bergarbeiter (m)	kore	כּוֹרֶה (ז)

Erdgas (n)	gaz	גָּז (ז)
Gasleitung (f)	tsinor gaz	צִינוֹר גָּז (ז)
Erdöl (n)	neft	נֵפְט (ז)
Erdölleitung (f)	tsinor neft	צִינוֹר נֵפְט (ז)
Ölquelle (f)	be'er neft	בְּאֵר נֵפְט (נ)
Bohrturm (m)	migdal ki'duax	מִגְדַּל קִידּוּחַ (ז)
Tanker (m)	mexalit	מֵיכָלִית (נ)

Sand (m)	xol	חוֹל (ז)
Kalkstein (m)	'even gir	אֶבֶן גִּיר (נ)
Kies (m)	xatsats	חָצָץ (ז)
Torf (m)	kavul	כָּבוּל (ז)
Ton (m)	tit	טִיט (ז)
Kohle (f)	pexam	פֶּחָם (ז)

Eisen (n)	barzel	בַּרְזֶל (ז)
Gold (n)	zahav	זָהָב (ז)
Silber (n)	'kesef	כֶּסֶף (ז)
Nickel (n)	'nikel	נִיקֶל (ז)
Kupfer (n)	ne'xoʃet	נְחוֹשֶׁת (נ)

Zink (n)	avats	אָבָץ (ז)
Mangan (n)	mangan	מַנְגָּן (ז)
Quecksilber (n)	kaspit	כַּסְפִּית (נ)
Blei (n)	o'feret	עוֹפֶרֶת (נ)

Mineral (n)	mineral	מִינֵרָל (ז)
Kristall (m)	gaviʃ	גָּבִישׁ (ז)
Marmor (m)	'ʃayiʃ	שַׁיִשׁ (ז)
Uran (n)	u'ranyum	אוּרַנְיוּם (ז)

Die Erde. Teil 2

172. Wetter

Wetter (n)	'mezeg avir	מֶזֶג אֲוִויר (ז)
Wetterbericht (m)	taχazit 'mezeg ha'avir	תַּחֲזִית מֶזֶג הָאֲוִויר (נ)
Temperatur (f)	tempera'tura	טֶמְפֶּרָטוּרָה (נ)
Thermometer (n)	madχom	מַדְחוֹם (ז)
Barometer (n)	ba'rometer	בָּרוֹמֶטֶר (ז)
feucht	laχ	לַח
Feuchtigkeit (f)	laχut	לַחוּת (נ)
Hitze (f)	χom	חוֹם (ז)
glutheiß	χam	חַם
ist heiß	χam	חַם
ist warm	χamim	חָמִים
warm (Adj)	χamim	חָמִים
ist kalt	kar	קַר
kalt (Adj)	kar	קַר
Sonne (f)	'ʃemeʃ	שֶׁמֶשׁ (נ)
scheinen (vi)	lizhor	לִזְהוֹר
sonnig (Adj)	ʃimʃi	שִׁמְשִׁי
aufgehen (vi)	liz'roaχ	לִזְרוֹחַ
untergehen (vi)	liʃ'ko'a	לִשְׁקוֹעַ
Wolke (f)	anan	עָנָן (ז)
bewölkt, wolkig	me'unan	מְעוֹנָן
Regenwolke (f)	av	עָב (ז)
trüb (-er Tag)	sagriri	סַגְרִירִי
Regen (m)	'geʃem	גֶּשֶׁם (ז)
Es regnet	yored 'geʃem	יוֹרֵד גֶּשֶׁם
regnerisch (-er Tag)	gaʃum	גָּשׁוּם
nieseln (vi)	letaftef	לְטַפְטֵף
strömender Regen (m)	matar	מָטָר (ז)
Regenschauer (m)	mabul	מַבּוּל (ז)
stark (-er Regen)	χazak	חָזָק
Pfütze (f)	ʃlulit	שְׁלוּלִית (נ)
nass werden (vi)	lehitratev	לְהִתְרַטֵּב
Nebel (m)	arapel	עֲרָפֶל (ז)
neblig (-er Tag)	me'urpal	מְעוּרְפָּל
Schnee (m)	'ʃeleg	שֶׁלֶג (ז)
Es schneit	yored 'ʃeleg	יוֹרֵד שֶׁלֶג

173. Unwetter Naturkatastrophen

Gewitter (n)	sufat re'amim	סוּפַת רְעָמִים (נ)
Blitz (m)	barak	בָּרָק (ז)
blitzen (vi)	livhok	לִבְהוֹק
Donner (m)	'ra'am	רַעַם (ז)
donnern (vi)	lir'om	לִרְעוֹם
Es donnert	lir'om	לִרְעוֹם
Hagel (m)	barad	בָּרָד (ז)
Es hagelt	yored barad	יוֹרֵד בָּרָד
überfluten (vt)	lehatsif	לְהָצִיף
Überschwemmung (f)	ʃitafon	שִׁיטָפוֹן (ז)
Erdbeben (n)	re'idat adama	רְעִידַת אֲדָמָה (נ)
Erschütterung (f)	re'ida	רְעִידָה (נ)
Epizentrum (n)	moked	מוֹקֵד (ז)
Ausbruch (m)	hitpartsut	הִתְפָּרְצוּת (נ)
Lava (f)	'lava	לָאבָה (נ)
Wirbelsturm (m)	hurikan	הוֹרִיקָן (ז)
Tornado (m)	tor'nado	טוֹרְנָדוֹ (ז)
Taifun (m)	taifun	טַייפוּן (ז)
Orkan (m)	hurikan	הוֹרִיקָן (ז)
Sturm (m)	sufa	סוּפָה (נ)
Tsunami (m)	tsu'nami	צוּנָאמִי (ז)
Zyklon (m)	tsiklon	צִיקְלוֹן (ז)
Unwetter (n)	sagrir	סַגְרִיר (ז)
Brand (m)	srefa	שְׂרֵיפָה (נ)
Katastrophe (f)	ason	אָסוֹן (ז)
Meteorit (m)	mete'orit	מֶטֶאוֹרִיט (ז)
Lawine (f)	ma'polet ʃlagim	מַפּוֹלֶת שְׁלָגִים (נ)
Schneelawine (f)	ma'polet ʃlagim	מַפּוֹלֶת שְׁלָגִים (נ)
Schneegestöber (n)	sufat ʃlagim	סוּפַת שְׁלָגִים (נ)
Schneesturm (m)	sufat ʃlagim	סוּפַת שְׁלָגִים (נ)

Fauna

174. Säugetiere. Raubtiere

Raubtier (n)	χayat 'teref	חַיַּת טֶרֶף (נ)
Tiger (m)	'tigris	טִיגְרִיס (ז)
Löwe (m)	arye	אַרְיֵה (ז)
Wolf (m)	ze'ev	זְאֵב (ז)
Fuchs (m)	ʃu'al	שׁוּעָל (ז)

Jaguar (m)	yagu'ar	יָגוּאָר (ז)
Leopard (m)	namer	נָמֵר (ז)
Gepard (m)	bardelas	בַּרְדְּלָס (ז)

Panther (m)	panter	פַּנְתֵּר (ז)
Puma (m)	'puma	פּוּמָה (נ)
Schneeleopard (m)	namer 'ʃeleg	נָמֵר שֶׁלֶג (ז)
Luchs (m)	ʃunar	שׁוּנָר (ז)

Kojote (m)	ze'ev ha'aravot	זְאֵב הָעֲרָבוֹת (ז)
Schakal (m)	tan	תַּן (ז)
Hyäne (f)	tsa'vo'a	צָבוֹעַ (ז)

175. Tiere in freier Wildbahn

Tier (n)	'ba'al χayim	בַּעַל חַיִּים (ז)
Bestie (f)	χaya	חַיָּה (נ)

Eichhörnchen (n)	sna'i	סְנָאִי (ז)
Igel (m)	kipod	קִיפּוֹד (ז)
Hase (m)	arnav	אַרְנָב (ז)
Kaninchen (n)	ʃafan	שָׁפָן (ז)

Dachs (m)	girit	גִּירִית (נ)
Waschbär (m)	dvivon	דְּבִיבוֹן (ז)
Hamster (m)	oger	אוֹגֵר (ז)
Murmeltier (n)	mar'mita	מַרְמִיטָה (נ)

Maulwurf (m)	χafar'peret	חֲפַרְפֶּרֶת (נ)
Maus (f)	aχbar	עַכְבָּר (ז)
Ratte (f)	χulda	חוּלְדָּה (נ)
Fledermaus (f)	atalef	עֲטַלֵּף (ז)

Hermelin (n)	hermin	קַרְמִין (ז)
Zobel (m)	tsobel	צוֹבֶּל (ז)
Marder (m)	dalak	דָּלָק (ז)
Wiesel (n)	χamus	חָמוֹס (ז)
Nerz (m)	χorfan	חוֹרְפָן (ז)

| Biber (m) | bone | בּוֹנֶה (ז) |
| Fischotter (m) | lutra | לוּטְרָה (נ) |

Pferd (n)	sus	סוּס (ז)
Elch (m)	ayal hakore	אַיָּל הַקּוֹרֵא (ז)
Hirsch (m)	ayal	אַיָּל (ז)
Kamel (n)	gamal	גָּמָל (ז)

Bison (m)	bizon	בִּיזוֹן (ז)
Wisent (m)	bizon ei'ropi	בִּיזוֹן אֵירוֹפִּי (ז)
Büffel (m)	te'o	תְּאוֹ (ז)

Zebra (n)	'zebra	זֶבְּרָה (נ)
Antilope (f)	anti'lopa	אַנְטִילוֹפָּה (נ)
Reh (n)	ayal hakarmel	אַיָּל הַכַּרְמֶל (ז)
Damhirsch (m)	yaχmur	יַחְמוּר (ז)
Gämse (f)	ya'el	יָעֵל (ז)
Wildschwein (n)	χazir bar	חֲזִיר בָּר (ז)

Wal (m)	livyatan	לִוְיָתָן (ז)
Seehund (m)	'kelev yam	כֶּלֶב יָם (ז)
Walroß (n)	sus yam	סוּס יָם (ז)
Seebär (m)	dov yam	דֹּב יָם (ז)
Delfin (m)	dolfin	דוֹלְפִין (ז)

Bär (m)	dov	דֹּב (ז)
Eisbär (m)	dov 'kotev	דֹּב קוֹטֶב (ז)
Panda (m)	'panda	פַּנְדָּה (נ)

Affe (m)	kof	קוֹף (ז)
Schimpanse (m)	ʃimpanze	שִׁימְפַּנְזֶה (נ)
Orang-Utan (m)	orang utan	אוֹרַנְג-אוּטָן (ז)
Gorilla (m)	go'rila	גּוֹרִילָה (נ)
Makak (m)	makak	מָקָק (ז)
Gibbon (m)	gibon	גִּיבּוֹן (ז)

Elefant (m)	pil	פִּיל (ז)
Nashorn (n)	karnaf	קַרְנַף (ז)
Giraffe (f)	dʒi'rafa	גִ'ירָפָה (נ)
Flusspferd (n)	hipopotam	הִיפּוֹפּוֹטָם (ז)

| Känguru (n) | 'kenguru | קַנְגוּרוּ (ז) |
| Koala (m) | ko''ala | קוֹאָלָה (ז) |

Manguste (f)	nemiya	נְמִיָּה (נ)
Chinchilla (n)	tʃin'tʃila	צִ'ינְצִ'ילָה (נ)
Stinktier (n)	bo'eʃ	בּוֹאֵשׁ (ז)
Stachelschwein (n)	darban	דַּרְבָּן (ז)

176. Haustiere

Katze (f)	χatula	חֲתוּלָה (נ)
Kater (m)	χatul	חָתוּל (ז)
Hund (m)	'kelev	כֶּלֶב (ז)

Pferd (n)	sus	סוּס (ז)
Hengst (m)	sus harba'a	סוּס הַרְבָּעָה (ז)
Stute (f)	susa	סוּסָה (נ)

Kuh (f)	para	פָּרָה (נ)
Stier (m)	ʃor	שׁוֹר (ז)
Ochse (m)	ʃor	שׁוֹר (ז)

Schaf (n)	kivsa	כְּבְשָׂה (נ)
Widder (m)	'ayil	אַיִל (ז)
Ziege (f)	ez	עֵז (נ)
Ziegenbock (m)	'tayiʃ	תַּיִשׁ (ז)

| Esel (m) | χamor | חֲמוֹר (ז) |
| Maultier (n) | 'pered | פֶּרֶד (ז) |

Schwein (n)	χazir	חֲזִיר (ז)
Ferkel (n)	χazarzir	חֲזַרְזִיר (ז)
Kaninchen (n)	arnav	אַרְנָב (ז)

| Huhn (n) | tarne'golet | תַּרְנְגוֹלֶת (נ) |
| Hahn (m) | tarnegol | תַּרְנְגוֹל (ז) |

Ente (f)	barvaz	בַּרְוָז (ז)
Enterich (m)	barvaz	בַּרְוָז (ז)
Gans (f)	avaz	אֲוָז (ז)

| Puter (m) | tarnegol 'hodu | תַּרְנְגוֹל הוֹדוּ (ז) |
| Pute (f) | tarne'golet 'hodu | תַּרְנְגוֹלֶת הוֹדוּ (נ) |

Haustiere (pl)	χayot 'bayit	חַיּוֹת בַּיִת (נ"ר)
zahm	mevuyat	מְבוּיָת
zähmen (vt)	levayet	לְבַיֵּת
züchten (vt)	lehar'bi'a	לְהַרְבִּיעַ

Farm (f)	χava	חַוָּה (נ)
Geflügel (n)	ofot 'bayit	עוֹפוֹת בַּיִת (נ"ר)
Vieh (n)	bakar	בָּקָר (ז)
Herde (f)	'eder	עֵדֶר (ז)

Pferdestall (m)	urva	אוּרְוָה (נ)
Schweinestall (m)	dir χazirim	דִּיר חֲזִירִים (ז)
Kuhstall (m)	'refet	רֶפֶת (נ)
Kaninchenstall (m)	arnaviya	אַרְנָבִיָּה (נ)
Hühnerstall (m)	lul	לוּל (ז)

177. Hunde. Hunderassen

Hund (m)	'kelev	כֶּלֶב (ז)
Schäferhund (m)	'kelev ro'e	כֶּלֶב רוֹעֶה (ז)
Deutsche Schäferhund (m)	ro'e germani	רוֹעֶה גֶּרְמָנִי (ז)
Pudel (m)	'pudel	פּוּדֶל (ז)
Dachshund (m)	'taχaʃ	תַּחַשׁ (ז)
Bulldogge (f)	buldog	בּוּלְדּוֹג (ז)

Boxer (m)	'bokser	בּוֹקְסֶר (ז)
Mastiff (m)	mastif	מַסְטִיף (ז)
Rottweiler (m)	rot'vailer	רוֹטְוַויילֶר (ז)
Dobermann (m)	'doberman	דּוֹבֶּרְמָן (ז)

Basset (m)	'baset 'ha'und	בָּאסֶט־הָאוּנְד (ז)
Bobtail (m)	bobteil	בּוֹבְּטֵייל (ז)
Dalmatiner (m)	dal'mati	דַלְמָטִי (ז)
Cocker-Spaniel (m)	'koker 'spani'el	קוֹקֶר סְפָּנִיאֶל (ז)

| Neufundländer (m) | nyu'fa'undlend | נְיוּפָאוּנְדְלֶנְד (ז) |
| Bernhardiner (m) | sen bernard | סֶן בָּרְנָרְד (ז) |

Eskimohund (m)	'haski	הָאסְקִי (ז)
Chow-Chow (m)	'ʧa'u 'ʧa'u	צָ'אוּ צָ'אוּ (ז)
Spitz (m)	ʃpits	שְׁפִּיץ (ז)
Mops (m)	pag	פָּאג (ז)

178. Tierlaute

Gebell (n)	neviχa	נְבִיחָה (נ)
bellen (vi)	lin'boaχ	לִנְבּוֹחַ
miauen (vi)	leyalel	לְיַלֵּל
schnurren (Katze)	legarger	לְגַרְגֵּר

muhen (vi)	lig'ot	לִגְעוֹת
brüllen (Stier)	lig'ot	לִגְעוֹת
knurren (Hund usw.)	linhom	לִנְהוֹם

Heulen (n)	yelala	יְלָלָה (נ)
heulen (vi)	leyalel	לְיַלֵּל
winseln (vi)	leyabev	לְיַבֵּב

meckern (Ziege)	lif'ot	לִפְעוֹת
grunzen (vi)	leχarχer	לְחַרְחֵר
kreischen (vi)	lits'voaχ	לִצְווֹחַ

quaken (vi)	lekarker	לְקַרְקֵר
summen (Insekt)	lezamzem	לְזַמְזֵם
zirpen (vi)	letsartser	לְצַרְצֵר

179. Vögel

Vogel (m)	tsipor	צִיפּוֹר (נ)
Taube (f)	yona	יוֹנָה (נ)
Spatz (m)	dror	דְּרוֹר (ז)
Meise (f)	yargazi	יַרְגָזִי (ז)
Elster (f)	orev neχalim	עוֹרֵב נְחָלִים (ז)

Rabe (m)	orev ʃaχor	עוֹרֵב שָׁחוֹר (ז)
Krähe (f)	orev afor	עוֹרֵב אָפוֹר (ז)
Dohle (f)	ka'ak	קָאק (ז)

Saatkrähe (f)	orev hamizra	עוֹרֵב הַמִּזְרָע (ז)
Ente (f)	barvaz	בַּרְוָז (ז)
Gans (f)	avaz	אַוָּז (ז)
Fasan (m)	pasyon	פַּסְיוֹן (ז)

Adler (m)	'ayit	עַיִט (ז)
Habicht (m)	nets	נֵץ (ז)
Falke (m)	baz	בַּז (ז)

| Greif (m) | ozn“ya | עוֹזְנִיָּה (ז) |
| Kondor (m) | kondor | קוֹנְדוֹר (ז) |

Schwan (m)	barbur	בַּרְבּוּר (ז)
Kranich (m)	agur	עָגוּר (ז)
Storch (m)	χasida	חֲסִידָה (נ)

Papagei (m)	'tuki	תּוּכִּי (ז)
Kolibri (m)	ko'libri	קוֹלִיבְּרִי (ז)
Pfau (m)	tavas	טַוָּס (ז)

| Strauß (m) | bat ya'ana | בַּת יַעֲנָה (נ) |
| Reiher (m) | anafa | אֲנָפָה (נ) |

| Flamingo (m) | fla'mingo | פְלָמִינְגּוֹ (ז) |
| Pelikan (m) | saknai | שַׂקְנַאי (ז) |

| Nachtigall (f) | zamir | זָמִיר (ז) |
| Schwalbe (f) | snunit | סְנוּנִית (נ) |

Drossel (f)	kiχli	קִיכְלִי (ז)
Singdrossel (f)	kiχli mezamer	קִיכְלִי מְזַמֵּר (ז)
Amsel (f)	kiχli ʃaχor	קִיכְלִי שָׁחוֹר (ז)

Segler (m)	sis	סִיס (ז)
Lerche (f)	efroni	עֶפְרוֹנִי (ז)
Wachtel (f)	slav	שְׂלָיו (ז)

Specht (m)	'neker	נַקָּר (ז)
Kuckuck (m)	kukiya	קוּקִיָּה (נ)
Eule (f)	yanʃuf	יַנְשׁוּף (ז)
Uhu (m)	'oaχ	אוֹחַ (ז)
Auerhahn (m)	seχvi 'ya'ar	שְׂכְוִי יַעַר (ז)

| Birkhahn (m) | seχvi | שְׂכְוִי (ז) |
| Rebhuhn (n) | χogla | חׇגְלָה (נ) |

Star (m)	zarzir	זַרְזִיר (ז)
Kanarienvogel (m)	ka'narit	קָנָרִית (נ)
Haselhuhn (n)	seχvi haya'arot	שְׂכְוִי הַיְּעָרוֹת (ז)

| Buchfink (m) | paroʃ | פָּרוֹשׁ (ז) |
| Gimpel (m) | admonit | אַדְמוֹנִית (נ) |

Möwe (f)	'ʃaχaf	שַׁחַף (ז)
Albatros (m)	albatros	אַלְבַּטְרוֹס (ז)
Pinguin (m)	pingvin	פִּינְגְּוִין (ז)

180. Vögel. Gesang und Laute

singen (vt)	laſir	לָשִׁיר
schreien (vi)	lits'ok	לִצְעוֹק
kikeriki schreien	lekarker	לְקַרְקֵר
kikeriki	kuku'riku	קוּקוּרִיקוּ
gackern (vi)	lekarker	לְקַרְקֵר
krächzen (vi)	lits'roax	לִצְרוֹחַ
schnattern (Ente)	lega'a'ge'a	לְגַעְגֵּעַ
piepsen (vi)	letsayets	לְצַיֵּץ
zwitschern (vi)	letsaftsef, letsayets	לְצַפְצֵף, לְצַיֵּץ

181. Fische. Meerestiere

Brachse (f)	avroma	אַבְרוֹמָה (נ)
Karpfen (m)	karpiyon	קַרְפִּיוֹן (ז)
Barsch (m)	'okunus	אוֹקוּנוּס (ז)
Wels (m)	sfamnun	שְׂפַמְנוּן (ז)
Hecht (m)	ze'ev 'mayim	זְאֵב מַיִם (ז)
Lachs (m)	'salmon	סַלְמוֹן (ז)
Stör (m)	xidkan	חִדְקָן (ז)
Hering (m)	ma'liax	מָלִיחַ (ז)
atlantische Lachs (m)	iltit	אִילְתִּית (נ)
Makrele (f)	makarel	מָקָרֶל (ז)
Scholle (f)	dag moſe ra'benu	דַּג מֹשֶׁה רַבֵּנוּ (ז)
Zander (m)	amnun	אַמְנוּן (ז)
Dorsch (m)	ſibut	שִׁיבּוּט (ז)
Tunfisch (m)	'tuna	טוּנָה (נ)
Forelle (f)	forel	פוֹרֶל (ז)
Aal (m)	tslofax	צְלוֹפָח (ז)
Zitterrochen (m)	trisanit	תְּרִיסָנִית (נ)
Muräne (f)	mo'rena	מוֹרֶנָה (נ)
Piranha (m)	pi'ranya	פִּירָנְיָה (נ)
Hai (m)	kariſ	כָּרִישׁ (ז)
Delfin (m)	dolfin	דוֹלְפִין (ז)
Wal (m)	livyatan	לִוְיָתָן (ז)
Krabbe (f)	sartan	סַרְטָן (ז)
Meduse (f)	me'duza	מֶדוּזָה (נ)
Krake (m)	tamnun	תַּמְנוּן (ז)
Seestern (m)	koxav yam	כּוֹכַב יָם (ז)
Seeigel (m)	kipod yam	קִיפּוֹד יָם (ז)
Seepferdchen (n)	suson yam	סוּסוֹן יָם (ז)
Auster (f)	tsidpa	צִדְפָּה (נ)
Garnele (f)	xasilon	חֲסִילוֹן (ז)

| Hummer (m) | 'lobster | לוֹבּסטֶר (ז) |
| Languste (f) | 'lobster kotsani | לוֹבּסטֶר קוֹצָנִי (ז) |

182. Amphibien Reptilien

| Schlange (f) | naχaʃ | נָחָשׁ (ז) |
| Gift-, giftig | arsi | אַרסִי |

Viper (f)	'tsefa	צֶפַע (ז)
Kobra (f)	'peten	פֶּתֶן (ז)
Python (m)	piton	פִּיתוֹן (ז)
Boa (f)	χanak	חָנָק (ז)

Ringelnatter (f)	naχaʃ 'mayim	נָחָשׁ מַיִם (ז)
Klapperschlange (f)	ʃfifon	שׁפִיפוֹן (ז)
Anakonda (f)	ana'konda	אֲנָקוֹנדָה (נ)

Eidechse (f)	leta'a	לְטָאָה (נ)
Leguan (m)	igu''ana	אִיגוּאָנָה (נ)
Waran (m)	'koaχ	כּוֹחַ (ז)
Salamander (m)	sala'mandra	סָלָמַנדרָה (נ)
Chamäleon (n)	zikit	זִיקִית (נ)
Skorpion (m)	akrav	עַקרָב (ז)

Schildkröte (f)	tsav	צָב (ז)
Frosch (m)	tsfar'deʿa	צְפַרדֵעַ (נ)
Kröte (f)	karpada	קַרפָּדָה (נ)
Krokodil (n)	tanin	תַנִין (ז)

183. Insekten

Insekt (n)	χarak	חָרָק (ז)
Schmetterling (m)	parpar	פַּרפַּר (ז)
Ameise (f)	nemala	נְמָלָה (נ)
Fliege (f)	zvuv	זְבוּב (ז)
Mücke (f)	yatuʃ	יַתוּשׁ (ז)
Käfer (m)	χipuʃit	חִיפּוּשִׁית (נ)

Wespe (f)	tsir'a	צִרעָה (נ)
Biene (f)	dvora	דבוֹרָה (נ)
Hummel (f)	dabur	דַבּוּר (ז)
Bremse (f)	zvuv hasus	זְבוּב הַסוּס (ז)

| Spinne (f) | akaviʃ | עַכָּבִישׁ (ז) |
| Spinnennetz (n) | kurei akaviʃ | קוּרֵי עַכָּבִישׁ (ז"ר) |

Libelle (f)	ʃapirit	שׁפִירִית (נ)
Grashüpfer (m)	χagav	חָגָב (ז)
Schmetterling (m)	aʃ	עָשׁ (ז)

| Schabe (f) | makak | מַקָק (ז) |
| Zecke (f) | kartsiya | קַרצִיָה (נ) |

| Floh (m) | parʻoʃ | פַּרְעוֹשׁ (ז) |
| Kriebelmücke (f) | yavχuʃ | יַבְחוּשׁ (ז) |

Heuschrecke (f)	arbe	אַרְבֶּה (ז)
Schnecke (f)	χilazon	חִלָּזוֹן (ז)
Heimchen (n)	tsartsar	צְרָצַר (ז)
Leuchtkäfer (m)	gaχlilit	גַּחְלִילִית (נ)
Marienkäfer (m)	parat moʃe raʻbenu	פָּרַת מֹשֶׁה רַבֵּנוּ (נ)
Maikäfer (m)	χipuʃit aviv	חִיפּוּשִׁית אָבִיב (נ)

Blutegel (m)	aluka	עֲלוּקָה (נ)
Raupe (f)	zaχal	זַחַל (ז)
Wurm (m)	toʻlaʻat	תּוֹלַעַת (נ)
Larve (f)	ʻderen	רֶן (ז)

184. Tiere. Körperteile

Schnabel (m)	makor	מַקּוֹר (ז)
Flügel (pl)	knaʻfayim	כְּנָפַיִים (נ"ר)
Fuß (m)	ʻregel	רֶגֶל (נ)
Gefieder (n)	pluma	פְּלוּמָה (נ)
Feder (f)	notsa	נוֹצָה (נ)
Haube (f)	tsitsa	צִיצָה (נ)

Kiemen (pl)	zimim	זִימִים (ז"ר)
Laich (m)	beitsei dagim	בֵּיצֵי דָּגִים (נ"ר)
Larve (f)	ʻderen	רֶן (ז)
Flosse (f)	snapir	סְנַפִּיר (ז)
Schuppe (f)	kaskasim	קַשְׂקַשִׂים (ז"ר)

Stoßzahn (m)	niv	נִיב (ז)
Pfote (f)	ʻregel	רֶגֶל (נ)
Schnauze (f)	partsuf	פַּרְצוּף (ז)
Rachen (m)	loʻa	לוֹעַ (ז)
Schwanz (m)	zanav	זָנָב (ז)
Barthaar (n)	safam	שָׂפָם (ז)

| Huf (m) | parsa | פַּרְסָה (נ) |
| Horn (n) | ʻkeren | קֶרֶן (נ) |

Panzer (m)	ʃiryon	שִׁרְיוֹן (ז)
Muschel (f)	konχiya	קוֹנְכִיָּיה (נ)
Schale (f)	klipa	קְלִיפָּה (נ)

| Fell (n) | parva | פַּרְוָה (נ) |
| Haut (f) | or | עוֹר (ז) |

185. Tiere. Lebensräume

Lebensraum (f)	beit gidul	בֵּית גִּידּוּל (ז)
Wanderung (f)	hagira	הֲגִירָה (נ)
Berg (m)	har	הַר (ז)

| Riff (n) | ʃunit | שׁוּנִית (נ) |
| Fels (m) | 'sela | סֶלַע (ז) |

Wald (m)	'ya'ar	יַעַר (ז)
Dschungel (m, n)	'dʒungel	ג׳וּנְגֶּל (ו)
Savanne (f)	sa'vana	סָוַונָה (נ)
Tundra (f)	'tundra	טוּנְדְרָה (נ)

Steppe (f)	arava	עֲרָבָה (נ)
Wüste (f)	midbar	מִדְבָּר (ז)
Oase (f)	neve midbar	נְוֵה מִדְבָּר (ז)

Meer (n), See (f)	yam	יָם (ז)
See (m)	agam	אֲגַם (ז)
Ozean (m)	ok'yanos	אוֹקְיָאנוֹס (ז)

Sumpf (m)	bitsa	בִּיצָה (נ)
Süßwasser-	ʃel 'mayim metukim	שֶׁל מַיִם מְתוּקִים
Teich (m)	breχa	בְּרֵיכָה (נ)
Fluss (m)	nahar	נָהָר (ז)

Höhle (f), Bau (m)	me'ura	מְאוּרָה (נ)
Nest (n)	ken	קֵן (ז)
Höhlung (f)	χor ba'ets	חוֹר בְּעֵץ (ז)
Loch (z.B. Wurmloch)	meχila	מְחִילָה (נ)
Ameisenhaufen (m)	kan nemalim	קַן נְמָלִים (ז)

Flora

186. Bäume

Baum (m)	ets	עֵץ (ז)
Laub-	naʃir	נָשִׁיר
Nadel-	maχtani	מַחְטָנִי
immergrün	yarok ad	יָרוֹק עַד
Apfelbaum (m)	ta'puaχ	תַּפּוּחַ (ז)
Birnbaum (m)	agas	אַגָּס (ז)
Süßkirschbaum (m)	gudgedan	גּוּדְגְּדָן (ז)
Sauerkirschbaum (m)	duvdevan	דּוּבְדְּבָן (ז)
Pflaumenbaum (m)	ʃezif	שְׁזִיף (ז)
Birke (f)	ʃadar	שְׁדָר (ז)
Eiche (f)	alon	אַלּוֹן (ז)
Linde (f)	'tilya	טִילְיָה (נ)
Espe (f)	aspa	אַסְפָּה (נ)
Ahorn (m)	'eder	אֶדֶר (ז)
Fichte (f)	a'ʃuaχ	אַשּׁוּחַ (ז)
Kiefer (f)	'oren	אֹרֶן (ז)
Lärche (f)	arzit	אַרְזִית (נ)
Tanne (f)	a'ʃuaχ	אַשּׁוּחַ (ז)
Zeder (f)	'erez	אֶרֶז (ז)
Pappel (f)	tsaftsefa	צַפְצָפָה (נ)
Vogelbeerbaum (m)	ben χuzrar	בֶּן־חוּזְרָר (ז)
Weide (f)	arava	עֲרָבָה (נ)
Erle (f)	alnus	אַלְנוּס (ז)
Buche (f)	aʃur	אַשּׁוּר (ז)
Ulme (f)	bu'kitsa	בּוּקִיצָה (נ)
Esche (f)	mela	מֵילָה (נ)
Kastanie (f)	armon	עַרְמוֹן (ז)
Magnolie (f)	mag'nolya	מַגְנוֹלְיָה (נ)
Palme (f)	'dekel	דֶּקֶל (ז)
Zypresse (f)	broʃ	בְּרוֹשׁ (ז)
Mangrovenbaum (m)	mangrov	מַנְגְּרוֹב (ז)
Baobab (m)	ba'obab	בָּאוֹבָּב (ז)
Eukalyptus (m)	eika'liptus	אֵיקָלִיפְּטוּס (ז)
Mammutbaum (m)	sek'voya	סָקְווֹיָה (נ)

187. Büsche

Strauch (m)	'siaχ	שִׂיחַ (ז)
Gebüsch (n)	'siaχ	שִׂיחַ (ז)

Weinstock (m)	'gefen	גֶּפֶן (ז)
Weinberg (m)	'kerem	כֶּרֶם (ז)

Himbeerstrauch (m)	'petel	פֶּטֶל (ז)
schwarze Johannisbeere (f)	'siaχ dumdemaniyot ʃχorot	שִׂיחַ דּוּמְדְּמָנִיּוֹת שְׁחוֹרוֹת (ז)
rote Johannisbeere (f)	'siaχ dumdemaniyot adumot	שִׂיחַ דּוּמְדְּמָנִיּוֹת אֲדוּמּוֹת (ז)
Stachelbeerstrauch (m)	χazarzar	חֲזַרְזַר (ז)

Akazie (f)	ʃita	שִׁיטָה (נ)
Berberitze (f)	berberis	בַּרְבָּרִיס (ז)
Jasmin (m)	yasmin	יַסְמִין (ז)

Wacholder (m)	ar'ar	עַרְעָר (ז)
Rosenstrauch (m)	'siaχ vradim	שִׂיחַ וְרָדִים (ז)
Heckenrose (f)	'vered bar	וֶרֶד בָּר (ז)

188. Pilze

Pilz (m)	pitriya	פִּטְרִיָּה (נ)
essbarer Pilz (m)	pitriya ra'uya lema'aχal	פִּטְרִיָּה רְאוּיָה לְמַאֲכָל
Giftpilz (m)	pitriya ra'ila	פִּטְרִיָּה רְעִילָה (נ)
Hut (m)	kipat pitriya	כִּיפַּת פִּטְרִיָּה (נ)
Stiel (m)	'regel	רֶגֶל (נ)

Steinpilz (m)	por'tʃini	פּוֹרְצִ'ינִי (ז)
Rotkappe (f)	pitriyat 'kova aduma	פִּטְרִיַּת כּוֹבַע אֲדוּמָה (נ)
Birkenpilz (m)	pitriyat 'ya'ar	פִּטְרִיַּת יַעַר (נ)
Pfifferling (m)	gvi'onit ne'e'χelet	גְּבִיעוֹנִית נֶאֱכֶלֶת (נ)
Täubling (m)	χarifit	חֲרִיפִית (נ)

Morchel (f)	gamtsuts	גַּמְצוּץ (ז)
Fliegenpilz (m)	zvuvanit	זְבוּבָנִית (נ)
Grüner Knollenblätterpilz	pitriya ra'ila	פִּטְרִיָּה רְעִילָה (נ)

189. Obst. Beeren

Frucht (f)	pri	פְּרִי (ז)
Früchte (pl)	perot	פֵּירוֹת (ז"ר)
Apfel (m)	ta'puaχ	תַּפּוּחַ (ז)
Birne (f)	agas	אַגָּס (ז)
Pflaume (f)	ʃezif	שְׁזִיף (ז)

Erdbeere (f)	tut sade	תּוּת שָׂדֶה (ז)
Sauerkirsche (f)	duvdevan	דּוּבְדְּבָן (ז)
Süßkirsche (f)	gudgedan	גּוּדְגְּדָן (ז)
Weintrauben (pl)	anavim	עֲנָבִים (ז"ר)

Himbeere (f)	'petel	פֶּטֶל (ז)
schwarze Johannisbeere (f)	dumdemanit ʃχora	דּוּמְדְּמָנִית שְׁחוֹרָה (נ)
rote Johannisbeere (f)	dumdemanit aduma	דּוּמְדְּמָנִית אֲדוּמָה (נ)
Stachelbeere (f)	χazarzar	חֲזַרְזַר (ז)
Moosbeere (f)	χamutsit	חֲמוּצִית (נ)

Apfelsine (f)	tapuz	תַּפּוּז (ז)
Mandarine (f)	klemen'tina	קְלֶמֶנְטִינָה (נ)
Ananas (f)	'ananas	אָנָנָס (ז)
Banane (f)	ba'nana	בַּנָּנָה (נ)
Dattel (f)	tamar	תָּמָר (ז)

Zitrone (f)	limon	לִימוֹן (ז)
Aprikose (f)	'miʃmeʃ	מִשְׁמֵשׁ (ז)
Pfirsich (m)	afarsek	אֲפַרְסֵק (ז)
Kiwi (f)	'kivi	קִיווִי (ז)
Grapefruit (f)	eʃkolit	אֶשְׁכּוֹלִית (נ)

Beere (f)	garger	גַּרְגַּר (ז)
Beeren (pl)	gargerim	גַּרְגְּרִים (ז"ר)
Preiselbeere (f)	uχmanit aduma	אוּכְמָנִית אֲדוּמָה (נ)
Walderdbeere (f)	tut 'ya'ar	תּוּת יַעַר (ז)
Heidelbeere (f)	uχmanit	אוּכְמָנִית (נ)

190. Blumen. Pflanzen

| Blume (f) | 'peraχ | פֶּרַח (ז) |
| Blumenstrauß (m) | zer | זֵר (ז) |

Rose (f)	'vered	וֶרֶד (ז)
Tulpe (f)	tsiv'oni	צִבְעוֹנִי (ז)
Nelke (f)	tsi'poren	צִיפּוֹרֶן (ז)
Gladiole (f)	glad'yola	גְּלַדִיוֹלָה (נ)

Kornblume (f)	dganit	דְּגָנִיָּה (נ)
Glockenblume (f)	pa'amonit	פַּעֲמוֹנִית (נ)
Löwenzahn (m)	ʃinan	שִׁנָּן (ז)
Kamille (f)	kamomil	קָמוֹמִיל (ז)

Aloe (f)	alvai	אֲלוַי (ז)
Kaktus (m)	'kaktus	קַקְטוּס (ז)
Gummibaum (m)	'fikus	פִיקוּס (ז)

Lilie (f)	ʃoʃana	שׁוֹשַׁנָּה (נ)
Geranie (f)	ge'ranyum	גֵּרַנְיוּם (ז)
Hyazinthe (f)	yakinton	יָקִינְטוֹן (ז)

Mimose (f)	mi'moza	מִימוֹזָה (נ)
Narzisse (f)	narkis	נַרְקִיס (ז)
Kapuzinerkresse (f)	'kova hanazir	כּוֹבַע הַנָּזִיר (ז)

Orchidee (f)	saχlav	סַחְלָב (ז)
Pfingstrose (f)	admonit	אַדְמוֹנִית (נ)
Veilchen (n)	sigalit	סִיגָלִית (נ)

Stiefmütterchen (n)	amnon vetamar	אַמְנוֹן וְתָמָר (ז)
Vergissmeinnicht (n)	ziχ'rini	זִכְרִינִי (ז)
Gänseblümchen (n)	marganit	מַרְגָּנִית (נ)
Mohn (m)	'pereg	פֶּרֶג (ז)
Hanf (m)	ka'nabis	קָנַאבִּיס (ז)

Minze (f)	'menta	מֶנְתָּה (נ)
Maiglöckchen (n)	zivanit	זִיוָנִית (נ)
Schneeglöckchen (n)	ga'lantus	גָּלַנְטוּס (ז)
Brennnessel (f)	sirpad	סִרְפָּד (ז)
Sauerampfer (m)	χum'a	חוּמְעָה (נ)
Seerose (f)	nufar	נוּפָר (ז)
Farn (m)	ʃaraχ	שָׁרָךְ (ז)
Flechte (f)	χazazit	חֲזָזִית (נ)
Gewächshaus (n)	χamama	חֲמָמָה (נ)
Rasen (m)	midʃa'a	מִדְשָׁאָה (נ)
Blumenbeet (n)	arugat praχim	עֲרוּגַת פְּרָחִים (נ)
Pflanze (f)	'tsemaχ	צֶמַח (ז)
Gras (n)	'deʃe	דֶּשֶׁא (ז)
Grashalm (m)	giv'ol 'esev	גִּבְעוֹל עֵשֶׂב (ז)
Blatt (n)	ale	עָלֶה (ז)
Blütenblatt (n)	ale ko'teret	עֲלֵה כּוֹתֶרֶת (ז)
Stiel (m)	giv'ol	גִּבְעוֹל (ז)
Knolle (f)	'pka'at	פְּקַעַת (נ)
Jungpflanze (f)	'nevet	נֶבֶט (ז)
Dorn (m)	kots	קוֹץ (ז)
blühen (vi)	lif'roaχ	לִפְרוֹחַ
welken (vi)	linbol	לִנְבּוֹל
Geruch (m)	'reaχ	רֵיחַ (ז)
abschneiden (vt)	ligzom	לִגְזוֹם
pflücken (vt)	liktof	לִקְטוֹף

191. Getreide, Körner

Getreide (n)	tvu'a	תְּבוּאָה (נ)
Getreidepflanzen (pl)	dganim	דְּגָנִים (ז"ר)
Ähre (f)	ʃi'bolet	שִׁיבּוֹלֶת (נ)
Weizen (m)	χita	חִיטָה (נ)
Roggen (m)	ʃifon	שִׁיפוֹן (ז)
Hafer (m)	ʃi'bolet ʃu'al	שִׁיבּוֹלֶת שׁוּעָל (נ)
Hirse (f)	'doχan	דּוֹחַן (ז)
Gerste (f)	se'ora	שְׂעוֹרָה (נ)
Mais (m)	'tiras	תִּירָס (ז)
Reis (m)	'orez	אוֹרֶז (ז)
Buchweizen (m)	ku'semet	כּוּסֶמֶת (נ)
Erbse (f)	afuna	אֲפוּנָה (נ)
weiße Bohne (f)	ʃu'it	שְׁעוּעִית (נ)
Sojabohne (f)	'soya	סוֹיָה (נ)
Linse (f)	adaʃim	עֲדָשִׁים (ז"ר)
Bohnen (pl)	pol	פּוֹל (ז)

REGIONALE GEOGRAPHIE

Länder. Nationalitäten

192. Politik. Regierung. Teil 1

Politik (f)	po'litika	פּוֹלִיטִיקָה (נ)
politisch	po'liti	פּוֹלִיטִי
Politiker (m)	politikai	פּוֹלִיטִיקַאי (ז)

Staat (m)	medina	מְדִינָה (נ)
Bürger (m)	ezraχ	אֶזְרָח (ז)
Staatsbürgerschaft (f)	ezraχut	אֶזְרָחוּת (נ)

| Staatswappen (n) | 'semel le'umi | סֶמֶל לְאוֹמִי (ז) |
| Nationalhymne (f) | himnon le'umi | הִמְנוֹן לְאוֹמִי (ז) |

Regierung (f)	memʃala	מֶמְשָׁלָה (נ)
Staatschef (m)	roʃ medina	רֹאשׁ מְדִינָה (ז)
Parlament (n)	parlament	פַּרְלָמֶנְט (ז)
Partei (f)	miflaga	מִפְלָגָה (נ)

| Kapitalismus (m) | kapitalizm | קַפִּיטָלִיזְם (ז) |
| kapitalistisch | kapita'listi | קַפִּיטָלִיסְטִי |

| Sozialismus (m) | sotsyalizm | סוֹצְיָאלִיזְם (ז) |
| sozialistisch | sotsya'listi | סוֹצְיָאלִיסְטִי |

Kommunismus (m)	komunizm	קוֹמוּנִיזְם (ז)
kommunistisch	komu'nisti	קוֹמוּנִיסְטִי
Kommunist (m)	komunist	קוֹמוּנִיסְט (ז)

Demokratie (f)	demo'kratya	דֶמוֹקְרַטְיָה (נ)
Demokrat (m)	demokrat	דֶמוֹקְרָט (ז)
demokratisch	demo'krati	דֶמוֹקְרָטִי
demokratische Partei (f)	miflaga demo'kratit	מִפְלָגָה דֶמוֹקְרָטִית (נ)

Liberale (m)	libe'rali	לִיבֶּרָלִי (ז)
liberal	libe'rali	לִיבֶּרָלִי
Konservative (m)	ʃamran	שַׁמְרָן (ז)
konservativ	ʃamrani	שַׁמְרָנִי

Republik (f)	re'publika	רֶפּוּבְּלִיקָה (נ)
Republikaner (m)	republi'kani	רֶפּוּבְּלִיקָנִי (ז)
Republikanische Partei (f)	miflaga republi'kanit	מִפְלָגָה רֶפּוּבְּלִיקָנִית (נ)

Wahlen (pl)	bχirot	בְּחִירוֹת (נ"ר)
wählen (vt)	livχor	לִבְחוֹר
Wähler (m)	mats'bi'a	מַצְבִּיע (ז)

Wahlkampagne (f)	masa bχirot	מַסַע בְּחִירוֹת (ז)
Abstimmung (f)	hatsba'a	הַצְבָּעָה (נ)
abstimmen (vi)	lehats'bi'a	לְהַצְבִּיעַ
Abstimmungsrecht (n)	zχut hatsba'a	זְכוּת הַצְבָּעָה (נ)

Kandidat (m)	mu'amad	מוּעֳמָד (ז)
kandidieren (vi)	lehatsig mu'amadut	לְהַצִּיג מוּעֳמָדוּת
Kampagne (f)	masa	מַסַע (ז)

| Oppositions- | opozitsyoni | אוֹפּוֹזִיצִיוֹנִי |
| Opposition (f) | opo'zitsya | אוֹפּוֹזִיצְיָה (נ) |

Besuch (m)	bikur	בִּיקוּר (ז)
Staatsbesuch (m)	bikur riʃmi	בִּיקוּר רִשְׁמִי (ז)
international	benle'umi	בֵּינְלְאוּמִי

| Verhandlungen (pl) | masa umatan | מַשָּׂא וּמַתָּן (ז) |
| verhandeln (vi) | laset velatet | לָשֵׂאת וְלָתֵת |

193. Politik. Regierung. Teil 2

Gesellschaft (f)	χevra	חֶבְרָה (נ)
Verfassung (f)	χuka	חוּקָה (נ)
Macht (f)	ʃilton	שִׁלְטוֹן (ז)
Korruption (f)	ʃχitut	שְׁחִיתוּת (נ)

| Gesetz (n) | χok | חוֹק (ז) |
| gesetzlich (Adj) | χuki | חוּקִי |

| Gerechtigkeit (f) | 'tsedek | צֶדֶק (ז) |
| gerecht | tsodek | צוֹדֵק |

Komitee (n)	'va'ad	וַעַד (ז)
Gesetzentwurf (m)	hatsa'at χok	הַצָּעַת חוֹק (נ)
Budget (n)	taktsiv	תַקְצִיב (ז)
Politik (f)	mediniyut	מְדִינִיּוּת (נ)
Reform (f)	re'forma	רֶפוֹרְמָה (נ)
radikal	radi'kali	רָדִיקָלִי

Macht (f)	otsma	עוֹצְמָה (נ)
mächtig (Adj)	rav 'koaχ	רַב־כּוֹחַ
Anhänger (m)	tomeχ	תוֹמֵךְ (ז)
Einfluss (m)	haʃpa'a	הַשְׁפָּעָה (נ)

Regime (n)	miʃtar	מִשְׁטָר (ז)
Konflikt (m)	siχsuχ	סִכְסוּךְ (ז)
Verschwörung (f)	'keʃer	קֶשֶׁר (ז)
Provokation (f)	provo'katsya, hitgarut	פְּרוֹבוֹקַצְיָה, הִתְגָרוּת (נ)

stürzen (vt)	leha'diaχ	לְהַדִיחַ
Sturz (m)	hadaχa mikes malχut	הֲדָחָה מִכֵּס מַלְכוּת (נ)
Revolution (f)	mahapeχa	מַהְפֵּכָה (נ)
Staatsstreich (m)	hafiχa	הֲפִיכָה (נ)
Militärputsch (m)	mahapaχ tsva'i	מַהְפָּךְ צְבָאִי (ז)

Krise (f)	maʃber	מַשְׁבֵּר (ז)
Rezession (f)	mitun kalkali	מִיתוּן כַּלְכָּלִי (ז)
Demonstrant (m)	mafgin	מַפְגִּין (ז)
Demonstration (f)	hafgana	הַפְגָּנָה (נ)
Ausnahmezustand (m)	miʃtar tsva'i	מִשְׁטַר צְבָאִי (ז)
Militärbasis (f)	basis tsva'i	בָּסִיס צְבָאִי (ז)

| Stabilität (f) | yatsivut | יַצִּיבוּת (נ) |
| stabil | yatsiv | יַצִּיב |

| Ausbeutung (f) | nitsul | נִיצּוּל (ז) |
| ausbeuten (vt) | lenatsel | לְנַצֵּל |

Rassismus (m)	giz'anut	גִּזְעָנוּת (נ)
Rassist (m)	giz'ani	גִּזְעָנִי (ז)
Faschismus (m)	faʃizm	פָשִׁיזְם (ז)
Faschist (m)	faʃist	פָשִׁיסְט (ז)

194. Länder. Verschiedenes

Ausländer (m)	zar	זָר (ז)
ausländisch	zar	זָר
im Ausland	beχul	בְּחוּ"ל

Auswanderer (m)	mehager	מְהַגֵּר (ז)
Auswanderung (f)	hagira	הֲגִירָה (נ)
auswandern (vi)	lehager	לְהַגֵּר

Westen (m)	ma'arav	מַעֲרָב (ז)
Osten (m)	mizraχ	מִזְרָח (ז)
Ferner Osten (m)	hamizraχ haraχok	הַמִּזְרָח הָרָחוֹק (ז)

Zivilisation (f)	tsivili'zatsya	צִיבִילִיזַצְיָה (נ)
Menschheit (f)	enoʃut	אֱנוֹשׁוּת (נ)
Welt (f)	olam	עוֹלָם (ז)
Frieden (m)	ʃalom	שָׁלוֹם (ז)
Welt-	olami	עוֹלָמִי

Heimat (f)	mo'ledet	מוֹלֶדֶת (נ)
Volk (n)	am	עַם (ז)
Bevölkerung (f)	oχlusiya	אוֹכְלוּסִיָּה (נ)
Leute (pl)	anaʃim	אֲנָשִׁים (ז"ר)
Nation (f)	uma	אוּמָה (נ)
Generation (f)	dor	דּוֹר (ז)

Territorium (n)	'ʃetaχ	שֶׁטַח (ז)
Region (f)	ezor	אֵזוֹר (ז)
Staat (z.B. ~ Alaska)	medina	מְדִינָה (נ)

Tradition (f)	ma'soret	מָסוֹרֶת (נ)
Brauch (m)	minhag	מִנְהָג (ז)
Ökologie (f)	eko'logya	אֶקוֹלוֹגְיָה (נ)
Indianer (m)	ind'yani	אִינְדְּיָאנִי (ז)
Zigeuner (m)	tso'ani	צוֹעֲנִי (ז)

Zigeunerin (f)	tso'aniya	צוֹעֲנִיָה (נ)
Zigeuner-	tso'ani	צוֹעֲנִי
Reich (n)	im'perya	אִימְפֶּרְיָה (נ)
Kolonie (f)	ko'lonya	קוֹלוֹנְיָה (נ)
Sklaverei (f)	avdut	עַבְדוּת (נ)
Einfall (m)	pliʃa	פְּלִישָׁה (נ)
Hunger (m)	'ra'av	רָעָב (ז)

195. Wichtige Religionsgruppen. Konfessionen

Religion (f)	dat	דָת (נ)
religiös	dati	דָתִי
Glaube (m)	emuna	אֱמוּנָה (נ)
glauben (vt)	leha'amin	לְהַאֲמִין
Gläubige (m)	ma'amin	מַאֲמִין
Atheismus (m)	ate'izm	אָתֵאִיזם (ז)
Atheist (m)	ate'ist	אָתֵאִיסְט (ז)
Christentum (n)	natsrut	נַצְרוּת (נ)
Christ (m)	notsri	נוֹצְרִי (ז)
christlich	notsri	נוֹצְרִי
Katholizismus (m)	ka'toliyut	קָתוֹלִיוּת (נ)
Katholik (m)	ka'toli	קָתוֹלִי (ז)
katholisch	ka'toli	קָתוֹלִי
Protestantismus (m)	protes'tantiyut	פְּרוֹטֶסְטַנְטִיוּת (נ)
Protestantische Kirche (f)	knesiya protes'tantit	כְּנֵסִיָה פְּרוֹטֶסְטַנְטִית (נ)
Protestant (m)	protestant	פְּרוֹטֶסְטַנְט (ז)
Orthodoxes Christentum (n)	natsrut orto'doksit	נַצְרוּת אוֹרְתוֹדוֹקְסִית (נ)
Orthodoxe Kirche (f)	knesiya orto'doksit	כְּנֵסִיָה אוֹרְתוֹדוֹקְסִית (נ)
orthodoxer Christ (m)	orto'doksi	אוֹרְתוֹדוֹקְסִי
Presbyterianismus (m)	presbiteryanizm	פְּרֶסְבִּיטֶרְיָאנִיזם (ז)
Presbyterianische Kirche (f)	knesiya presviteri"anit	כְּנֵסִיָה פְּרֶסְבִּיטֶרְיָאנִית (נ)
Presbyterianer (m)	presbiter'yani	פְּרֶסְבִּיטֶרְיָאנִי (ז)
Lutherische Kirche (f)	knesiya lute'ranit	כְּנֵסִיָה לוּתֶרָנִית (נ)
Lutheraner (m)	lute'rani	לוּתֶרָנִי (ז)
Baptismus (m)	knesiya bap'tistit	כְּנֵסִיָה בַּפְּטִיסְטִית (נ)
Baptist (m)	baptist	בַּפְּטִיסְט (ז)
Anglikanische Kirche (f)	knesiya angli'kanit	כְּנֵסִיָה אַנְגְלִיקָנִית (נ)
Anglikaner (m)	angli'kani	אַנְגְלִיקָנִי (ז)
Mormonismus (m)	mor'monim	מוֹרְמוֹנִים (ז)
Mormone (m)	mormon	מוֹרְמוֹן (ז)
Judentum (n)	yahadut	יַהֲדוּת (נ)
Jude (m)	yehudi, yehudiya	יְהוּדִי (ז), יְהוּדִיָה (נ)

| Buddhismus (m) | budhizm | בּוּדְהִיזְם (ז) |
| Buddhist (m) | budhist | בּוּדְהִיסְט (ז) |

| Hinduismus (m) | hindu'izm | הִינְדוּאִיזְם (ז) |
| Hindu (m) | 'hindi | הִינְדִּי (ז) |

Islam (m)	islam	אִיסְלָאם (ז)
Moslem (m)	'muslemi	מוּסְלְמִי (ז)
moslemisch	'muslemi	מוּסְלְמִי

Schiismus (m)	islam 'ʃi'i	אִסְלָאם שִׁיעִי (ז)
Schiit (m)	'ʃi'i	שִׁיעִי (ז)
Sunnismus (m)	islam 'suni	אִסְלָאם סוּנִּי (ז)
Sunnit (m)	'suni	סוּנִּי (ז)

196. Religionen. Priester

| Priester (m) | 'komer | כֹּמֶר (ז) |
| Papst (m) | apifyor | אַפִּיפְיוֹר (ז) |

Mönch (m)	nazir	נָזִיר (ז)
Nonne (f)	nazira	נְזִירָה (נ)
Pfarrer (m)	'komer	כֹּמֶר (ז)

Abt (m)	roʃ minzar	רֹאשׁ מִנְזָר (ז)
Vikar (m)	'komer hakehila	כֹּמֶר הַקְּהִילָה (ז)
Bischof (m)	'biʃof	בִּישׁוֹף (ז)
Kardinal (m)	χaʃman	חַשְׁמָן (ז)

Prediger (m)	matif	מַטִּיף (ז)
Predigt (f)	hatafa, draʃa	הַטָּפָה, דְּרָשָׁה (נ)
Gemeinde (f)	χaver kehila	חָבֵר קְהִילָה (ז)

| Gläubige (m) | ma'amin | מַאֲמִין (ז) |
| Atheist (m) | ate'ist | אָתֵאִיסְט (ז) |

197. Glauben. Christentum. Islam

| Adam | adam | אָדָם |
| Eva | χava | חַוָּה |

Gott (m)	elohim	אֱלוֹהִים
Herr (m)	adonai	אֲדוֹנָי
Der Allmächtige	kol yaχol	כָּל יָכוֹל

Sünde (f)	χet	חֵטְא (ז)
sündigen (vi)	laχato	לַחֲטוֹא
Sünder (m)	χote	חוֹטֵא (ז)
Sünderin (f)	χo'ta'at	חוֹטֵאת (נ)

| Hölle (f) | gehinom | גֵּיהִנּוֹם (ז) |
| Paradies (n) | gan 'eden | גַּן עֵדֶן (ז) |

| Jesus | 'yeʃu | יֵשׁוּ |
| Jesus Christus | 'yeʃu hanotsri | יֵשׁוּ הַנּוֹצְרִי |

der Heiliger Geist	'ruaχ ha'kodeʃ	רוּחַ הַקּוֹדֶשׁ (ז)
der Erlöser	mo'ʃi'a	מוֹשִׁיעַ (ז)
die Jungfrau Maria	'miryam hakdoʃa	מִרְיָם הַקְּדוֹשָׁה

Teufel (m)	satan	שָׂטָן (ז)
teuflisch	stani	שְׂטָנִי
Satan (m)	satan	שָׂטָן (ז)
satanisch	stani	שְׂטָנִי

Engel (m)	mal'aχ	מַלְאָךְ (ז)
Schutzengel (m)	mal'aχ ʃomer	מַלְאָךְ שׁוֹמֵר (ז)
Engel(s)-	mal'aχi	מַלְאָכִי

Apostel (m)	ʃa'liaχ	שָׁלִיחַ (ז)
Erzengel (m)	arχimalaχ	אַרְכִימַלְאָךְ (ז)
Antichrist (m)	an'tikrist	אַנְטִיכְרִיסְט (ז)

Kirche (f)	knesiya	כְּנֵסִיָּה (נ)
Bibel (f)	tanaχ	תַּנַ"ךְ (ז)
biblisch	tanaχi	תַּנַ"כִי

Altes Testament (n)	habrit hayeʃana	הַבְּרִית הַיְשָׁנָה (נ)
Neues Testament (n)	habrit haχadaʃa	הַבְּרִית הַחֲדָשָׁה (נ)
Evangelium (n)	evangelyon	אֱוַונְגֶּלְיוֹן (ז)
Heilige Schrift (f)	kitvei ha'kodeʃ	כִּתְבֵי הַקּוֹדֶשׁ (ז"ר)
Himmelreich (n)	malχut ʃa'mayim, gan 'eden	מַלְכוּת שָׁמַיִם (נ), גַּן עֵדֶן (ז)

Gebot (n)	mitsva	מִצְוָה (נ)
Prophet (m)	navi	נָבִיא (ז)
Prophezeiung (f)	nevu'a	נְבוּאָה (נ)

Allah	'alla	אַלְלָה
Mohammed	mu'χamad	מוּחַמַד
Koran (m)	kur'an	קוּרְאָן (ז)

Moschee (f)	misgad	מִסְגָּד (ז)
Mullah (m)	'mula	מוּלָא (ז)
Gebet (n)	tfila	תְּפִילָה (נ)
beten (vi)	lehitpalel	לְהִתְפַּלֵּל

Wallfahrt (f)	aliya le'regel	עֲלִיָּה לָרֶגֶל (נ)
Pilger (m)	tsalyan	צַלְיָין (ז)
Mekka (n)	'meka	מֶכָּה (נ)

Kirche (f)	knesiya	כְּנֵסִיָּה (נ)
Tempel (m)	mikdaʃ	מִקְדָּשׁ (ז)
Kathedrale (f)	kated'rala	קָתֶדְרָלָה (נ)
gotisch	'goti	גּוֹתִי
Synagoge (f)	beit 'kneset	בֵּית כְּנֶסֶת (ז)
Moschee (f)	misgad	מִסְגָּד (ז)

| Kapelle (f) | beit tfila | בֵּית תְּפִילָה (ז) |
| Abtei (f) | minzar | מִנְזָר (ז) |

Nonnenkloster (n)	minzar	מִנְזָר (ז)
Mönchskloster (n)	minzar	מִנְזָר (ז)
Glocke (f)	pa'amon	פַּעֲמוֹן (ז)
Glockenturm (m)	migdal pa'amonim	מִגְדַל פַּעֲמוֹנִים (ז)
läuten (Glocken)	letsaltsel	לְצַלְצֵל
Kreuz (n)	tslav	צְלָב (ז)
Kuppel (f)	kipa	כִּיפָּה (נ)
Ikone (f)	ikonin	אִיקוֹנִין (ז)
Seele (f)	nefama	נְשָׁמָה (נ)
Schicksal (n)	goral	גּוֹרָל (ז)
das Böse	'ro'a	רוֹעַ (ז)
Gute (n)	tuv	טוּב (ז)
Vampir (m)	arpad	עַרְפָּד (ז)
Hexe (f)	maxfefa	מְכַשֵּׁפָה (נ)
Dämon (m)	fed	שֵׁד (ז)
Geist (m)	'ruax	רוּחַ (נ)
Sühne (f)	kapara	כַּפָּרָה (נ)
sühnen (vt)	lexaper al	לְכַפֵּר עַל
Gottesdienst (m)	'misa	מִיסָה (נ)
die Messe lesen	la'arox 'misa	לַעֲרֹךְ מִיסָה
Beichte (f)	vidui	וִידוּי (ז)
beichten (vi)	lehitvadot	לְהִתְוַדּוֹת
Heilige (m)	kadof	קָדוֹשׁ (ז)
heilig	mekudaf	מְקוּדָשׁ
Weihwasser (n)	'mayim kdofim	מַיִם קְדוֹשִׁים (ז"ר)
Ritual (n)	'tekes	טֶקֶס (ז)
rituell	fel 'tekes	שֶׁל טֶקֶס
Opfer (n)	korban	קוֹרְבָּן (ז)
Aberglaube (m)	emuna tfela	אֱמוּנָה תְּפֵלָה (נ)
abergläubisch	ma'amin emunot tfelot	מַאֲמִין אֱמוּנוֹת תְּפֵלוֹת
Nachleben (n)	ha'olam haba	הָעוֹלָם הַבָּא (ז)
ewiges Leben (n)	xayei olam, xayei 'netsax	חַיֵּי עוֹלָם (ז"ר), חַיֵּי נֶצַח (ז"ר)

VERSCHIEDENES

198. Verschiedene nützliche Wörter

Anfang (m)	hatχala	(נ) הַתְחָלָה
Anstrengung (f)	ma'amats	(ז) מַאֲמָץ
Anteil (m)	'χelek	(ז) חֵלֶק
Art (Typ, Sorte)	sug	(ז) סוּג
Auswahl (f)	bχina	(נ) בְּחִינָה

Barriere (f)	miχʃol	(ז) מִכְשׁוֹל
Basis (f)	basis	(ז) בָּסִיס
Beispiel (n)	dugma	(נ) דוּגְמָה
bequem (gemütlich)	'noaχ	נוֹחַ
Bilanz (f)	izun	(ז) אִיזוּן

Ding (n)	'χefets	(ז) חֵפֶץ
dringend (Adj)	daχuf	דָחוּף
dringend (Adv)	bidχifut	בִּדְחִיפוּת
Effekt (m)	efekt	(ז) אֶפֶקְט

Eigenschaft (Werkstoff~)	tχuna, sgula	(נ) תְּכוּנָה, סְגוּלָה
Element (n)	element	(ז) אֶלֶמֶנְט
Ende (n)	sof	(ז) סוֹף
Entwicklung (f)	hitpatχut	(נ) הִתְפַּתְחוּת
Fachwort (n)	musag	(ז) מוּשָׂג

Fehler (m)	ta'ut	(נ) טָעוּת
Form (z.B. Kugel-)	tsura	(נ) צוּרָה
Fortschritt (m)	kidma	(נ) קִדְמָה
Gegenstand (m)	'etsem	(ז) עֶצֶם

Geheimnis (n)	sod	(ז) סוֹד
Grad (Ausmaß)	darga	(נ) דַרְגָה
Halt (m), Pause (f)	hafsaka	(נ) הַפְסָקָה
häufig (Adj)	tadir	תָדִיר
Hilfe (f)	ezra	(נ) עֶזְרָה

Hindernis (n)	maχsom	(ז) מַחְסוֹם
Hintergrund (m)	'reka	(ז) רֶקַע
Ideal (n)	ide'al	(ז) אִידֵיאָל
Kategorie (f)	kate'gorya	(נ) קַטֵגוֹרְיָה
Kompensation (f)	pitsui	(ז) פִּיצוּי

Labyrinth (n)	mavoχ	(ז) מָבוֹךְ
Lösung (Problem usw.)	pitaron	(ז) פִּיתָרוֹן
Moment (m)	'rega	(ז) רֶגַע
Nutzen (m)	to''elet	(נ) תוֹעֶלֶת
Original (Schriftstück)	makor	(ז) מָקוֹר
Pause (kleine ~)	hafuga	(נ) הֲפוּגָה

Position (f)	emda	עֶמְדָּה (נ)
Prinzip (n)	ikaron	עִיקָּרוֹן (ז)
Problem (n)	be'aya	בְּעָיָה (נ)
Prozess (m)	tahalix	תַּהֲלִיךְ (ז)

Reaktion (f)	tguva	תְּגוּבָה (נ)
Reihe (Sie sind an der ~)	tor	תּוֹר (ז)
Risiko (n)	sikun	סִיכּוּן (ז)
Serie (f)	sidra	סִדְרָה (נ)

Situation (f)	matsav	מַצָּב (ז)
Standard-	tikni	תִּקְנִי
Standard (m)	'teken	תֶּקֶן (ז)
Stil (m)	signon	סִגְנוֹן (ז)

System (n)	ʃita	שִׁיטָה (נ)
Tabelle (f)	tavla	טַבְלָה (נ)
Tatsache (f)	uvda	עוּבְדָּה (נ)
Teilchen (n)	xelkik	חֶלְקִיק (ז)
Tempo (n)	'ketsev	קֶצֶב (ז)

Typ (m)	min	מִין (ז)
Unterschied (m)	'ʃoni	שׁוֹנִי (ז)
Ursache (z.B. Todes-)	siba	סִיבָּה (נ)
Variante (f)	girsa	גִּירְסָה (נ)
Vergleich (m)	haʃva'a	הַשְׁוָאָה (נ)

Wachstum (n)	gidul	גִּידוּל (ז)
Wahrheit (f)	emet	אֱמֶת (נ)
Weise (Weg, Methode)	'ofen	אוֹפֶן (ז)
Zone (f)	ezor	אֵזוֹר (ז)
Zufall (m)	hat'ama	הַתְאָמָה (נ)

www.ingramcontent.com/pod-product-compliance
Lightning Source LLC
LaVergne TN
LVHW051347080426
835509LV00020BA/3316